# 江苏商务发展

## 2020

主 编 ◎ 赵建军

南京大学出版社

图书在版编目(CIP)数据

江苏商务发展. 2020 / 赵建军主编. —南京:南京大学出版社,2021.6
ISBN 978 - 7 - 305 - 24360 - 8

Ⅰ. ①江… Ⅱ. ①赵… Ⅲ. ①商业经济－经济发展－研究报告－江苏－2020 Ⅳ. ①F727.53

中国版本图书馆 CIP 数据核字(2021)第 060498 号

出版发行　南京大学出版社
社　　址　南京市汉口路 22 号　　邮　编　210093
出 版 人　金鑫荣
书　　名　**江苏商务发展 2020**
主　　编　赵建军
责任编辑　武　坦　　　　　编辑热线　025 - 83592315
照　　排　南京开卷文化传媒有限公司
印　　刷　南京玉河印刷厂
开　　本　787×960　1/16　印张 23　字数 387 千
版　　次　2021 年 6 月第 1 版　2021 年 6 月第 1 次印刷
ISBN　978 - 7 - 305 - 24360 - 8
定　　价　99.00 元

网　　址:http://www.njupco.com
官方微博:http://weibo.com/njupco
官方微信号:njupress
销售咨询热线:(025)83594756

# 《江苏商务发展 2020》编委会

| | |
|---|---|
| 主　　　　任 | 赵建军 |
| 副　主　任 | 陈晓梅　姜　昕　　朱益民　孙　津　周晓阳 |
| | 郝建祥　倪海清　　崔　健　郁冰滢　王　存 |
| 编　　　委 | （按姓氏笔画为序） |

|  |  |  |  |  |
|---|---|---|---|---|
| 王　正 | 王善华 | 王煜晶 | 卞益斌 | 方　斌 |
| 孔祥林 | 邢　冲 | 朱卫东 | 朱宝荣 | 刘小卉 |
| 汤大军 | 杜骖骖 | 李　俊 | 李明双 | 李晓东 |
| 吴　炜 | 邱俊波 | 何剑波 | 张伯平 | 陈晓冬 |
| 金玉梅 | 赵厚军 | 骆　兵 | 夏网生 | 徐干松 |
| 黄　楹 | 强　培 | 楼海中 | 颜迎来 | 戴宏慧 |
| 魏　巍 | | | | |

| | |
|---|---|
| 主　　　编 | 赵建军 |
| 副　主　编 | 倪海清 |
| 编辑室负责人 | 祝美琴 |
| 编　　　辑 | 李嘉佳　王晓凤　　董燕萍　薛　雪　范良成 |
| | 刘舒亚　倪　蓉　　张　贤　伍　玲 |
| 编写人员 | （按姓氏笔画为序） |

|  |  |  |  |  |
|---|---|---|---|---|
| 万　洁 | 王　一 | 叶　晴 | 刘　畅 | 刘　辉 |
| 刘　琼 | 李　坚 | 李汉春 | 杨仙芝 | 吴　迪 |
| 冷　眉 | 沈　飞 | 张　明 | 张　浩 | 张惟佳 |
| 张志伟 | 陈　琛 | 郝丽丽 | 秦锐文 | 袁　园 |
| 徐楷行 | 翁侨宏 | 来　政 | 郭亚鹏 | 唐凌男 |
| 黄小慧 | 曹华云 | 常小朋 | 梁东晨 | 彭国鹏 |
| 彭　程 | 程　亮 | 蒯梦原 | 蔡挺进 | 翟金一 |

# 目录
## CONTENTS

## 第一部分　全省商务发展情况

# 第二部分　全省设区市及直管县(市)商务发展情况

# 第三部分　江苏商务专项工作

# 第四部分　调查研究

# 第五部分 "十三五"江苏商务发展总结

# 第一部分
# 全省商务发展情况

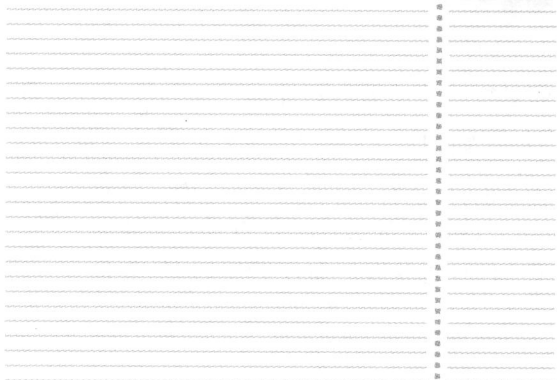

江苏商务发展2020
JiangSu Commerce Development Report

# 2020 年江苏省商务运行情况

2020 年，面对疫情冲击影响和复杂严峻的国际经济环境，在省委省政府坚强领导下，省商务厅会同各地各部门扎实落实"六稳""六保"各项任务，深入推进"保主体促两稳"和"146 消费提振"行动，坚决稳住了外贸外资基本盘，有力拉动了消费快速回升，商务发展难中趋稳、稳中提质，主要指标好于全国、好于预期。

## 一  社零消费加快恢复，好于全国

2020 年，全省实现社会消费品零售总额 37 086.1 亿元，同比下降 1.6%，降幅好于全国 2.3 个百分点，全省社会消费品零售总额占全国总规模的 9.5%，比 2019 年同期占比提高 0.9 个百分点，总量跃居全国第二。

表 1  2020 年全省与沿海主要省市社零增速（%）

|       | 全国  | 浙江  | 上海 | 江苏  | 广东  |
|-------|------|------|-----|------|------|
| 社零增速 | −3.9 | −2.6 | 0.5 | −1.6 | −6.4 |

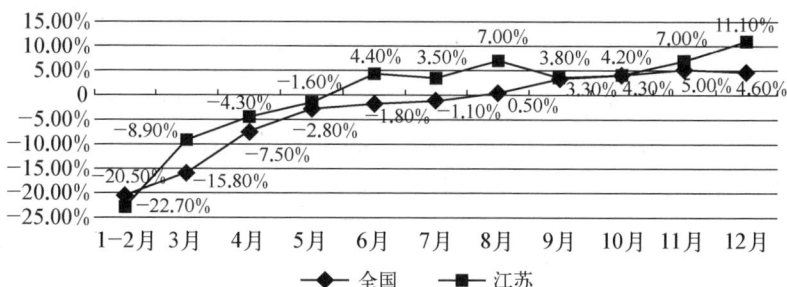

**图 1　2020 年全省与全国社会消费品零售总额当月增速**

　　主要特点体现为"六个有力"：一是限上企业支撑有力。全省限额以上企业实现零售额 13 701.83 亿元，同比增长 0.3％，全年累计首次"浮出水面"。二是大宗商品恢复有力。汽车类商品拉动作用明显，全省限上汽车类零售额同比增长 1.2％，占限上零售额的 28.3％，对全省限上零售额增幅"浮出水面"形成了有力支撑。三是升级产品增长有力。全省限上计算机及其配套产品增长 25.5％，化妆品类零售额同比增长 12.7％。四是促进活动拉动有力。5 月启动"品质生活·苏新消费"系列促进活动以来，全省社零额自 6 月开始连续七个月保持正增长。五是新型消费赋能有力。限上住餐业通过公共网络实现餐费收入同比增长 191.9％。无店铺零售项下网上商店增势明显，全年累计增幅达 23.5％。六是重点城市带动有力。南京、常州、南通 3 市社零额实现正增长，无锡、盐城、泰州、苏州、镇江 5 市社零额降幅好于全省。重点城市对全省社零好于全国、好于预期，起到了较强带动作用。

## 二　外贸进出口份额提升，稳中提质

　　2020 年，按人民币计，全省累计进出口 44 500.5 亿元，同比增长 2.6％，高于全国平均水平 0.7 个百分点，规模连续 18 年居全国第二位，占全国比重 13.8％，份额较 2019 年提升 0.1 个百分点。其中，出口 27 444.3 亿元，同比增长 0.9％；进口 17 056.2 亿元，同比增长 5.5％。在沿海主要省市中，全省进出口、出口增幅好于广东、上海，进口增幅好于广东、上海、山东。

表2　2020年全国及主要省市进出口情况

金额单位:亿元

| 名　称 | 进出口 | | | 出　口 | | | 进　口 | | |
|---|---|---|---|---|---|---|---|---|---|
| | 金额 | 同比(%) | 占比(%) | 金额 | 同比(%) | 占比(%) | 金额 | 同比(%) | 占比(%) |
| 全国 | 321 556.9 | 1.9 | 100.0 | 179 326.4 | 4.0 | 100.0 | 142 230.6 | −0.7 | 100.0 |
| 广东 | 70 844.8 | −0.9 | 22.0 | 43 498.0 | 0.2 | 24.3 | 27 346.8 | −2.6 | 19.2 |
| 江苏 | 44 500.5 | 2.6 | 13.8 | 27 444.3 | 0.9 | 15.3 | 17 056.2 | 5.5 | 12.0 |
| 上海 | 34 828.5 | 2.3 | 10.8 | 13 725.4 | 0.0 | 7.7 | 21 103.1 | 3.8 | 14.8 |
| 浙江 | 33 808.0 | 9.6 | 10.5 | 25 180.1 | 9.1 | 14.0 | 8 627.9 | 11.2 | 6.1 |
| 山东 | 22 009.4 | 7.5 | 6.8 | 13 054.8 | 17.3 | 7.3 | 8 954.6 | −4.1 | 6.4 |
| 福建 | 14 035.7 | 5.5 | 4.4 | 8 474.4 | 2.3 | 4.7 | 5 561.2 | 10.6 | 3.9 |

主要特点:一是进出口逐季回稳向好,单月指标再创新高。2020年全省外贸总体低开高走,全省单月进出口、出口、进口"三大指标"连续6个月全面正增长,四季度进出口创下单季历史新高。二是民营企业占比提升,内生动力持续增强。民营企业进出口增长14.8%,占比35.2%,较2019年同期提升3.8个百分点,当年提升幅度为"十三五"以来最高值,成为稳定外贸发展的主要力量。三是高新技术产品进出口提升,出口产品结构持续优化。高新技术产品出口增长2.8%,占比37.2%,提升0.6个百分点。四是东盟市场拉动作用显著,出口市场更趋多元。对"一带一路"沿线国家出口增长1.5%,占比26.9%;其中,对东盟出口增长8.3%,好于全省平均7.4个百分点,占比提升0.9个百分点,拉动外贸出口增长1.1个百分点。五是进口持续好于全国,稳链保障作用突出。全省经济形势持续向好,生产、投资和消费需求逐步回升,带动进口快速回暖。自3月份起,全省进口持续好于全国,规模稳步扩大,成为外贸增长的重要支撑。六是9个设区市进出口实现正增长,区域布局更趋平衡。苏北五市进出口增长14.7%,占比7.2%,提升0.7个百分点;全省9个设区市进出口实现正增长。

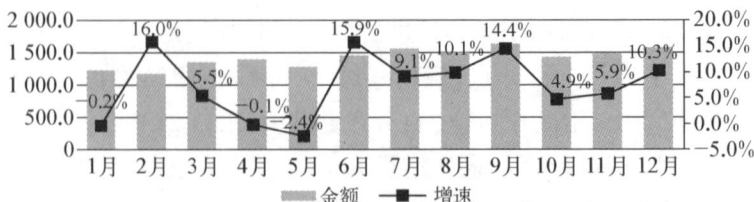

图2　2020年全省进口单月增速情况

## 三 外资规模居全国首位,结构优化

按商务部统计口径,全省实际使用外资 235.2 亿美元,同比增长 3.2%,占全国比重的 16.3%,规模继续居全国首位;按省统计口径,全省实际使用外资 283.8 亿美元,同比增长 8.6%。

表3  2020 年全国及主要省市吸收外商投资情况(按商务部统计口径)

金额单位:亿美元

| 地 区 | 实际使用外资金额 | 占比(%) | 增速(%) | 实际使用外资排名 |
|---|---|---|---|---|
| 全国 | 1 443.7 | 100.0 | 4.5 | — |
| 江苏省 | 235.2 | 16.3 | 3.2 | 1 |
| 广东省 | 234.4 | 16.2 | 4.9 | 2 |
| 上海市 | 190.1 | 13.2 | 3.6 | 3 |
| 山东省 | 176.5 | 12.2 | 20.1 | 4 |
| 浙江省 | 157.8 | 10.9 | 16.4 | 5 |
| 北京市 | 133.9 | 9.3 | −1.7 | 6 |

主要特点:一是制造业支撑作用突出。按商务部统计口径,全省制造业实际使用外资 91.8 亿美元,占全省外资比重 39%,占比高于全国 17.5 个百分点;全省制造业外资规模占全国的 29.6%。二是重大项目支撑作用突出。实际到资 3 000 万美元以上项目占全省外资总量的 59.6%,占比提高 5 个百分点。三是增资项目支撑作用突出。全省增资项目 1 413 个,增长 14.0%,到资 78.3 亿美元,增长 28.4%,占全省实际使用外资的 27.6%。四是亚洲外资支撑作用突出。来自中国香港的外资 185 亿美元,增长 23.4%,占比 65.2%。居 2020 年外资来源地第二、第三、第四位的新加坡、韩国、日本,实际使用外资总计 36.8 亿美元,占比达 13%。

## 四 对外投资有序推进,总体平稳

新批境外投资项目 696 个,同比下降 13.0%;中方协议投资额 57.4 亿美元,同比下降 33.7%。

主要特点：一是对"一带一路"国家和地区投资稳步推进。在沿线国家新增协议投资 23.6 亿美元，同比下降 25.8%，降幅浅于全省平均水平 7.9 个百分点，占全省比重 41.1%，较上年上升 2.8 个百分点。二是对美投资保持增长。新增对美国协议投资 6.2 亿美元，同比增长 5.1%，占全省比重 10.8%。美国成为江苏列中国香港、欧洲之后第三大对外投资目的地。三是海外并购成为对外投资主力。海外并购项目协议投资 18.9 亿美元，占全省的 32.9%，较上年提高 2.6 个百分点，继续成为江苏对外投资最主要方式。四是以制造业为主的国际产能合作取得新进展。制造业对外投资 33.1 亿美元，同比下降 24.7%，降幅浅于全省 9 个百分点，占全省总量的 57.8%，比 2019 年提高 5.7 个百分点。五是境外园区基本恢复运营。西港特区总体经营情况正常，其他省级以上园区已根据当地要求恢复运营。

## 五　高水平开放平台载体建设成效明显

自贸试验区聚焦"两区"定位，大胆探索、先行先试，总体方案 113 项任务实施率超过 94%，在全国和全省实施 60 余项首创性改革探索，总结形成 115 项制度创新经验成果，其中 3 项在全国面上复制推广，4 项在国家部委完成备案，首批 20 项经验和 20 项案例在省内复制推广。2020 年，自贸试验区实际使用外资 22.9 亿美元，占全省 9.7%，货物贸易进出口 5 630.5 亿元，占全省 12.7%，新增市场主体 4.1 万家，居全国同批自贸试验区前列。开发区"主阵地"作用充分发挥，全省开发区创造了全省 50% 的经济总量和一般公共预算收入，60% 的固定资产投资，70% 以上的工业增加值，80% 以上的进出口总额和实际使用外资，8 家经开区入围全国 30 强。

（省商务厅综合处）

# 2020 年江苏省消费品市场运行和促进情况

  2020 年,江苏全力落实"六稳""六保"任务,着力服务保障消费市场主体,推动促消费政策措施落地落实,深入开展"品质生活·苏新消费"系列促进活动,有力拉动了消费快速复苏。全省消费增长好于全国、好于预期,社会消费品零售总额降幅好于全国 2.3 个百分点,总量跃居全国第二,占全国比重提升 0.9 个百分点,限额以上零售额实现正增长,消费回升势头进一步巩固。

## 一   全省消费品市场运行情况

  2020 年,全省实现社会消费品零售总额(以下简称社零额)37 086.1 亿元,同比下降 1.6%,降幅比一季度、上半年、前三季度分别收窄 16.5 个、7.8 个、3.1 个百分点;全省社零总量占全国总规模的 9.5%,较 2019 年占比提高 0.9 个百分点,总量由 2019 年的全国第三位上升到第二位。全省社零额降幅好于全国 2.3 个百分点,分别好于广东和浙江 4.8 个、1 个百分点,深于上海 2.1 个百分点。2020 年全省消费品市场突出表现为"六个有力"。

表 1　2020 年全国及重点省市社会消费品零售总额情况表

金额单位：亿元

| 位　次 | 全国及重点省市 | 社零额 | 同比（%） | 占比（%） |
|---|---|---|---|---|
| | 全国 | 391 981 | −3.9 | 100.0 |
| 1 | 广东省 | 40 200 | −6.4 | 10.2 |
| 2 | 江苏省 | 37 086 | −1.6 | 9.5 |
| 3 | 山东省 | 29 248 | 持平 | 7.4 |
| 4 | 浙江省 | 26 629 | −2.6 | 6.8 |
| 5 | 上海市 | 15 932 | 0.5 | 4.1 |

## （一）限上企业支撑有力

2020 年，全省限额以上企业实现零售额 13 701.83 亿元，同比增长 0.3%，全年累计首次"浮出水面"，较一季度、上半年、三季度分别收窄 21 个、9.8 个、4.3 个百分点。从月度增长看，12 月当月，全省限额以上企业零售额同比增长 15.1%，连续 8 个月实现正增长。从零售业态看，限上便利店零售额增长 34.3%，超市增长 7.9%，大型超市增长 13.6%，购物中心增长 21.6%，仓储会员店增长 12.3%。

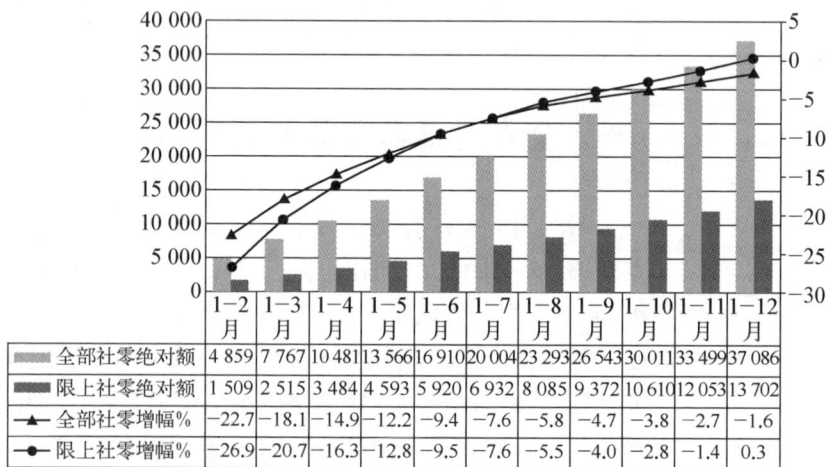

| | 1-2月 | 1-3月 | 1-4月 | 1-5月 | 1-6月 | 1-7月 | 1-8月 | 1-9月 | 1-10月 | 1-11月 | 1-12月 |
|---|---|---|---|---|---|---|---|---|---|---|---|
| 全部社零绝对额 | 4 859 | 7 767 | 10 481 | 13 566 | 16 910 | 20 004 | 23 293 | 26 543 | 30 011 | 33 499 | 37 086 |
| 限上社零绝对额 | 1 509 | 2 515 | 3 484 | 4 593 | 5 920 | 6 932 | 8 085 | 9 372 | 10 610 | 12 053 | 13 702 |
| 全部社零增幅% | −22.7 | −18.1 | −14.9 | −12.2 | −9.4 | −7.6 | −5.8 | −4.7 | −3.8 | −2.7 | −1.6 |
| 限上社零增幅% | −26.9 | −20.7 | −16.3 | −12.8 | −9.5 | −7.6 | −5.5 | −4.0 | −2.8 | −1.4 | 0.3 |

图 1　2020 年全省社会消费品零售额累计走势图

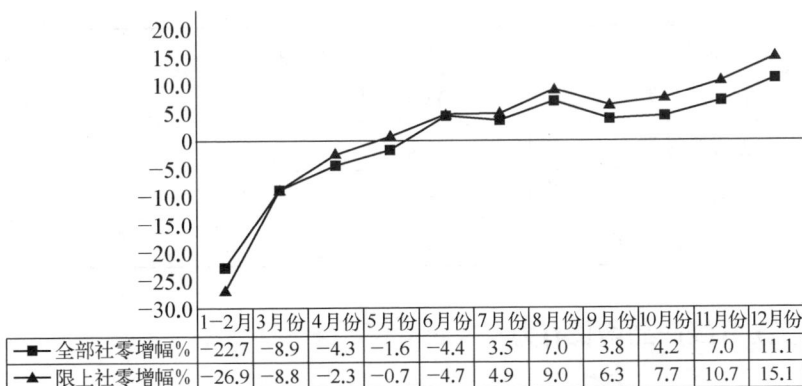

| | 1—2月份 | 3月份 | 4月份 | 5月份 | 6月份 | 7月份 | 8月份 | 9月份 | 10月份 | 11月份 | 12月份 |
|---|---|---|---|---|---|---|---|---|---|---|---|
| 全部社零增幅% | −22.7 | −8.9 | −4.3 | −1.6 | −4.4 | 3.5 | 7.0 | 3.8 | 4.2 | 7.0 | 11.1 |
| 限上社零增幅% | −26.9 | −8.8 | −2.3 | −0.7 | −4.7 | 4.9 | 9.0 | 6.3 | 7.7 | 10.7 | 15.1 |

图2　2020年全省社会消费品零售额单月增幅走势图

## （二）大宗商品恢复有力

居民消费提档升级和政策环境持续向好,对汽车类商品拉动作用明显。2020年,全省限上汽车类实现零售额 3 882.7 亿元,同比增长 1.2%,增幅较 2020 年上半年、前三季度分别提升 14.8 个和 5.1 个百分点。新能源汽车增长强劲,9—12 月全省新能源汽车累计上牌 40 754 辆,同比增长 174.2%,其中 11—12 月连续两月上牌超万辆,创历史新高。汽车类零售额占限上零售额的 28%,对全省限上零售额增幅"浮出水面"形成了有力支撑。

表2　2020年全省限上(十大)商品类值零售表

金额单位:亿元

| 指标名称 | 零售额 | 增速(%) | 占比(%) |
|---|---|---|---|
| 限额以上总计 | 13 701.83 | 0.3 | 100.0 |
| 汽车类 | 3 882.7 | 1.2 | 28.3 |
| 粮油、食品类 | 1 524.6 | 13.3 | 11.1 |
| 石油及制品类 | 1 486.1 | −6.8 | 10.8 |
| 服装、鞋帽、针纺织品类 | 1 267.9 | −2.5 | 9.3 |
| 家用电器和音像器材类 | 867.4 | −6 | 6.3 |
| 日用品类 | 640.0 | 10 | 4.7 |

| 指标名称 | 零售额 | 增速（%） | 占比（%） |
|---|---|---|---|
| 中西药品类 | 458.4 | 5.9 | 3.3 |
| 通信器材类 | 390.6 | 6.2 | 2.9 |
| 烟酒类 | 371.2 | 3.3 | 2.7 |
| 建筑及装潢材料类 | 311.2 | —3.9 | 2.3 |

### （三）升级产品增长有力

随着疫情得到有效控制，居民需求层次不断提升，商品销售结构趋于优化，升级类商品更受青睐。2020 年，全省限上计算机及其配套产品增长 25.5%，化妆品类零售额同比增长 12.7%，通信器材类增长 6.2%，分别较前三季度提升了 19.6 个、1.5 个、0.4 个百分点。

### （四）促进活动拉动有力

为积极抢抓消费回补关键期，全省商务系统于 2020 年 5 月启动"品质生活·苏新消费"系列促进活动。全省社零额自 6 月开始首次正增长，至 12 月连续七个月保持正增长。2020 年 6—8 月第一季活动期间，全省举办消费促进活动 127 场，10 万家企业参与；2020 年 6—8 月累计社零额环比 3—5 月增长 14.7%，同比增长 6.2%，恢复到上年平均增长水平。2020 年 9—12 月第二季活动期间，全省各地开展 387 场主题促进活动，四季度社零额同比增长 7.4%，超过 2019 年平均增长水平。

### （五）新型消费赋能有力

线上线下的融合模式成为零售行业首选，"无接触配送"需求大幅提升，外卖等餐饮服务快速增长。2020 年，限上住餐业通过公共网络实现餐费收入 54.2 亿元，同比增长 191.9%，比前三季度提升 145.9 个百分点，其中餐饮业通过公共网络实现餐费收入增速高达 241.2%。无店铺零售项下网上商店增势明显，全年累计增幅达 23.5%。2020 年全省快递业务量、业务收入双增长，快递业务量 69.8 亿件，同比增长 21.5%；快递收入 708.9 亿元，同比增长 14.5%。

## （六）重点城市带动有力

2020年，南京、常州、南通3市社零额实现正增长，分别同比增长0.9％、0.8％、0.3％。无锡、盐城、泰州、苏州、镇江5市社零额降幅好于全省。重点城市对全省社零好于全国、好于预期起到了较强带动作用。

### 表3 2020年全省社会消费品零售总额情况表

金额单位：亿元

| 分　类 | 2020年 | 同比（％） | 增速位次 | 占比（％） |
|---|---|---|---|---|
| 全省 | 37 086.1 | −1.6 | — | 100.0 |
| 苏州市 | 7 702.0 | −1.4 | 7 | 20.8 |
| 南京市 | 7 203.0 | 0.9 | 1 | 19.4 |
| 南通市 | 3 370.4 | 0.3 | 3 | 9.1 |
| 徐州市 | 3 286.1 | −7.0 | 13 | 8.9 |
| 无锡市 | 2 994.4 | −1.0 | 4 | 8.1 |
| 常州市 | 2 421.4 | 0.8 | 2 | 6.5 |
| 盐城市 | 2 216.1 | −1.1 | 5 | 6.0 |
| 淮安市 | 1 675.9 | −4.0 | 10 | 4.5 |
| 扬州市 | 1 379.3 | −3.1 | 9 | 3.7 |
| 泰州市 | 1 333.3 | −1.3 | 6 | 3.6 |
| 宿迁市 | 1 258.1 | −4.7 | 11 | 3.4 |
| 镇江市 | 1 141.9 | −1.4 | 8 | 3.1 |
| 连云港市 | 1 104.3 | −5.0 | 12 | 3.0 |

注：按各市2020年度累计社零规模排序。

## 二 市场运行和消费促进工作

围绕加快发展流通、促进商业消费，专门成立促流通扩消费工作专班，全力实施"146消费提振行动"。以"品质生活·苏新消费"为主题，突出省市县、政银企、线上下、内外贸"四个联动",实施消费促进提振、流通布局优化、市场主体壮大、消费品牌培育、创新转型发展、消费环境营造等"六大专项行动"。随着疫情形势趋稳,江苏消费市场活力明显增强,居民消费潜力得到一定程度释放,消费回补和新兴消费加快发展,整体消费市场全面复苏。

### (一)开展消费促进提振专项行动

一是省市县联动。2020 年 6—8 月,全省上下联动开展消费促进主题系列活动 127 场,10 万家企业参与;社零额环比 2020 年 3—5 月增长 14.7%,同比增长 6.2%,恢复到 2019 年平均增长水平。2020 年 9—12 月,按照"全国消费促进月"部署安排,全省各地开展主题促进活动共计 387 场。二是政银企联动。以省政府办公厅名义出台《关于加快促进流通扩大商业消费的实施意见》,开展"促流通扩消费销售竞赛季"活动。三是线上下联动。利用"618""双11"等电商节,支持重点商贸企业开展线上促销活动。例如,苏宁易购打造"百千万"计划让利消费者,100 亿全品类消费补贴、不低于 1 000 场的线上规模带货直播、不少于 10 000 家门店联动参与其中。四是内外贸联动。印发《关于支持出口产品转内销促进内外贸融合发展的若干举措》,举办"江苏优品·畅行全球"系列出口转内销展会,帮助企业销库存、回资金、建渠道、拓内销。22场"江苏优品·畅行全球"系列线上展会组织参展企业约 1 万家,展品超 500万件,客商询盘超过 60 万次。

### (二)支持新模式新业态发展

积极培育新技术新模式转型升级、线上线下融合应用、供应链优化整合、全渠道创新发展型等新型数字商务企业。2020 年年底累计确认 50 家省级数字商务企业。总结推广 11 个新模式新业态经典案例和 32 条典型做法,形成示范联动效应。推动夜经济品牌化,全省涌现出南京"夜之金陵"、苏州"姑苏八点半"等一批具有浓郁地方特色的夜经济品牌。国庆前夕,全省发布 30 家省级夜间文旅消费集聚区名单,为夜间经济的"江苏经验"成功破题。

### (三)聚焦消费升级新载体

组织南京、苏州、徐州、无锡等基础条件好、消费潜力大、国际化水平高的城市申报国际消费中心城市培育试点。南京市夫子庙步行街成为全国首批 5 家"全国示范步行街"之一。积极推动省级高品位步行街建设,支持南京门东历史文化街区等 8 条试点步行街和 13 条培育步行街升级改造。继续培育做大江苏国际餐饮博览会、中国(淮安)食品博览会、"扬州世界美食之都"、江苏国际养老服务业博览会等线上下活动平台。开展江苏老字号认定工作,认定271 家江苏老字号(含 96 家中华老字号),形成了国家、省、市三级认定体系。组织老字号企业进社区、进景点、进校园,参加"水韵江苏"香港澳门文化嘉年华活动,开展"紫金"文创大赛老字号专项赛事。

### (四) 营造高品质消费环境

推进商务领域"互联网+监管""双随机、一公开",加强事中事后监管。出台《商务领域信用"红黑名单"管理办法(试行)》,促进商务领域新型信用监管机制构建。编撰《加油站(点)安全检查指引 100 条》,印发全省所有加油站(点),进行现场培训。开展全省加油站安全生产"对标帮扶"活动,所有民营加油站与国有加油站"一对一""多对一"结对子,通过民营对标国有,国有帮扶民营,全面提升民营加油站安全生产管理能力和水平。全省在营的 2 408 座民营站(点),已与国有加油站开展了"对标帮扶"活动。在公安、税务、市场监管部门的大力支持下,运用大数据和"互联网+"技术,建立成品油智慧监测云平台,实现对加油站(点)的互联网监管。已完成试点,拟继续进行推广。

(省商务厅市场运行和消费促进处)

# 2020 年江苏省商贸流通情况

2020 年，江苏省进一步推进流通现代化发展，以发展流通、促进消费、营造环境为主线，加快步行街改造升级，推动流通载体优化提升，发展零售新业态新模式，完善消费支撑体系，提高市场秩序治理能力。

## 一　全省商贸流通总体情况

### （一）批发零售业概况

2020 年，全省限额以上批发和零售业实现社会消费品零售总额 12 860.41 亿元，同比增长 0.8％。

### （二）拍卖行业经营统计分析

2020 年，江苏省共有拍卖企业 602 家，有注册拍卖师 825 人。460 家申报企业中，有 156 家零申报，实际有业绩的企业 304 家。下面对 304 家拍卖企业经营统计数据汇总分析。

1. 成交额情况

2020年全省共举办各类拍卖会5 885场,同比2019年增加了864场,上升17.2%;成交额219.3亿元,同比上升0.2%。

**表1　2020年与2019年成交额比较表**

单位:万元

| 期　　间 | 2020年 | 2019年 | 同比 |
|---|---|---|---|
| 成交额(万元) | 2 192 550.3 | 2 187 236.2 | 0.2% |

从委托构成来看成交额:金融机构委托成交额72亿元,占33%,同比下降了4%;其他机构委托成交额69亿元,占31.5%,同比上升了8.5%;政府部门委托成交额46亿元,占21%,同比下降了23%。按照上述分析,全省2020年成交额主要组成为金融机构委托、其他机构委托和政府部门委托三个部分,虽然受新冠肺炎影响,前期业绩下滑,但后期逐渐恢复,而且超越2019年业绩水平。

**表2　2020年委托成交比较表**

单位:万元

| 分类占% | 法院0.2% | 政府部门21.0% | 金融机构33.0% | 破产清算1.4% | 其他机构31.5% | 个人12.8% | 合计100% |
|---|---|---|---|---|---|---|---|
| 成交额 | 5 403 | 459 808 | 723 608 | 31 674 | 691 244 | 280 815 | 2 192 552 |
| 同比增长率 | -13.7% | -23.0% | -4.0% | 256.9% | 8.5% | 52.5% | 0.2% |

从标的构成来看成交额:房地产成交额84亿元,占38.3%,同比下降了11.6%;股权债权成交额78亿元,占35.5%,同比下降了2.8%,普遍下滑,幅度不大。

**表3　2020年标的成交比较表**

单位:万元

| 分类占% | 房地产38.3% | 土地使用权4.0% | 机动车1.3% | 农副产0.1% | 股权债权35.5% | 无形资产3.3% | 文物艺术品0.8% | 其他16.7% | 合计100% |
|---|---|---|---|---|---|---|---|---|---|
| 成交额 | 840 080 | 87 139 | 28 091 | 3 106 | 777 877 | 73 053 | 18 251 | 364 952 | 2 192 552 |
| 同比增长率 | -11.6% | 890.9% | 31.8% | 8.3% | -2.8% | -87.6% | -5.3% | 5.6% | 0.2% |

2020 年,总成交额 219.3 亿元,成交额超亿元的企业有 59 家,这 59 家企业的成交额是 170 亿元,占总成交额 77.6%。

2. 佣金收入情况

2020 年佣金收入为 2.5 亿元,同比下降了 11.1%。主要来源:房地产佣金为 1 亿元,占 42.2%;政府部门委托佣金 0.8 亿元,占 32.5%;其他机构委托佣金 0.7 亿元,占 31.7%。佣金收入超过 100 万元的有 68 家,佣金为 1.9 亿元,占 77.1%。

3. 地区发展情况

表 4　2020 年全省各地拍卖成交情况表

| 地　　区 | 2020 年成交额 | 占比(%) | 同比增长 | |
|---|---|---|---|---|
| | | | 2019 年同期值 | 增长率(%) |
| 江苏省 | 2 192 550.299 | 100 | 2 187 236.239 | 0.24 |
| 无锡市 | 448 276.176 1 | 20.45 | 390 491.069 5 | 14.80 |
| 苏州市 | 407 060.95 | 18.57 | 442 833.708 7 | −8.08 |
| 南通市 | 348 673.034 1 | 15.90 | 321 565.583 6 | 8.43 |
| 南京市 | 326 147.610 4 | 14.88 | 478 475.575 8 | −31.84 |
| 常州市 | 189 562.927 5 | 8.65 | 163 407.945 2 | 16.01 |
| 徐州市 | 133 101.974 5 | 6.07 | 91 037.479 1 | 46.21 |
| 泰州市 | 78 208.611 9 | 3.57 | 43 298.227 3 | 80.63 |
| 昆山市 | 72 494.616 9 | 3.31 | 9 852.251 6 | 635.82 |
| 盐城市 | 47 162.594 8 | 2.15 | 50 899.195 8 | −7.34 |
| 淮安市 | 45 199.272 5 | 2.06 | 51 084.446 1 | −11.52 |
| 宿迁市 | 38 540.974 5 | 1.76 | 23 929.743 | 61.06 |
| 镇江市 | 28 460.996 5 | 1.30 | 25 903.099 5 | 9.87 |
| 扬州市 | 18 785.771 9 | 0.86 | 25 705.59 | −26.92 |
| 连云港市 | 10 874.787 8 | 0.50 | 68 752.323 8 | −84.18 |

# 二 商贸流通业发展促进工作

## （一）按照"高质量"的要求推动各项业务工作

**一是做好推进现代商贸流通体系建设相关工作。**在中央财经委员会第八次会议召开后，江苏省商务厅成立了推进现代商贸流通体系专班，根据省委财经办调研任务，联合南京财经大学国际经贸学院，赴南京、无锡等地，对全省现代流通体系建设情况进行了调研，撰写形成全省现代商贸流通体系建设调研报告。

**二是持续推进步行街改造提升。**指导南京夫子庙步行街按照"一个目标、六大任务"深入推进改造提升试点工作。推动全省8条试点步行街和13条培育步行街科学有序复工营业，扎实推进步行街改造提升，释放被疫情抑制冻结的消费需求。组织专家开展试点街区建设中期评估，梳理一批可复制可推广的经验做法。与中国银行江苏省分行积极对接协调，制定中国银行江苏省分行支持步行街改造提升专属金融服务方案17条措施，加大对街区金融扶持力度，着力解决街区商户特别是小微商户在复工营业中面临的资金周转困难等问题。2020年7月份，全国步行街改造提升现场会在南京召开，夫子庙步行街被确定为首批"全国示范步行街"并举行揭牌仪式。2020年10月份，在无锡市组织召开全省高品位步行街推进现场会，总结前阶段推进省级高品位步行街建设工作成效，交流工作经验，对全省步行街改造提升工作进行再动员、再部署。

**三是推动品牌连锁便利店和小店经济加快发展。**贯彻落实《商务部等13部门关于推动品牌连锁便利店加快发展的指导意见》，优化品牌连锁便利店发展环境。会同省委宣传部、省发展改革委等13部门制定印发《江苏省开展便利店品牌化三年行动工作方案》，探索实行总部办理许可、门店登记备案制度，对品牌连锁便利店食品药品、出版物、音像制品、烟草等经营进一步放宽条件，更好地服务民生、服务消费。以南京、无锡为重点，加快推进品牌连锁便利店发展。支持苏宁小店、苏果、便利蜂、罗森等品牌连锁企业运用新技术发展新模式，提升消费供给水平。

**四是积极推进老字号创新发展**。对全省 96 家中华老字号企业近年来发展情况进行全面调查,形成调研报告。做好第三届中国国际进口博览会非遗及老字号联名款设计的征集及推荐工作,推荐 6 家老字号企业作为进口博览会非遗及老字号联名款衍生品设计生产单位。组织全省 2 家省级老字号企业、5 个非遗项目参加第三届进博会人文交流文化展演活动,展出面积 252 平方米,吸引了 3 万余人次观展,现场成交额超过 75 万元,意向成交额约 400 万元,进一步展现江苏非遗及老字号企业的历史文化传承及创新成果。开展老字号"三进三促",成功举办"老字号钟山嘉年华""玄武湖老字号嘉年华",通过展示展销、互动体验、文创设计、网络推广等线上线下活动,助推老字号适应新消费趋势、创新营销模式、弘扬优秀文化、发力拓展市场。组织开展 2020 年第七届"紫金奖"文化创新设计大赛老字号专项赛。省商务厅获得江苏省委宣传部颁发的第六届"紫金奖"文化创意设计大赛"组织促进奖"。

**五是加快推进流通领域现代供应链体系建设试点**。会同省财政厅开展流通领域现代供应链体系建设试点调研督导,掌握试点进展情况,指导解决有关问题,加快试点项目建设,做好试点项目验收工作。南京、徐州供应链试点工作围绕供应链"四化"(标准化、智能化、协同化、绿色化),以"五统一"(统一标准体系、统一物流服务、统一采购管理、统一信息采集、统一系统平台)为主要手段,整合供应链、发展产业链、提升价值链,试点链条提质增效降本成效明显。南京、徐州已完成流通领域现代供应链体系建设试点项目验收工作。督促指导南京、无锡和徐州按照商务部有关要求加快推进城乡高效配送试点工作,取得较好成效。配合省有关部门积极推进南京、无锡、徐州和南通开展城市绿色配送示范工程创建工作。配合省交通运输厅等部门深化交通运输与邮政快递融合,推进城乡物流服务一体化发展。

**六是继续开展绿色商场创建工作**。组织各地商务主管部门和实体零售企业管理人员参加商务部举办的绿色商场创建工作培训,全省持证绿色商场评审员已有 53 名。会同省发改委制定并印发了《江苏省绿色商场创建工作实施方案》,确立今后三年全省绿色商场创建工作的指导思想和工作目标,明确主要任务和创建内容,规范创建流程,提出工作要求。全省已有 49 家绿色商场,数量处于全国前列。2020 年 12 月 1 日,在商务部组织的全国绿色商场培训工作会议上,江苏省商务厅做典型经验交流。商务部将江苏创建经验和案例印发全国。

**七是加快商务诚信体系建设**。开展商务诚信公众服务平台二期建设,完成商务诚信"一中心两平台"二期功能和 App 开发。建立由建设方、项目监理方、开发团队、运营团队参加的周例会制度,及时跟踪项目开发进度,加强开发过程审核把关。组织厅相关处室和行业协会就老字号、单用途商业预付卡、药品流通、电子商务、家政服务、对外投资、对外承包工程、对外劳务合作及会展行业信用监管功能设定对接交流,整改完善系统功能。开展系统功能内部测试和软件第三方测试,组织商务诚信公众服务平台二期培训,确保平台年底上线运行。制定行业信用监管示范创建行动方案,明确完善商务信用监管制度规范体系,加快构建商务领域以信用为基础的新型监管机制,推进商务领域治理能力现代化建设。

**八是加强单用途预付卡规范管理**。认真落实省政府主要领导制定全省预付卡管理规章的指示要求。积极推动建立单用途预付卡监管联席会议制度。下发《省商务厅关于做好单用途商业预付卡管理工作的通知》,全面排查风险隐患,重点关注受疫情影响较大的发卡行业。加强与存管银行合作,组织召开合作监管银行座谈会。联合省市场监管局等 6 部门在全省范围内组织为期 3 个月的专项整治行动,查处违法违规经营行为,保障消费者合法权益。

**九是推进商务领域"互联网＋监管"**。召开厅机关"互联网＋监管"暨打击侵权假冒工作会议,进一步明确相关处室"互联网＋监管"工作职责,建立信息报送机制和信息报送审核机制。

**十是推进商务执法监管工作**。针对商务执法队移交后如何开展包括"双随机、一公开"监管在内的商务执法监管这一难题,赴浙江和广东两省商务厅进行考察学习,并在省内无锡和徐州进行调研和座谈。组织制定《江苏省商务厅全面推行行政执法公示制度执法全过程记录制度实施办法(试行)》。研究制定厅机关"双随机、一公开"监管工作方案和实施细则。

**十一是促进行业转型创新发展**。依法开展拍卖行业年审,对全省 554 家拍卖企业进行核查,并与全国拍卖行业管理信息系统比对检查,将核查结果在省商务厅官网进行公示并抄送省市场监管部门、文物管理部门;制定《江苏省省级短缺药品承储企业遴选方案》和《江苏省零售药店分类分级标准》。

## （二）以"讲政治"的高度完成特殊工作任务

**一是全力做好疫情防控工作。**参与做好江苏支援湖北医疗队和江苏疫情防控涉外防控组急需生活物资的采购、配送等工作，受到指挥部的充分肯定。按照省支援湖北疫情防控工作领导小组和前方指挥部的工作部署，积极主动对接，与苏宁易购、苏果超市等合作，高效快捷采购和配送生活物资，及时做好医务人员生活服务保障有关工作。三八妇女节来临之际，主动策划，精心准备，以省支援湖北疫情防控工作领导小组的名义为女队员们送上贴心的慰问品和温馨的贺卡。克服疫情期间交通管制、快递公司运营不正常、人员出行不便等困难，想方设法将为援武汉、黄石医疗队购置的冲锋衣、便携式洗衣机、便携式烘干机、干衣袋、晾衣架、换季衣物、健身器材、各类食品等必备的生活物资及时配送到位。

**二是抓好商务领域安全生产工作。**抓好全省经开区、加油站和商业场所安全生产专项整治"一年小灶"的牵头协调工作，在原有厅安全生产领导小组基础上调整成立厅安全生产委员会，明确厅党组书记为第一责任人，下设安委办以及经济开发区、加油站、商业场所和餐饮燃气 4 个安全生产专治小组。制定厅领导班子成员 2020 年安全生产重点工作清单，进一步落实商务领域安全生产领导责任。

（省商务厅流通业发展处）

# 2020 年江苏省商务系统市场体系建设情况

2020 年,江苏省市场体系建设条线积极推进疫情防控、农产品流通、供应链创新与应用、汽车流通和安全生产等市建各项工作,取得良好成效,为服务于全省商务高质量发展大局做出积极贡献。

## 一　毫不松懈抓好疫情防控

2020 年年初,新冠疫情暴发后,全力做好农产品市场防控监测工作,保障农产品稳定有序供应。组织发动全省农贸市场三天内恢复营业,印发《农贸(批发)市场等重点商业场所应对新冠疫情工作指引》和《农贸市场消毒指南(试行)》,指导督促农产品市场落实主体责任,强化防控措施落实,并将南京众彩市场"8 字防控法"(禁、查、戴、测、规、减、闭、清)和应急预案推广给其他农批市场学习借鉴,引导市场做好疫情防控工作。同时,积极帮助农产品市场联系解决口罩等防疫物资,农产品市场内未出现疫情。针对物流障碍带来的农产品滞销问题,通过组织专场对接活动、利用信息化手段组织大型批发市场精准对接、加强部门沟通协调等方式,全力推动滞销农产品产销对接。据不完全统计,疫情期间共销售农产品 2.3 万多吨,约 2.5 亿元。疫情期间,全省农贸(批)市场正常营业,农产品供应渠道畅通,农产品供应稳定充足,未出现断档和囤积居奇现象。

## 二 超额完成民生实事任务

贯彻省政府民生实事工作部署,实施社区商业"三进三提升"工程。8 月份在盐城召开了农贸市场改造升级现场推进会,回顾总结了上半年工作进展情况,推动各地加快完成 100 家农贸市场(菜市场)改造升级和社区商业便利网点建设。2020 年共完成改造升级农贸市场 177 家,超额完成任务。经过改造升级后的农贸市场,防控措施和安全保障全面加强,经营业态更加丰富创新,消费环境更加优化提升,对于便利农副产品消费、增强百姓的获得感起到了较大促进作用。

## 三 进一步加强农商互联和农产品产销对接

完成 2019 年农商互联项目绩效自评,组织开展 2020 年度农商互联项目申报。赴扬州、徐州等市 22 个农商互联企业开展项目督察,企业项目有效改善了农产品供应链产后商品化处理设施及冷链物流短板,对提升农产品品质、提高流通效率发挥了积极作用。2020 年 8 月份在睢宁举办了全省经济薄弱地区产销对接活动,现场签订 10 个长期合作协议和 18 个意向采购协议,带动徐州地区农产品销售达亿元以上。2020 年 9 月组织省内大型农批市场、电商企业与陕西、甘肃等地开展农产品产销对接。全年帮助销售湖北地区果蔬、小龙虾等水产品 1.5 万吨,销售金额约 2 亿元。通过积极开展农商互联、产销对接,省内外的各类农产品流通企业与农业经营主体得到了精准有效的对接,农产品供应链的数据化和稳定性得到提升,这次疫情大考也充分验证了全省农产品流通体系的弹性和效率。

## 四　深入推进供应链创新与应用

继续深入实施国家试点,加强对 32 家试点企业和 2 个试点城市的服务指导,在国家试点中期考核中,全省 14 家企业获评优良以上等次,2 个试点城市均获评优秀等次,4 条试点典型经验获国家发文推广;举办供应链企业应对疫情影响培训班,及时向商务部报送部分重点供应链企业抗击疫情、参与物资保供和调配的典型案例;起草供应链省级重点培育企业中期评估方案,部署开展省级试点企业中期评估工作;会同省工商银行在全省开展项目遴选,推荐了一批发展前景较好、示范引领作用较强的供应链重点项目给予融资支持;指导省现代供应链协会招募会员,召开成立大会和开展系列调研活动。召开供应链创新与应用联席会议联络员会议,总结上半年工作,研究推动下一步工作,年终时要求各成员单位报送工作总结,全面梳理供应链面上工作;积极协调相关部门出台了系列支持政策,有力保障了全省重点产业供应链的稳定,为供应链企业创造良好的营商环境;组织国家试点企业和试点城市参加国家试点终期验收,并向部里报送通过供应链创新带动行业发展的典型案例 15 个。

## 五　推动汽车流通行业规范发展

研究制定《江苏省报废机动车回收管理实施办法》及《江苏省报废机动车回收资质认定现场验收评审专家库和专家管理规定》,启动全省报废机动车回收拆解行业企业资质认定工作;组织开展了全省报废机动车回收管理办法宣贯培训会;按照报废机动车回收拆解企业资格认定实施方案,建立了全省专家库,向商务部推荐的 22 名专家被全部纳入国家库;提出汽车促消费政策建议。相关建议被省政府办公厅印发的《关于积极应对疫情影响促进消费回补和潜力释放的若干举措》采纳;上报各地汽车促消费典型案例,多个典型经验做法被商务部列入《地方汽车促消费典型经验做法》印发;会同工信厅等部门组织开展"新能源汽车下乡活动";配合省农业农村厅研究出台了江苏省农机报废更新补贴实施方案,启动农机报废更新工作;加强事中事后监管,组织开展汽车销售及报废机动车回收行业双随机一公开检查;继续推进取消二手车限迁政策,省内全面落实取消限迁政策;支持指导行业协会建设二手车信息平台;完成 2019 年度汽车流通行业统计分析报告。

## 六 推进商品交易市场转型升级

疫情期间,及时对全省重点商品市场进行书面调研,经认真分析研究后,完成了"江苏重点消费品市场受疫情影响情况及促消费政策建议",并报商务部;建立商品交易市场重点联系制度,确认 11 家市场列入商务部重点联系的商品交易市场名单,并督促市场按时上报数据情况;组织全省 11 家重点联系市场参加商务部举办的"推进商品交易市场转型升级工作线上培训班",学习交流各地推进商品交易市场转型升级的经验做法。

## 七 加强安全生产相关工作

配合省环保厅,在全省报废机动车行业深入开展危险废物核查整治行动,全面摸排危险废物安全风险隐患,检查危险废物处置信息。2020 年,各设区市商务局共对报废机动车回收拆解企业和网点进行检查 210 余次,整改问题 80 余个;按照厅安委办要求做好安全生产制度落实和问题整改,结合调研,到农贸市场进行安全生产抽查,对国务院督导组和省安全生产集中督导反馈的问题整改情况进行现场检查;强化安全责任落实,对检查出的问题责成地方落实整改到位;分苏南、苏中、苏北三个片区,邀请相关行业专家共同参与,对全省 16 家报废汽车回收拆解资质企业进行安全生产专项检查。

(省商务厅市场体系建设处)

# 2020 年江苏省对外贸易运行情况

2020 年,新冠肺炎疫情冲击叠加国际经贸摩擦影响,外贸发展面临的挑战前所未有。在省委、省政府的坚强领导下,江苏省商务系统积极应对各种风险挑战,认真贯彻中央和省委、省政府"六稳""六保"决策部署,深入开展"保主体促两稳"行动,坚决稳住了外贸基本盘。全省进出口逆势增长、份额提升、稳中提质,明显好于预期、好于全国。

## 一 全省外贸运行情况

据海关统计,2020 年,全省累计进出口 6 427.7 亿美元,比上年同期(下同)增长 2.1%。其中,出口 3 962.8 亿美元,增长 0.4%;进口 2 464.9 亿美元,增长 5.0%。按人民币计,2020 年,全省累计进出口 44 500.5 亿元,增长 2.6%。其中,出口 27 444.3 亿元,增长 0.9%;进口 17 056.2 亿元,增长 5.5%。

### (一)进出口逐季回稳向好,三大指标全面实现正增长

2020 年,全省进出口总体低开高走,逐季回稳向好。

一季度受疫情影响急剧下降,二、三季度止跌回稳,四季度快速回升,增幅逐季走高,分别为-11.4%、-1.0%、6.2%、14.2%。以美元和人民币计价,全省累计进出口、出口、进口三大指标全面实现正增长。以人民币计价,累计进出口、出口规模创历史新高。与全国相比,累计进出口增幅高于全国平均水平 0.6 个百分点,其中出口降幅深于全国 3.2 个百分点,进口好于全国 6.1 个百分点。进出口规模连续 18 年居全国第二位,占全国比重为 13.84%,提升 0.1 个百分点。

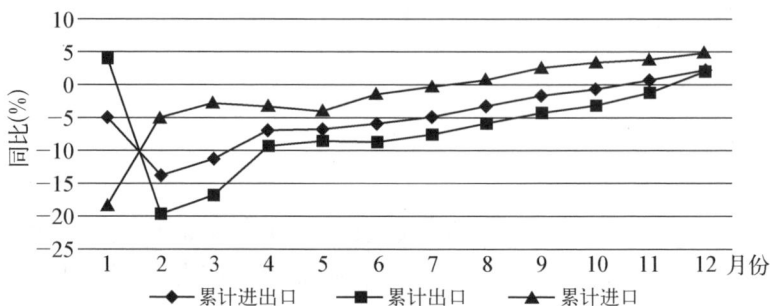

图 1　2020 年全省进出口趋势

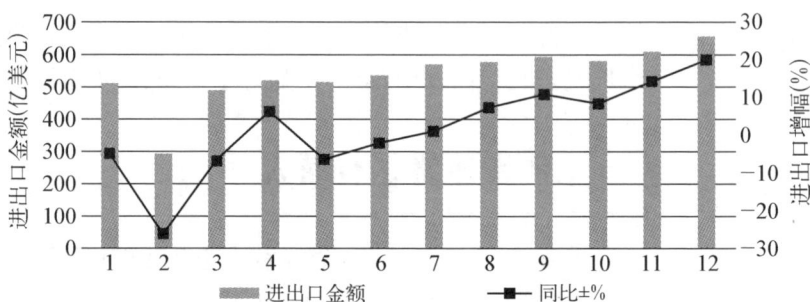

图 2　2020 年全省月度进出口趋势

## (二)东盟市场拉动效应突出,欧盟居第一大贸易伙伴

2020 年,对美国、欧盟、日本、中国香港分别出口 764.8 亿美元、655.3 亿美元、293.9 亿美元、264.9 亿美元,下降 3.0%、1.4%、0.3%、0.4%;占比分别为 19.3%、16.5%、7.4% 和 6.7%;对四大传统市场出口合计 2 088.0 亿美元,下降 1.3%,占比 52.7%。美国仍是第一大出口市场,占比下降 0.7 个百分点。

对新兴市场出口 1 874.8 亿美元,增长 2.4%;占比 47.3%,提高 0.9 个百分点。其中,对东盟出口 551.7 亿美元,增长 7.9%;占比 13.9%,提升 0.9 个百分点;对"一带一路"沿线市场合计出口 1 067.5 亿美元,增长 1.0%,占比 26.9%,提升 0.1 个百分点。

占比近七成的前五大进口来源地中,自韩国进口 426.0 亿美元,下降 0.6%;自中国台湾、东盟、欧盟、日本分别进口 365.2 亿美元、348.0 亿美元、301.5 亿美元、297.5 亿美元,增长 24.1%、5.6%、2.1%、0.7%;自美国进口 153.4 亿美元,恢复性增长 29.1%。

2020 年,欧盟、美国、东盟、韩国位列全省前四大贸易伙伴,进出口分别为 942.1 亿美元、918.3 亿美元、899.7 亿美元、691.6 亿美元,占比 14.7%、14.3%、14.0%、10.8%。东盟进出口增长 7.0%,拉动全省进出口增长 0.9 个百分点。

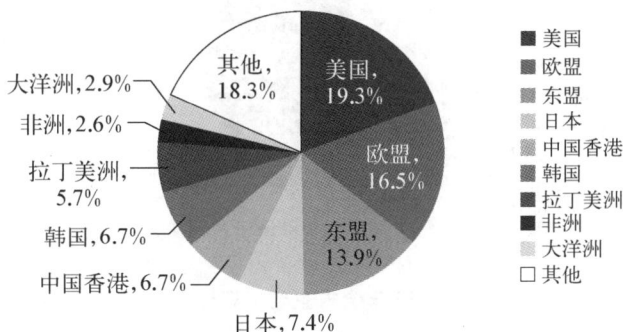

图 3　2020 年全省主要出口市场分布图

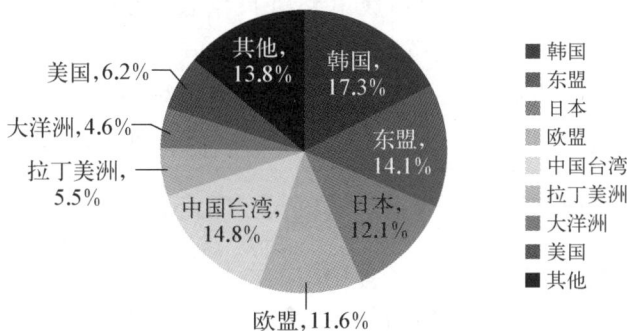

图 4　2020 年全省主要进口市场分布图

## （三）机电、高新技术产品出口占比提升，八大行业"三升五降"

2020 年，机电产品出口 2 646.6 亿美元，增长 2.0%；占比 66.8%，提升 0.8 个百分点。高新技术产品出口 1 475.6 亿美元，增长 2.4%；占比 37.2%，提升 0.6 个百分点。占比近 3/4 的八大重点行业出口"三升五降"：占比三成的 IT 产品出口增长 2.0%；其中，集成电路、手机、便携式电脑三大重点 IT 产品出口分别增长 15.6%、13.9% 和 9.6%。交通运输设备出口下降 1.8%；其中，船舶出口下降 6.0%。纺织服装下降 2.3%；其中，纺织品（含口罩）出口增长 8.1%，服装出口下降 11.6%。化学品、钢材、机械设备出口分别下降 0.1%、17.1%、5.7%。轻工产品和光伏产品分别增长 3.4% 和 4.8%。

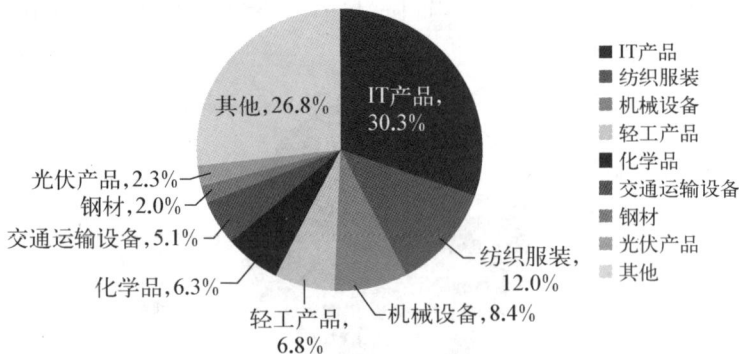

**图 5　2020 年全省主要出口行业分布**

占比四成的高新技术产品进口增长 9.7%；其中，占比超三成的 IT 产品进口增长 10.6%，主要产品中集成电路进口增长 18.3%，液晶显示板下降 8.8%。占比超一成的机械设备进口增长 1.0%；其中，半导体制造设备进口增长 13.0%。农产品进口增长 20.1%；其中，食用植物油和大豆进口分别增长 31.8% 和 23.6%。矿产品进口增长 2.3%；其中，铁矿砂进口增长 7.5%。

## （四）民营企业支撑作用显著，外资企业占比下降

2020 年，民营企业进出口 2 265.4 亿美元，增长 14.4%，好于全省平均水平 12.3 个百分点，拉动全省进出口增长 4.6 个百分点；占比 35.2%，提升 3.8 个百分点；其中，出口增长 13.2%，进口增长 17.7%。外资企业进出口 3 611.0 亿

美元,下降 3.8％；占比 56.2％,下降 3.2 个百分点；其中,出口、进口分别下降 6.2％和 0.6％。国有企业进出口 548.0 亿美元,下降 1.2％,占比 8.5 ％；其中, 出口下降 11.9％,进口增长 15.7％。

表 1　2020 年全省各类企业进出口情况

单位:万美元

| 企业性质 | 进出口完成情况 | | | | | |
| | 出口完成情况 | | | 进口完成情况 | | |
| | 累计出口 | 同比（％） | 占比（％） | 累计进口 | 同比（％） | 占比（％） |
| 内资企业 | 19 364 329 | 7.5 | 48.9 | 876 8751 | 16.3 | 35.6 |
| 国有企业 | 2 982 458 | −11.9 | 7.5 | 2 496 695 | 15.7 | 10.1 |
| 民营企业 | 16 381 871 | 13.2 | 41.3 | 6 272 056 | 17.7 | 25.4 |
| 外资企业 | 20 235 539 | −6.2 | 51.1 | 15 874 190 | −0.6 | 64.4 |

## （五）一般贸易主导地位稳固,加工贸易进、出疲弱

2020 年,一般贸易进出口 3 431.7 亿美元,增长 5.6％,占比 53.4％,提升 1.8 个百分点；其中,出口增长 4.2％,进口增长 8.2％。加工贸易进出口 2 270.0 亿美元,下降 4.0％；占比 35.3％,同比下降 2.3 个百分点；其中,出口、进口分别下降 5.1％和 2.1％。保税进出境货物进出口 647.1 亿美元,增长 9.3％,占比 10.1％。外投设备进口 8.3 亿美元,下降 31.5％。

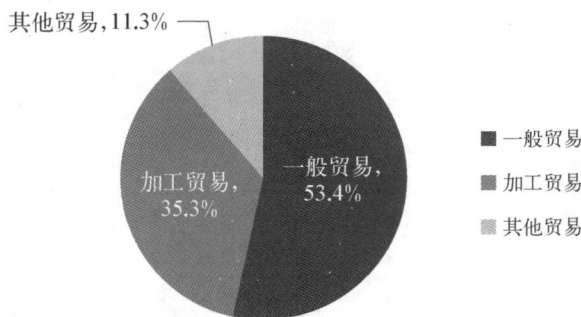

图 6　2020 年全省进出口贸易方式分布

## (六) 九个设区市进出口正增长，五个外贸大市浮出水面

2020 年，苏北地区进出口增长 14.3%，占比 7.2%，提升 0.7 个百分点；苏南地区进出口增长 1.2%，占比 82.9%；苏中地区进出口增长 2.2%，占比 9.9%。13 个设区市中，9 个设区市进出口实现正增长；8 个设区市出口实现正增长；10 个设区市进口实现正增长。苏州、无锡、南京、南通、常州 5 个外贸大市累计进出口增长 1.5%，占全省进出口的 87.1%。其中，南京市进出口增长 10.3%，占全省比重 12.0%，占比提升 0.9 个百分点；苏州进出口增长 1.0%，占全省比重达 50.1%。

表2　2020年全省各设区市进出口情况

金额单位:亿美元

| 名　称 | 进出口 | | | 出　口 | | | 进　口 | | |
|---|---|---|---|---|---|---|---|---|---|
| | 累计 | 同比(%) | 占比(%) | 累计 | 同比(%) | 占比(%) | 累计 | 同比(%) | 占比(%) |
| 全省 | 6 427.7 | 2.1 | 100.0 | 3 962.8 | 0.4 | 100.0 | 2 464.9 | 5.0 | 100.0 |
| 苏州市 | 3 223.5 | 1.0 | 50.2 | 1 868.7 | −2.7 | 47.2 | 1 354.8 | 6.6 | 55.0 |
| 无锡市 | 877.8 | −5.0 | 13.7 | 512.4 | −7.6 | 12.9 | 365.4 | −1.2 | 14.8 |
| 南京市 | 771.8 | 10.3 | 12.0 | 491.1 | 12.8 | 12.4 | 280.6 | 6.2 | 11.4 |
| 南通市 | 379.4 | 3.7 | 5.9 | 258.8 | 4.0 | 6.5 | 120.7 | 3.3 | 4.9 |
| 常州市 | 349.1 | 3.2 | 5.4 | 259.4 | 2.8 | 6.5 | 89.7 | 4.4 | 3.6 |
| 徐州市 | 154.3 | 13.9 | 2.4 | 124.8 | 10.3 | 3.2 | 29.5 | 32.2 | 1.2 |
| 泰州市 | 146.4 | 1.2 | 2.3 | 96.1 | 0.8 | 2.4 | 50.4 | 2.1 | 2.0 |
| 盐城市 | 119.4 | 24.2 | 1.9 | 80.2 | 25.1 | 2.0 | 39.1 | 22.3 | 1.6 |
| 扬州市 | 111.1 | −1.8 | 1.7 | 83.6 | −0.1 | 2.1 | 27.5 | −6.5 | 1.1 |
| 镇江市 | 104.2 | −7.0 | 1.6 | 73.9 | −6.1 | 1.9 | 30.3 | −9.1 | 1.2 |
| 连云港市 | 93.0 | −0.7 | 1.4 | 37.9 | −2.5 | 1.0 | 55.1 | 0.6 | 2.2 |
| 淮安市 | 49.8 | 5.9 | 0.8 | 34.3 | 1.5 | 0.9 | 15.5 | 17.2 | 0.6 |
| 宿迁市 | 47.8 | 39.6 | 0.7 | 41.6 | 44.1 | 0.9 | 6.2 | 15.7 | 0.3 |
| 苏南 | 5 326.5 | 1.2 | 82.9 | 3 205.6 | −1.1 | 80.9 | 2 120.9 | 4.8 | 86.0 |

| 名　称 | 进出口 | | | 出　口 | | | 进　口 | | |
|---|---|---|---|---|---|---|---|---|---|
| | 累计 | 同比(%) | 占比(%) | 累计 | 同比(%) | 占比(%) | 累计 | 同比(%) | 占比(%) |
| 苏中 | 636.9 | 2.2 | 9.9 | 438.4 | 2.5 | 11.1 | 198.5 | 1.5 | 8.1 |
| 苏北 | 464.3 | 14.3 | 7.2 | 318.9 | 14.5 | 8.0 | 145.4 | 13.9 | 5.9 |

注:按各市进出口规模排序。

## (七) 有进出口实绩的企业数超过 7 万家

2020 年,全省有进出口实绩的企业 77 466 家,同比增加 4 415 家。其中,有出口实绩的企业 66 781 家,增加 3 898 家;有进口实绩的企业 36 414 家,增加 2 514 家。三星电子(苏州)半导体有限公司、名硕电脑(苏州)有限公司、世硕电子(昆山)有限公司进出口超百亿美元。

# 二　主要工作举措及成效

## (一) 稳外贸工作机制持续完善

### 1. 政策支持体系持续强化

先后推动出台《省委省政府关于推进贸易高质量发展的实施意见》以及《关于进一步做好疫情防控推动外贸外资企业复工达产和稳外贸稳外资工作的指导意见》《省政府办公厅关于进一步做好当前稳外贸工作若干措施的通知》《省政府办公厅关于支持出口产品转内销促进内外贸融合发展的若干措施》等一系列政策举措,推动开放型经济工作领导小组印发《江苏省外贸外资协调机制深入开展“保主体促两稳”行动工作方案》,全力支持外贸企业应对疫情、稳定出口。牵头起草省商务厅等 7 部门《关于促进全省跨境电子商务高质量发展的工作意见》,已上报省政府办公厅。

### 2. “保主体促两稳”行动深入推进

推动建立省外贸外资工作协调机制,牵头 13 个部门成立重点出口企业工作专班,加大部门协调工作力度。建立完善全省重点外贸企业运行监测平台,对占全省进出口规模过半的 606 家重点外贸企业开展月度直报；对占全省进出口超七成的 1 852 家重点企业进行部门信息共享、动态监测。建立重点外贸企业困难问题月度台账制度，省市联动、部门协同，"一企一策"精准服务，全年推动协调解决 150 多家重点企业的 300 多个具体问题。梳理下发超过 4.8 万家次季度新增、退出出口以及新增出口退税备案企业名单，指导各市做好精准服务，加大"育新"力度。商务部外贸外资协调办公室以专报（第 140 期）向国务院报送了江苏做法成效。

## （二）线上线下拓外转内成效显著

### 1. 线上展会活动打出品牌

举办"江苏优品·畅行全球"系列线上展会，全年共举办 77 场，累计组织约 1.6 万家江苏企业参展。其中，25 场线上国际展会参展企业超万家，首次参加跨境电商平台线上展会企业占比近半，在线成交超 25 亿元，后续线下意向成交超过 10 亿美元。50 场以"一国一展""一业一展"为特色的线上对接会参展企业近 1 900 家，开展"一对一"对接超过 1.2 万场，意向成交约 2 000 万美元，参展企业满意率超过 90%。

### 2. 出口转内销创新启动

鼓励企业出口转内销，支持外贸企业进商超、进渠道、进街区（步行街）、进电商平台、进云上展会，全省近 1 500 家企业参加"江苏优品·畅行全球"出口转内销专场活动，在线成交超过 4 亿元；各地累计组织 2 000 余家企业参加线上线下各类出口转内销活动，带动转内销超过 3 亿元。

### 3. 重点展会组织有序开展

强化疫情防控期间境外展会组织工作，建立组展监测机制和日报制度；加大对企业参展支持力度，对企业因疫情影响无法参加重点展会产生的损失予以支持。积极引导企业利用网上广交会、华交会等线上展示平台，推动营销模式创新和数字化转型，帮助企业线上拓市场、抢订单、稳经营。第 127、第 128 届网上广交会及第 30 届线上华交会共组织 6 000 余家企业参展，线上展示产品超 10 万件，江苏交易团获评第 128 届广交会"优秀交易团"。组织无锡集成电路、常州农机特色产业集聚区参加第 22 届高交会，江苏交易团蝉联"优秀组织奖"和"优秀展示奖"。

---

**（三）外贸转型升级步伐加快**

1. 进口载体平台持续壮大

充分发挥进口政策作用，用足用好国家和省级进口贴息资金，结合江苏自贸区产业发展特色和需求，会同省财政厅修订增补《江苏省鼓励进口技术和产品目录（2019 版）》，扩大先进技术、高端装备和关键零部件进口。指导支持昆山获批国家进口贸易促进创新示范区，商务部在昆山召开国家进口贸易促进创新示范区培育工作推进会。支持张家港保税港区汽车整车进口口岸错位发展，积极探索特色改装产业。全力做好第三届中国国际进口博览会组织工作，协助做好招展、招商、宣传、统计等各项工作，邀请 1.9 万家企业、7.3 万多名采购商到会，累计成交 64 亿美元，继续位列全国第二。积极承接进博会溢出效应，优化进口结构，深化经贸合作。

2. 出口品牌和基地扩容提档

深入推进出口品牌建设，开展"2020—2022 年度江苏省重点培育和发展的国际知名品牌"培育工作，413 家企业的 421 个品牌入选，比上一轮增加 61 个品牌。推动出口基地提档升级，新增 4 家、经考核认定 11 家国家级基地，全省国家外贸转型升级基地达到 38 家。开展"出口基地线上拓展行动"，推动产业集群与跨境电商联动发展，在扬州、无锡、南通、徐州举办四场线上培训对接活动，逾 2 000 人次参加。推动张家港塑饮机械等三个出口基地与电商平台开展深度合作，打造产业专区，引导 123 家出口基地企业数字化转型。

**（四）外贸发展新动能加快集聚**

1. 新业态新模式发展提速

大力发展跨境电商，常州等 5 市新获批国家级跨境电商综试区，全省跨境电商综试区达到 10 个；支持扬州、泰州、镇江申报新一批综试区，力争实现设区市全覆盖。加快推动跨境电商监管政策落地，联合海关、税务、外管等部门开展监管新政宣讲解读，超过 2 000 人次参加线上线下宣讲会。新培育 7 家省级公共海外仓，省级公共海外仓达到 21 家，面积合计超过 30 万平方米，服务企业超千家。推动海门、常熟市场采购贸易扩大规模，推广常熟"市采通"平台,"市场采购＋跨境电商＋外贸综合服务企业"发展模式取得新进展;支持扬州、徐州申报市场采购贸易试点。2020 年,全省纳入海关统计的跨境电商进出口为 137 亿元(包括邮快件电商包裹),市场采购贸易方式出口额为 114.3 亿元。积极争取二手车出口试点,南京成功获批开展业务。

2. 加工贸易创新发展

制定激励政策,鼓励地方支持加工贸易稳定创新发展,助力龙头企业争取总部订单。加快推进高端装备、高附加值医疗设备、新一代 IT 产品全球检测维修再制造业务,加强与商务部等部委沟通协调,力争西门子、天弘科技、佰电科技等企业全球检测维修业务取得突破。支持中国(江苏)自由贸易试验区苏州片区开展集成电路全产业链保税模式改革试点,在全球检测维修监管方面先行先试,延伸产业链,提升价值链。落实《关于调整加工贸易禁止类目录的公告》规定,帮助全省金桐石化等企业解决实际困难。

## (五) 疫情防控服务有力有效

1. 医疗防疫物资进出口保障扎实有力

根据疫情防控需要,及时做好防疫物资进口保障和出口促进工作。安排省级商务发展专项资金支持进口企业、跨境电商企业和省级公共海外仓加大防疫物资进口,全省累计进口防疫物资近 2 500 万件,部分紧缺物资纳入省物资保障组,为全省抗疫做出贡献。会同市场监管、药监、海关等部门建立省医疗物资出口工作机制,严把出口产品质量关,积极推进防疫物资有序扩大出口。指导和支持医疗防疫物资生产企业申报商务部"白名单",取得出口资质。2020 年,全省通过审核的企业 622 家,位居全国前三。

2. 疫情防控和外贸发展统筹推进

做好外籍重点经贸人员来华邀请工作,落实外交部和省政府相关要求,配合做好外籍重点经贸人员来华邀请工作,累计为 4 483 位外籍人员办理邀请函,保障外贸企业生产经营活动正常有序开展。做好进口冷链食品防控,指导地方全面梳理摸排进口冷链食品明细情况,加强进口企业风险警示,做好进口产品溯源工作;强化与海关等部门的信息共享和协作,增强防控工作的针对性和有效性。

## （六）外贸发展环境持续优化

### 1. 进出口涉企服务持续优化

深入推进"放管服"改革,积极配合推进自贸区赋权、自贸区"证照分离"改革,配合落实"双随机、一公开""互联网＋监管"等事中事后监管事项。组织全省符合条件的企业向商务部申报各类商品资质和配额,做好贸管商品的业务指导、政策咨询和调研服务工作。解决企业实际困难,帮助江苏锯材出口企业积极申请出口配额,优化配额使用效率,使江苏锯材出口配额使用率从 60％提升至 95％以上;协调黄岛海关解决中江国际集团有关事项,引导企业合法合规经营。办理对外贸易经营者备案登记变更 29 家,协助处理多起涉外贸易纠纷。

### 2. 机电产品国际招标平台成效显著

2020 年,累计完成 2 169 个机电产品国际招标项目,中标金额 28.7 亿美元。加强招标机构管理,新增 18 家招标机构,全省共有 116 家机电产品国际招标代理机构。对 10 家机电产品国际招标投标代理机构、28 个招标项目开展"双随机、一公开"监管工作,推动机电产品国际招投标行业健康稳定发展。

### 3. 中欧班列发展提质增效

推动中欧班列优化整合,贯彻实施《江苏省中欧班列建设发展规划实施方案(2017—2020)》,强化资金扶持绩效,积极引导回程班列发展。推动组建省级国际货运班列公司,与省班列公司签订《支持江苏国际货运班列高质量发展合作备忘录》。

（省商务厅对外贸易处）

# 2020 年江苏省服务贸易运行情况

2020 年,江苏省以深入推进服务贸易创新发展、加快服务外包转型升级、打造贸易促进品牌平台、推动商贸服务业消费升级为重点,注重创新集成,促进协调发展,持续推动服务贸易和商贸服务业高质量发展。

## 一 全省服务贸易运行情况

### (一) 服务贸易运行情况

根据江苏省测算数据,2020 年全省服务进出口 778.4 亿美元,同比下降 5.6%。其中,出口 382.6 亿美元,同比下降 2.3%;进口 395.8 亿美元,同比下降 8.7%。服务贸易占全省对外贸易比重为 10.8%,较 2019 年同期下降 1.1 个百分点。旅行服务为全省服务贸易下降的主要因素,全年降幅扩大至 35.4%,占全省服务贸易比重从 28.6% 下降至 18.1%。别除旅行服务,全省服务进出口增长 5.0%。总的来看,全年全省服务贸易逐季回稳向好,结构持续优化。

1. 出口好于进口

全省服务出口下降 2.3％，好于服务进口 6.4 个百分点。全年服务贸易逆差 13.1 亿美元，较 2019 年缩小 28.8 亿美元。

2. 知识密集型服务贸易保持逆势增长

2020 年，知识密集型服务贸易进出口 383.3 亿美元，逆势增长 6.8％，占全省服务贸易比重提高 5.7 个百分点达 49.2％。知识密集型服务贸易出口增长明显，同比增长 10.9％。

3. 区域布局更趋均衡

2020 年，高质量考核指标体系进一步倒逼各地加大服务贸易工作力度，南通、宿迁、盐城、扬州等市服务进出口增速超过 10％，苏中、苏北占比提高 1.7 个百分点，占比达 16.6％。

4. 出口市场更趋多元

全省出口市场集中度较高但市场多元化趋势明显。美国、中国香港、日本等前 10 大市场占比达 80.5％，同比下降 3 个百分点。但对东盟市场出口增长 15.2％，占比提高 1.1 个百分点，达到 11.6％。从进口看，前 10 大服务贸易市场在全省服务进口中的占比上升 2.4 个百分点达到 54.0％，集中度进一步提高。

5. 省级基地和重点企业带动作用明显

据不完全统计，全省首批服务贸易重点企业及省级服务贸易基地出口占全省比重近 20％，出口增速普遍好于全省平均水平。

## （二）服务外包运行情况

2020 年全省服务外包业务合同额 723.5 亿美元，同比增长 16.1％；业务执行额 556.2 亿美元，同比增长 8.5％，其中离岸执行额 274.8 亿美元，同比增长 13.3％，高于全国 4 个百分点。系统登记服务外包企业 15 838 家，从业人数约 232 万人。全省服务外包总量保持全国第一，业务结构、地区分布持续优化，示范城市支撑作用明显，国际市场格局稳定，社会贡献明显，实现量质齐升。

1. 企稳回升，产业规模增长较快

2020 年一季度，受疫情影响全省服务外包业务降幅明显，二季度止跌回稳,下半年快速回升,全年业务呈低开高走之势。全省离岸业务执行额占全国1/4,占长三角地区1/2,连续12年居全国首位。

2. 数字赋能,推动各业务领域稳步发展

信息技术外包(ITO)业务支撑作用突出。离岸ITO业务约占全省53%,作为数字产业化核心领域,2020年离岸执行额达146.7亿美元,同比增长13.8%。其中以云计算、人工智能等为代表的新一代信息技术离岸业务执行额近2亿美元,同比增长71.3%。知识流程外包(KPO)业务发展潜力突出。离岸KPO业务约占全省37%,包括生物医药研发、工业设计在内的KPO业务是产业数字化的主阵地和全省外包业务重要增长极。2020年,全省生物医药企业实现离岸执行额24.8亿美元,同比增长20.1%。工业设计服务离岸执行额29.3亿美元,同比增长33.7%,年净增量近8亿美元。商业流程外包(BPO)业务内部结构优化。离岸BPO业务约占全省10%,其内部业务结构呈调整升级趋势。数字化程度和附加值更高的维修维护服务离岸执行额8.1亿美元,为2019年同期的1.6倍,占BPO业务比重由2019年年底的13.6%上升到30.6%。

3. 稳岗稳就业,社会效益明显

2020年,全省持续加大线上下业务培训、行业人才招引力度,服务外包企业数量增长迅速。商务部统计系统显示,全省服务外包企业15 838家,同比增长11.5%。全省服务外包产业累计吸纳从业人员达232.2万人,同比增长17.9%,其中大学以上学历占比约66.5%,同比增长10.9%。

4. 区域布局优化,示范城市支撑有力

2020年,苏中苏北地区抓住数字化机遇,完成离岸执行额59.4亿美元,同比增长46.1%,占比达到21.4%,较2019年提升5个百分点。其中新兴国家级示范城市南通离岸执行额超过30亿美元,与第一方阵的南京、无锡、苏州差距进一步缩小。示范城市支撑和拉动效应明显。2020年,老牌国家级示范城市南京、无锡、苏州离岸执行额合计占全省比重约八成,均实现正增长。新申请国家级示范城市徐州、常州、泰州等离岸执行额合计27.9亿美元,同比增长71.2%,占比较2019年提升3个百分点。

5. 市场布局基本稳定,"一带一路"业务呈向好趋势

2020年,美国、欧盟、日本、中国香港、中国台湾、韩国仍为全省离岸外包

主要市场,占比八成。除中国香港外,各主要市场业务均实现逆势增长。其中,美国依旧为全省最大离岸业务发包国,全省承接美国业务执行额 60.7 亿美元,同比增长 33.7%;承接欧盟业务执行额 41.2 亿美元,同比增长 22.2%。承接"一带一路"沿线国家(地区)业务执行额 42.7 亿美元,同比增长 14.3%。

## 二  主要工作及成效

### (一) 圆满完成对口支援和城市社会防控双重抗疫任务

圆满完成 2 200 名援汉医疗队员加餐保障工作,牵头厅城市社会防控组工作,推动服务贸易和商贸服务业企业复工复产。荣获"全省抗击新冠肺炎疫情先进集体"称号。

### (二) 服务贸易创新发展试点经验全国最多

南京、苏州圆满完成第二轮深化服务贸易创新发展试点任务,7 个试点经验案例在全国推广,江苏是贡献试点经验案例最多的省份。

### (三) 服务外包政策体系进一步完善

联合 7 个相关省级部门出台江苏推动服务外包加快转型升级的实施意见。

### (四) 载体建设全国领先

南京在国家级示范城市综合评价中位列第二,徐州在新申报示范城市综合评价中位居第一。文化出口基地建设获得商务部、中宣部肯定,商务部服务贸易工作简报、中宣部文化体制改革和发展工作简报分别刊发江苏推进无锡国家文化出口基地建设经验做法。中国(南京)软件谷入选首批 12 家国家数字服务出口基地,江苏成为具有国家级服务贸易载体最多的省份。

## （五）创新经贸促进模式成效显著

举办"云聚江苏·服务全球"云上交流大会,组织 6 场专题推介会、近 200 场项目对接活动,助力企业开拓市场,达成合作意向项目金额近 4 亿美元。央视、新华网、江苏卫视、香港商报及新浪、腾讯新闻等 20 余家新闻媒体进行了报道,网络新闻、大会直播和回看点击量超 40 万次。

（省商务厅服务贸易和商贸服务业处）

# 2020 年江苏省电子商务发展情况

2020 年,江苏省电子商务围绕做好"六稳"工作、落实"六保"任务,积极推进疫情防控、复工复产和高质量发展,全省网络销售稳步回暖,结构进一步优化,新业态新模式不断涌现。

## 一 全省电子商务运行情况

### (一)网络零售额继续保持全国领先

2020 年,全省网络零售额 10 678.2 亿元,首次突破万亿元大关,占全国 9.1%,同比增长 10.2%,网络零售额继续排名全国第 5 位,低于广东、浙江、上海、北京。2020 年全省农村网络零售额 2 358.1 亿元,同比增长 7.6%,仅次于浙江,居全国第 2 位。实物商品网络零售额 9 198.4 亿元,同比增长 16.2%,高于全国平均增速 1.4 个百分点。实物商品网络零售额占社会消费品零售总额的比重为 24.8%,同比增长 2.1 个百分点。

## （二）网络交易模式不断优化

2020 年全省 B2C 网络零售额 8 696.3 亿元,同比增长 16.9%,占全省网络零售额比重为 81.4%;C2C 网络零售额 1 981.9 亿元,同比下降 12.1 个百分点,占全省网络零售额比重为 18.6%。以注册企业为主体的 B2C 网络零售额增速,高于以个人店铺为主体的 C2C 网络零售额增速 29 个百分点,反映出全省网络交易规模化发展程度大幅提升,企业型市场主体发展质量和效益进一步优化,更加有利于全省网络交易市场规范化发展。

## （三）线上线下加快融合发展

2020 年,一大批线下店铺通过与互联网结合,销售不断增长;线上产品也通过门店社群,获得了新的增量。为克服疫情影响,宿迁市打造"网上南菜市"等特色农产品电商平台,将传统菜市场搬到网上,在疫情最吃紧期间累计售出食材超过 20 万斤,惠及市民 20 多万人次,切实发挥了稳产保供作用。南京古南都集团旗下 7 家餐饮企业,采取网格化订餐和社区团购,外卖同比上升440%。金陵饭店集团扩大网络分销,将到店购买的金陵大肉包等热门产品卖向全市,仅一季度就实现利润 800 万元。

## （四）新模式引领新型消费

提升流量、降低获客成本等方面效果突出的直播电商,成为各大平台角逐的核心战场。2020 年,全省各地组织淘宝直播累计 247.7 万场,观看者达 62 亿人次。苏州推出"双十二购物节",采取线上线下 24 小时联动、网红直播苏州地产商品、举办"姑苏十二时辰"直播接力秀等方式,活动当天就实现线上消费 84.6 亿元。汇通达集团着力农村电商模式创新,通过互联网平台不断叠加多种业态,服务范围拓展到全国 21 个省、1.9 万多个乡镇,销售额从不到 20 亿元突破到 500 亿元大关。

## 二 推进全省电子商务高质量发展

### （一）发挥电商优势，积极应对新冠肺炎疫情挑战

在疫情"大考"面前，全省电商行业迅速适应了疫情带来的消费心理、消费习惯和消费场景变化，在加强抗疫物资对接调运、保障市场商品供给、解决农产品滞销等方面开展了大量工作，成效明显。同时，直播电商、社交电商、无接触配送、共享员工等新模式加快应用，快速成长。发挥好社团组织的作用，指导省电商协会与阿里巴巴华东公司、美团等电商企业签订了应对疫情保障供应的合作协议，制订促进中小型电商企业发展的优惠政策。南京市通过启动"四新"行动计划，开展以提振消费信心、引领消费潮流、壮大消费能级为重点的新消费行动，使消费潜力迅速释放，经济快速恢复。据监测数据统计，南京全年通过直播电商、社区团购等新零售方式形成的网络零售额超过 1 800 亿元。常州市商务局在疫情期间适时推出线上公益培训，紧扣热点举办专题研讨会，并在复工复产后推出电商系列课程，持续帮助企业提升线上营销能力，加快数字化转型升级，助力中小商户提振信心、拓展渠道、带动消费。

疫情期间，省商务厅承担了全省对口支援湖北医疗团队的保供任务。赴武汉和黄石的同志加大网销生活必需品和医疗物资等商品备货和调运的组织力度，及时协调苏宁易购、食行生鲜、汇通达、孩子王等省内电商平台，做好武汉物资援助工作，较好地完成了全省 3 096 名援助人员近两个月的生活保障任务，组织协调省内重点电商企业向湖北输送防护服、隔离服、护目镜、医用口罩等卫生防疫物资 20 多万件（套、只）。

### （二）强化示范作用，大力推进电商持续创新升级

为顺应产业升级和消费升级需求，省商务厅大力推动商贸流通企业数字化改造，并以示范为引领，积极开展国家和省级电商示范创建，以此推动电商品牌化发展。2020 年，指导沭阳县申报并获得 2020 年国务院办公厅"推进农产品流通现代化、积极发展农村电商和产销对接工作成效明显"激励表彰；全省 12 个县入选 2020 年国家电子商务进农村综合示范县；组织遴选省内优秀

电商园区参加国家电商示范基地综合考评,3 家优秀电商园区上榜,全省国家示范基地总数 12 家,居全国第一;继 2019 年 4 家企业获评国家数字商务企业后,又有 4 家企业晋升国家队,与北京、上海并列第二。南京市积极启动《数字经济发展三年行动计划(2020—2022 年)》,提出数字产业化、产业数字化、数字化治理的思路,以数字南京建设推进经济社会发展的数字蝶变。汇通达、满帮、艾佳生活、福佑卡车、华能智链、新康众等领军企业不断涌现,推动产业互联网成为南京数字经济发展的新动能、新引擎。扬州推动建设直播电商标杆项目,打造首批 4 家市级电商直播示范基地,扬州工业职业技术学院电商直播学院成为全国首家电商直播学院。

### (三)营造良好氛围,持续发挥电商促消费强劲动能

全省各地积极开展各种形式的电商促销费活动,对提振消费信心、培养新消费习惯、促进消费回补、催生新型消费,都发挥了独特而重要的作用。省商务厅积极配合实施商务部"双品购物节",推动开展"146 消费提振"行动,先后支持溧阳开展"1 号优选"直播活动,支持南京市商务局开展天猫 618 理想生活列车南京城市地标直播启动仪式,支持江都举办 2020 扬州江都直播电商峰会,配合省委网信办开展"苏货直播 e 起小康"全省行活动。联合阿里巴巴集团举办"汇聚江苏 江湖好蟹"专题活动,打造具有江苏特色的标杆性地域大闸蟹品牌,推动苏宁、阿里巴巴等企业面向经济薄弱地区开展产销对接,助力经济薄弱地区农产品销售。无锡组织召开"海购无锡云启未来——新零售助力外贸拓内销"活动,帮助外贸企业加快数字化转型,通过新零售模式,帮扶外贸企业拓内销、稳产能,有效促进外向型企业实现国内国际市场协同发展。徐州市以 2020"壹播而红·播响徐州"中国徐州网红直播大赛为牵引,帮助企业利用快手、抖音、淘宝等平台开展直播带货,直播场次超过 14.3 万次,观看人数超过 2.4 亿人次。连云港成功举办中国·连云港电商发展大会暨首届 518 网络购物节,精心打造"518 全球购"网络购物平台,平台进驻商家近千家,其中农产品销售商家 400 多家,汇集各县区农产品近百种,平台销售额达 3 亿元。

### (四) 夯实工作基础,不断提升电商分析应用能力

围绕农村电商、电商新业态新模式以及《电商法》等内容开展人才培训工作,助力脱贫攻坚和乡村振兴。为适应疫情新形势,建设"江苏省电子商务线上培训平台",举办了 30 期直播培训,7 000 多人次参加了培训。加强电商统计监测等基础性工作,梳理出近 6 000 家网络零售额超 500 万的企业名录,协调省市场监管局对全省注册备案的 164 家网络交易平台进行了梳理。与省统计局联合召开"加强网络零售统计工作座谈会",并联合印发《关于进一步加强网络销售统计工作的意见》,进一步加强政策宣传、统一思想认识、明确目标要求,协力抓好电商平台、企业列统工作。全省各地纷纷加强与第三方机构合作,开展电商大数据监测和分析应用,为政府决策和行业监管提供数据支撑。

### (五) 改善行业治理,积极推动电商持续健康发展

2020 年,省商务厅积极落实党中央、国务院和省委、省政府有关决策部署,以贯彻落实《电子商务法》等法律法规为统领,积极联合有关单位研究应对电子商务规范发展的有效路径,促进网络经济健康发展。一是配合省市场监管局开展"网剑行动",突出强化督促电子商务平台经营者落实法定责任。二是指导、推动成立"江苏省电子商务法律服务联盟",鼓励行业组织发挥行业管理职能,加强法制宣传,实施行业治理。三是通过召开座谈会,举办培训、行业活动等方式,加强对直播、社区团购等互联网新业态新模式的管理,指导、推动成立江苏省直播基地联盟,引导其整合行业资源,开展联合自律,在争创经济发展新动能、促进科技创新、维护公共利益、保障和改善民生等方面体现更多作为、更多担当。四是积极推动电商信用工作开展,建设江苏电子商务信用公共服务平台,指导有关单位积极开展电商领域地方标准的制定和推广,先后有 4 项省级标准获得立项,有效填补了全省电商地方标准空白。

(省商务厅电子商务和信息化处)

# 2020 年江苏省利用外资情况

2020 年,在全球跨国直接投资大幅下降的背景下,江苏省强化上下联动、部门协同,扎实做好"六稳""六保"工作,深入开展"保主体促两稳"行动,聚焦"稳存量、扩增量、提质量",全年外资规模全国领先,结构持续优化,稳中提质增效。

## 一 全力稳住外资基本盘

### (一) 规模保持领先

2020 年,全省实际使用外资 283.8 亿美元,同比增长 8.6%。按商务部统计口径,2020 年全省实际使用外资 235.2 亿美元,同比增长 3.2%,占全国比重 16.3%,规模继续保持全国第一;年度外资规模创"十三五"以来新高。

### (二) 主要来源地稳定

来自中国香港的实际使用外资同比增长 23.4%,占比 65.2%,继续成为全省外资第一大来源地。来自"一带一路"国家地区、欧盟的实际使用外资同比增长 12.8％、16.8％。

表1　2020年全省外商直接投资分国别/地区情况表

金额单位:万美元

| 国别/地区 | 实际使用外资 | | | 项目数 | | |
|---|---|---|---|---|---|---|
| | 1～12月 | 同比(%) | 占比(%) | 1～12月 | 同比(%) | 占比(%) |
| 全省 | 2 838 387 | 8.6 | 100.0 | 3573 | 4.8 | 100.0 |
| 亚洲 | 2 262 243 | 14.2 | 79.7 | 2 681 | 5.7 | 75.0 |
| 欧盟 | 110 821 | 16.8 | 3.9 | 228 | −9.5 | 6.4 |
| 东盟 | 157 899 | 13.0 | 5.6 | 242 | 10.5 | 6.8 |
| 中国香港 | 1 850 589 | 23.4 | 65.2 | 1 412 | 23.6 | 39.5 |
| 新加坡 | 149 257 | 9.9 | 5.3 | 188 | 17.5 | 5.3 |
| 英属维尔京群岛 | 112 387 | −4.7 | 4.0 | 67 | 36.7 | 1.9 |
| 韩国 | 111 324 | −18.5 | 3.9 | 194 | −17.4 | 5.4 |
| 日本 | 107 070 | 17.1 | 3.8 | 95 | −34.5 | 2.7 |
| 美国 | 42 928 | −26.1 | 1.5 | 232 | 26.1 | 6.5 |
| 英国 | 37 201 | 16.6 | 1.3 | 52 | 6.1 | 1.5 |
| 中国台湾 | 29 003 | −71.3 | 1.0 | 652 | −5.2 | 18.2 |
| 德国 | 26 770 | −19.5 | 0.9 | 95 | 3.3 | 2.7 |
| 萨摩亚 | 24 859 | −35.5 | 0.9 | 22 | −46.3 | 0.6 |
| 开曼群岛 | 21 396 | 1.5 | 0.8 | 23 | 35.3 | 0.6 |
| 毛里求斯 | 16 672 | 51.6 | 0.6 | 3 | −40.0 | 0.1 |
| 加拿大 | 4 409 | −62.4 | 0.2 | 90 | 40.6 | 2.5 |
| 澳大利亚 | 2 510 | −51.9 | 0.1 | 59 | 3.5 | 1.7 |

## (三) 全力支持企业复工复产

建立外资外贸企业复工复产服务协调机制,紧扣外资企业反映集中的"三难一缺一高"等困难问题,加强统筹指导和协调服务,2020年4月底全省外资企业复工复产率即超过99%。积极协助外资企业必要经贸人员返苏,全年累计签发 2.7 万多份外籍经贸人员来苏邀请函,数量居全国首位。

### (四)制定出台系列稳外资政策

报请省政府出台《关于促进利用外资稳中提质做好招商安商稳商工作的若干意见》(苏政发〔2020〕43 号)等政策文件,联合省有关部门推出操作细则指引,相关做法获商务部在全国推广。

### (五)深入实施"保主体促两稳"行动

围绕"抓大、扶小、育新、稳链",上下联动开展"三访三服务"和"企业与部门面对面"等活动,梳理 84 家加工贸易重点外资企业和 82 家产业链关键环节企业,做好监测预警和跟踪服务,全力稳住外资产业链供应链。

### (六)完善外资企业投诉机制

为及时有效处理外商投资企业投诉,保护外商投资合法权益,持续优化全省外商投资环境,研究制定《江苏省外商投资企业投诉工作办法》(苏商规〔2020〕2 号),已于 2020 年 12 月 11 日正式发布。

## 二　聚力促进外资提质增效

### (一)外资大项目和增资项目较快增长

全年实际到资 3 000 万美元以上大项目外资占全省外资总量的 59.6%,较上年同期提高 5 个百分点。全省增资项目 1 413 个,同比增长 14.0%;增资项目到资 78.3 亿美元,同比增长 28.4%,占全省实际使用外资的 27.6%。

### (二)加速外资总部集聚

2020 年,对外资总部经济鼓励政策进行了第 4 轮修订完善。全省新认定跨国公司地区总部和功能性机构 36 家,其中地区总部 22 家、功能性机构 14 家。全省累计认定和支持发展 295 家跨国公司地区总部、功能性机构,外资总部企业的投资规模、营业收入、研发投入及纳税总额等指标远高于其他类型企业,发挥了重要带动支撑作用。

## （三）鼓励外资企业研发创新

支持外资企业在全省建设高水平研发机构,增强创新能力。集中开展外资研发机构免退税资格认定,全省累计共有 81 家外资研发中心通过免退税认定。加大对创新型企业招引力度,丰田(中国)汽车研发中心、西门子研究院等世界 500 强企业陆续在江苏设立研发中心。

## （四）深化日韩产业合作

2020 年 10 月成功举办江苏—韩国企业家合作交流会暨第二届中韩(盐城)贸易投资博览会,联合省发改委制定《省商务厅 省发展改革委关于进一步深化与韩国产业合作的工作意见》,提出 20 个重点合作领域和 6 方面支持举措。以日韩企业集聚度高的国家级开发区为载体,认定首批 7 家中日韩(江苏)产业合作示范园区,开展产业链合作先行探索。

（省商务厅外国投资管理处）

# 2020 年江苏省对外经济技术合作情况

2020 年，江苏省深入推动对外投资合作业务，"一带一路"交汇点建设走深走实，坚持问题导向、稳中求进、稳中有为，全省对外经济技术合作更上新台阶。

## 一 全省对外投资合作情况

### （一）对外投资

2020 年，受全球新冠肺炎疫情影响，全省对外投资新批项目数和协议投资额出现滑坡，但实际对外投资逆势飘红。新增对外投资项目 696 个，同比下降 13%；对外协议投资额 57.4 亿美元，同比下降 33.7%，其中 1 000 万美元以上项目 115 个，协议投资额占比达 88.7%；中方实际投资额 61.6 亿美元，同比增长 50.8%，比全国高 51.2 个百分点，占全国总量的 5.6%，列全国第 5 位，比上年前进 2 位。截至 2020 年年底，全省累计对外投资项目 7 949 个，协议投资额 827.8 亿美元，实际投资额 561.6 亿美元。

2020 年，全省对外投资呈现以下主要特点。

1. 实际投资反超协议投资

全年对外实际投资超出协议投资 4.2 亿美元，出现近年来少有的倒挂现象。原因：受疫情影响，报告期内新增项目减少，但已备案项目持续有大额资金汇出。另外，也从侧面反映出疫情之下，境外已签约项目对资金如期到位的迫切性。

2. 对外投资结构进一步优化

全年全省对外投资流向第二产业 34.3 亿美元，占全省总量的 59.7%，比 2019 年同期上升 2.6 个百分点；流向第三产业 23 亿美元，占全省总量的 40.2%，比 2019 年同期下降 2 个百分点。第二产业中，流向制造业 33.1 亿美元，占全省总量的 57.8%，比 2019 年同期上升 5.7 个百分点。原因：因加强对外投资监管，严格项目备案规程，同时鼓励对境外实体经济投资，引导对外投资投向制造业等第二产业。

3. "一带一路"投资降幅小于全省

全年全省企业对"一带一路"沿线国家协议投资额 23.6 亿美元，同比下降 25.8%，降幅小于全省 7.9 个百分点，说明"一带一路"沿线国家仍保持相对较高的投资吸引力。报告期内，全省对"一带一路"沿线投资 1 000 万美元以上的项目有 38 个，协议投资额 20.8 亿美元。

4. 海外并购占比提升

全省对外投资中海外并购占比自 2017 年达到 53% 的峰值以来，逐年下降到 2019 年的 30%。2020 年，这一占比回升至 32.9%，出现触底反弹趋势。原因：一是经过两年的直线下跌，影响跨国并购的不利因素基本出尽；二是疫情之下，一些并购标的因经营或资金问题，也放低了门槛。

5. 对美投资逆势增长

近年来，江苏对美投资一直呈下降趋势，全年江苏对美协议投资 6.2 亿美元，同比增长 5%。美国重新跻身全省第二大对外投资目的地。原因：一是基数效应，二是大项目效应。

6. 苏南继续领跑全省

全年苏南地区对外投资 39.5 亿美元，占全省比重为 68.8%。苏中地区对外投资 8.6 亿美元，占全省比重为 15.1%。苏北地区对外投资 9.3 亿美元，占全省比重 16.1%，体现了经济发达程度与跨国投资的正相关关系。

### (二) 对外承包工程

2020 年,全省对外承包工程新签合同额为 54.6 亿美元,同比下降 19.8%;完成营业额为 62.4 亿美元,同比下降 19.8%。受新冠肺炎疫情影响,2020 年全省对外承包工程新签合同额和完成营业额均大幅下滑,并呈现以下特点。

1. 大项目支撑作用明显

大项目对 2020 年全年业绩起到较强支撑作用,新签合同额超过 5 000 万美元的大项目有 27 个,累计 34.4 亿美元,占比 63%;新签合同额超过 1 亿美元的大项目有 12 个,占比 44%。

2. 国别市场向"一带一路"沿线集中

2020 年,全省对外承包工程在"一带一路"沿线新签合同额达 34.1 亿美元,完成营业额达 33 亿美元,分别占同期总额的 62.5% 和 52.9%。亚洲市场份额依然领先,占比达 63.5%,新签合同额前五位的国家均为亚洲国家。全省对外承包工程已覆盖了沿线 50 个国家。

3. 新业态项目占比较大

2020 年,全省对外承包工程传统项目(一般建筑类、交通运输建设类项目)新签合同额 21.7 亿美元,占比 39.8 %,新业态项目(制造加工、废水处理、石油化工等项目)新签合同额 32.9 亿美元,占比 60.2%。新业态项目超传统项目 20 个百分点。

### (三) 对外劳务合作

2020 年,全省对外劳务合作新签劳务人员合同工资总额 20 496 万美元,同比下降 48.5%;劳务人员实际收入总额 56 979 万美元,同比下降 34.4%;派出各类劳务人员 8 010 人(含海员),同比减少 15 694 人;期末在外各类劳务人员 30 325 人。全省在外劳务人员分布的主要国家和地区为中国香港、日本、新加坡、巴拿马。日本、新加坡是全省重点传统外派劳务市场,劳务人员实际收入总额和派出人数均占 4 成以上。

2020 年,受新冠肺炎疫情影响,全省对外劳务合作企业业务开展艰难,传统劳务市场所受影响尤为明显,主要表现为客户锐减和成本陡增,经营过程中遇到人员入境难、培训难、招募难、项目实施难等诸多难题。2020 年全省共有对外劳务合作企业 117 家,开展对外劳务合作业务的有 49 家。

### (四) 境外合作园区

截至 2020 年年底,江苏在 6 个国家建有 7 个境外园区,包括 3 家国家级园区:西哈努克港经济特区、埃塞俄比亚东方工业园、中阿(联酋)产能合作示范园;4 家省级园区:印尼东加里曼丹岛农工贸经济合作区、江苏—新阳嘎农工贸现代产业园、印尼吉打邦农林生态产业园、徐工巴西工业园。7 家园区累计占地面积 1 220 平方公里,投资 26.8 亿美元,入区企业 325 家,总产值 48.3 亿美元,上缴东道国税费 1.6 亿美元,为当地创造就业岗位 5 万余个。截至 2020 年年底,各境外园区根据当地疫情发展情况组织生产施工,复工复产率达到 95％。

## 二　积极推进对外经济技术合作

### (一) 全面完成省委省政府重点工作

1. 全力支持中阿(联酋)产能合作示范园发展

对江苏省海外合作投资有限公司进行政策辅导,指导制定园区建设工作目标责任书,加快推进园区规划建设、项目招商和金融创新等重点任务落地。从 2020 年省级商务发展专项资金中拨付 1 000 万元,专项支持园区基础建设和经营发展。

2. 有效推进柬埔寨西哈努克经济特区 2.0 升级版

2020 年西港特区克服疫情影响,产城融合发展取得实质性进展,相关基础设施建设仍在有序推进,水厂二期和热电厂一期基本完成;西哈努克港工商学院招生准备工作基本就绪。

3. 成功举办第十二届中国(江苏)跨国投资研讨会

2020 年 12 月 9 日至 10 日,由省商务厅、省贸促会联合主办的第十二届中国(江苏)企业跨国投资研讨会在南京成功举办。研讨会采用"线上＋线下"模式,来自"一带一路"沿线国家和地区的驻沪使领馆官员、促进机构负责人、全省商务、贸促和企业代表 200 余人线下参会,40 余万人次在线观看。陈晓梅副厅长出席并致辞。会议还举办了中非产能合作专题研讨会、境外经贸合作区推介会和发达国家投资机遇与挑战研讨会等 3 场专题活动。

## （二）全力做好境外企业疫情防控

### 1. 建立机制

牵头成立全国省级层面首个境外企业防控组，出台工作方案，建立工作机制，出台相关政策，统筹 5.5 万名外派人员、4 000 多家境外投资企业的疫情防控和复工复产工作，及时处置各类境外突发事件 30 多起，"双稳"工作取得实效。

### 2. 细化措施

坚持"外防输入"和"双稳"工作要求，联合省卫健部门持续开展境外疫情防控辅导和医疗资源统筹抗疫；在全国各省中最早为走出去人员紧急自愿接种新冠疫苗，组织首架走出去企业人员的非洲回国包机，充分体现人文关怀；借用第三方机构资源在全球开展疫情救助；与重点境外园区、对外投资合作企业建立直接联系，协调抗疫物资资源。

### 3. 创新政策

联合人民银行南京分行、中国银保监会江苏监管局印发《关于开展对外劳务合作和对外承包工程中小微企业金融纾困服务的通知》，出台了通过以信用、房产抵押、应收账款质押等形式替代备用金现金抵押问题等一系列金融纾困政策，舒缓了企业的资金链压力，力保市场主体。对落实国家"双稳"工作有力的全省对外投资合作企业给予奖励。

## （三）服务高质量发展工作

### 1. 推进园区建设

完成《江苏省境外经贸合作区高质量发展三年行动方案（2021—2023）》并征求了相关部门意见。推动中阿（联酋）产能示范园、江苏贝德服装集团有限公司、江苏通用科技股份有限公司申报省级境外经贸合作区。

### 2. 推动服务升级

打造"全程相伴"走出去综合服务平台，平台整合了现有全部服务于走出去企业的行政资源和服务资源，现已进入试运行状态；推动建设商务部"境外企业和对外投资联络服务平台江苏分平台"项目,并与厅视频会议系统联合打造,已开始运行;实施"走出去优投服务促进项目",全年走进3 000多家走出去企业,提供专业服务。

3. 筑牢风险堤坝

充分发挥"江苏省对外投资和经济合作外派人员人身意外伤害险""安全防卫保险"项目对外派人员的人身安全保障作用,发挥走出去统保平台对企业非经营风险的保障作用;配合省司法厅推动新设9家海外法律服务中心,在省走出去综合服务平台上公布全省保安服务企业首批10家海外安防推介名录单位。

4. 配合援外发展

规划落实好各项国家援外任务,与商务部建立部省重点援外项目协调机制。2020年,完成了9家援外企业、2家援外咨询服务企业资质申报转报工作,承接6个援外项目,推荐80个项目参与2021年援外培训。

（省商务厅对外投资和经济合作处）

# 2020 年江苏省开发区建设发展情况

2020 年，江苏认真贯彻党的十九大和十九届二中、三中、四中、五中全会精神，围绕开发区如何在"争当表率、争做示范、走在前列"中更好发挥作用，以推动高质量发展为中心，以"一特三提升"为工作导向，深入践行新发展理念，紧紧围绕高质量发展主线，统筹推进疫情防控和经济社会发展工作，坚定不移抓改革促创新，全力以赴抓"六保"促"六稳"，全省开发区保持良好的发展态势。

## 一 基本情况

开发区对全省经济社会的贡献持续增强，呈现"五六七八"的特征：创造了全省 50％的经济总量和一般公共预算收入，60％的固定资产投资，70％的工业增加值，80％的实际使用外资和外贸进出口，改革开放排头兵、转型升级主阵地、创新驱动强引擎作用更加凸显，成为推动全省高水平开放、高质量发展的主力军。

根据商务部 2020 年国家级经开区综合发展水平考核评价结果，全国 218 家参评经开区，前 80 位中江苏占 20

家,有 4 家经开区进入前 10,其中苏州工业园区连续 4 年位居第一。

## 二 主要工作与成效

### (一) 做好疫情防控,指导开发区统筹疫情防控和经济社会发展

一是强化部门协调,狠抓防控要求落实。参加省疫情防控领导小组企业防控组工作,参与相关政策文件起草,每日报送工作动态。拟定下发《省商务厅关于切实做好全省经济开发区疫情防控工作的通知》(苏商开发〔2020〕26号),对开发区疫情防控工作做出具体部署、提出严格要求。二是加强调研指导,力促全省经开区复工达产。先后拟定下发《省商务厅关于做好全省经济开发区复工复产有关工作的通知 》等 4 份文件;组织开展复工复产专项督查,派员参加省企业防疫小组督查组,赴南通、苏州进行专项督查当地复工复产情况;与驻厅纪检组组成联合调研组,共同赴江宁、淮安、锡山经开区等地走访调研。2020 年 2 月底,全省经济开发区规上企业复工率达 90%,为全省经济社会有序发展贡献坚实力量。

### (二) 抓好政策落地,加强开发区高质量发展顶层设计

一是落实国家文件,出台《实施意见》。贯彻落实国发〔2019〕11 号文,提请省政府出台《关于推进全省经济开发区创新提升打造改革开放新高地的实施意见》(苏政发〔2020〕79 号),提出 5 个方面 20 条举措,推动全省经济开发区加快开放创新、科技创新、制度创新。二是落实《条例》要求,研究起草《规划》。根据《江苏省开发区条例》要求,牵头组织起草《江苏省"十四五"开发区总体发展规划》,对"十四五"期间全省开发区重大工程、重大计划、重大行动做出重点谋划,体现高质量发展的要求。三是落实省政府文件,开展专项行动。落实省委、省政府办公厅《关于开展青年人才培养集聚专项行动的意见》(苏办〔2020〕10 号)精神,下发落实青年人才园区创业专项行动通知文件,为推动全省开发区高质量发展、加快构建双循环新发展格局提供坚实有力的人才支撑。

### (三) 推动改革创新，激发开发区创新发展新动能

一是深入推进区域评估工作。在全省开发区深入推行 8 个事项区域评估改革，变"单个项目评"为"区域整体评"，变"企业付费"为"政府买单"，变"申请后审批"为"申请前服务"，为区域内企业投资项目审批减事项、减环节、减时间、减材料、减费用。改革经验经商务部在全国推广，相关报告得到了国务委员、国务院秘书长肖捷批示，这是商务部国家级开发区专刊近年来首次得到国家领导人批示。2020 年 12 月底，联合水利厅等七部门印发文件(苏商开发〔2020〕384 号)，增加水资源论证区域评估事项。二是推动全省开发区去行政化改革。赴南京、苏州、南通等地开展专项调研，梳理总结开发区体制机制创新举措，推动开发区整体性、系统性职能重构，形成《以去行政化改革为重点推进开发区体制机制创新——江苏开发区管理体制机制改革调研报告》，专报省委、省政府和商务部。同时，密切跟踪地方改革进展、成效和困难，总结提炼改革成果，其中泰州深化开发园区体制机制改革经验成效报商务部。

### (四) 培育载体平台，打造开发区开放创新新高地

一是促进品牌建设。以"一特三提升"为抓手，聚焦省级特色创新(产业)示范园区、智慧园区、国际合作园区三大品牌创建，加大宣传引导力度，对上年度创建成功的开发区给予资金扶持，推动开发区向现代产业园区转型。二是开展评定工作。按照有关文件要求，继续组织引导全省开发区开展平台载体建设，评定 18 家省级特色创新(产业)示范园区、6 家省级智慧园区、4 家省级国际合作园区，进一步发挥载体平台示范引领作用。三是推进高质量发展。全省 54 家省级特色创新(产业)示范园区实现 13 个设区市全覆盖，聚焦新能源、新材料、生物医药、节能环保、高端装备制造等新兴产业，持续推动产业层次向高端迈进；22 家省级智慧园区平均硬件投入超 2 000 万元，信息基础设施建设日趋完善，智慧政务服务应用不断加强，促进产业提升效能逐步显现；13 家国际合作园区集聚了德国、日本、新加坡、韩国等特定国别企业 964 家，吸纳特定国别投资 57.5 亿美元。

### （五）推进合作共建，强化开发区协调发展的使命担当

一是推动省内共建园区提档升级。配合省发展改革委，在全省45家南北共建园区中开展省级创新试点园区和省级特色园区建设，按照高质量发展要求完善并实施南北共建园区考评办法。二是加快推动省际合作共建。推进苏陕、苏辽、贵州铜仁开发区合作共建，组织苏陕扶贫共建"区中园"联席会议、贵州铜仁·苏州产业园调研对接和陕西、辽宁开发区高质量发展培训班等活动。截至2020年年底，10家苏陕共建区中园共引进项目45个，总投资82.1亿元，累计到位资金43.9亿元，累计直接就业帮扶建档立卡贫困户611人，累计通过利益联结机制帮扶建档立卡贫困户2377户7042人；铜仁·苏州产业园已承接江苏产业转移22个项目，减贫益贫成效显著。三是强化策应国家战略。积极发挥"一带一路"、长江经济带发展和长三角区域一体化发展三大国家战略叠加优势，在落实国家战略中提升江苏开发区的国际竞争力。举办长三角开发区合作共建与联动创新高峰论坛，进一步深化跨省合作，3家由江苏省开发区参与的共建省际园区获评"长三角共建省际产业合作示范园"。

### （六）加强考核督查，激励开发区展现新担当新作为

一是组织国家级经开区参加商务部考核评价。印发《江苏省国家级经济技术开发区考核评价材料规范手册2020版》，组织全省26家国家级经开区参加商务部考核评价，对参评材料数据严格把关，确保统一规范。二是科学修订经开区考核评价体系。按照高质量发展要求，修订完善2021版经开发区考核评价体系并上报省政府；科学运用2019年考核评价结果，强化考核评价"指挥棒""风向标"作用，引导开发区走特色发展、创新发展、绿色发展和集约发展之路。三是落实省政府督查激励政策。根据省政府统一部署，研拟报送了督查激励专题材料，无锡、常州两市被列入2019年推进经济开发区转型升级创新发展成效明显的地方名单，对上述地方"优先推荐其行政区域内1家符合条件的省级经开区申报国家级经开区，优先支持其区域内1家符合条件的省级经开区更名或调整区位"，强化高质量发展走在前列的督查激励导向，健全正向激励机制，营造主动作为、勇于担当的良好氛围。

### （七）强化调查研究，形成一批高质量调研成果

坚持目标导向、问题导向、需求导向，会同省相关部门、专业机构以系统思维、创新思维统筹做好全省开发区建设发展重点、难点、热点问题的调查研究。全年，完成两项厅重点课题《江苏开发区体制机制改革创新的路径研究》《长三角创新共建省际产业合作园区的路径和对策》；开展对载体平台的专题调研，形成了《聚焦园区主阵地 着力打造特色创新集群》、《关于常州、镇江载体平台建设情况的调研报告》等专题调研报告；调研区域评估工作经验和成果运用情况，形成了《江苏省推行开发区区域评估 打造一流营商环境》，刊登在商务部简报国家级开发区专刊第 5 期。

### （八）筑牢发展基础，扎实推进全省经开区安全专项整治工作

在全省开发区开展提升本质安全水平"一年小灶"工作基础上，按照省里统一部署和要求，制定了《经济开发区安全专项整治三年行动实施方案》，成立省级部门工作专班和商务条线工作专班，召开苏南、苏中、苏北 3 个片区现场推进会，建立安全生产"周报告、月督查、季评估"制度，全面推动专项整治任务落实。专项整治开展以来，全省经济开发区共排查企业 22.5 万家，排查问题隐患共计 27.1 万处，已整改 25.1 万处，整改率 92.5％；排查出重大问题隐患18 处，已整改 18 处，整改率达 100％，无较大和重特大事故，实现安全事故与死亡人数双下降。

（省商务厅开发区处）

# 2020 年江苏省口岸运行和开放情况

　　2020 年，江苏省口岸管理工作以"一带一路"和长江经济带等国家战略为引领，着力推动全省口岸健康可持续发展，口岸建设运行和开放等取得了新进展。

## 一　口岸基本情况

### （一）口岸概况

　　全省拥有海岸线 954 公里，分布在连云港、盐城和南通3 市，约占全国海岸线的 1/10；长江江苏段全长 418 公里，素有长江"黄金水道"之称。丰富的海岸线和得天独厚的长江岸线，为江苏开设口岸、发展经济提供了优越的自然条件。全省拥有 26 个口岸，形成了全方位、立体式口岸对外开放格局，不仅为全省大部分货物出入境提供服务，同时也为中西部地区对外贸易提供优良通道。

### （二）口岸分布

　　截至 2020 年年底，全省共有 26 个口岸，其中空运口岸

9 个,水运口岸 17 个。水运口岸中,海港口岸 5 个,河港口岸 12 个。

**表 1  2020 年江苏省口岸分布情况表**

| 口岸(26) | 空运口岸(9) | | 南京空运口岸(禄口国际机场)、无锡空运口岸(硕放国际机场)、徐州空运口岸(观音国际机场)、常州空运口岸(奔牛国际机场)、南通空运口岸(兴东国际机场)、连云港空运口岸(白塔埠国际机场)、淮安空运口岸(涟水国际机场)、盐城空运口岸(南洋国际机场)、扬泰空运口岸(扬泰国际机场) |
|---|---|---|---|
| | 水运口岸(17) | 海港口岸(5) | 南通如东水运口岸、南通启东水运口岸、连云港水运口岸、盐城大丰水运口岸、盐城水运口岸 |
| | | 河港口岸(12) | 南京水运口岸、无锡江阴水运口岸、常州水运口岸、苏州张家港水运口岸、苏州太仓水运口岸、苏州常熟水运口岸、南通水运口岸、南通如皋水运口岸、扬州水运口岸、镇江水运口岸、泰州水运口岸、泰州靖江水运口岸 |

## (三)口岸运行

2020 年,全省水运口岸共完成外贸货运量 55 233.62 万吨,同比增长 8.73%;外贸集装箱运量达到 7 906 156 标箱,同比增长 3.15%。空运口岸出入境旅客 756 331 人次,同比下降 88.41%;外贸货邮量 89 727.84 吨,同比下降 6.31%。

**表 2  2020 年全省空运口岸出入境旅客及外贸货邮量情况表**

| | 出入境旅客(人次) | | 外贸货邮量(吨) | |
|---|---|---|---|---|
| | 自年初累计 | 同比(%) | 自年初累计 | 同比(%) |
| 全省合计 | 756 331 | −88.41 | 89 727.84 | −6.31 |
| 南京空运口岸 | 466 332 | −87.9 | 54 902.00 | −5.75 |
| 无锡空运口岸 | 105 119 | −89.9 | 21 400.00 | −38.09 |
| 徐州空运口岸 | 18 927 | −90.4 | 638.20 | 137.16 |
| 常州空运口岸 | 71 441 | −88.14 | 65.03 | −84.51 |
| 南通空运口岸 | 31 202 | −88.85 | 6 975.89 | 688.83 |
| 连云港空运口岸 | 12 022 | −84.05 | 无 | 无 |

| | 出入境旅客（人次） | | 外贸货邮量（吨） | |
|---|---|---|---|---|
| | 自年初累计 | 同比（%） | 自年初累计 | 同比（%） |
| 淮安空运口岸 | 6 123 | −93.10 | 无 | 无 |
| 盐城空运口岸 | 10 961 | −90.35 | 5 746.72 | 316.79 |
| 扬泰空运口岸 | 34 204 | −87.61 | 无 | 无 |

### 表3　2020年全省水运口岸外贸货运量和外贸集装箱运量情况表

| | 外贸货运量（万吨） | | 外贸集装箱运量（标箱） | |
|---|---|---|---|---|
| | 自年初累计 | 同比（%） | 自年初累计 | 同比（%） |
| 全省合计 | 55 233.62 | 8.73 | 7 906 156 | 3.15 |
| 南通如东水运（海港）口岸 | 567.47 | 0.14 | 无 | 无 |
| 南通启东水运（海港）口岸 | 361.64 | 5.40 | 无 | 无 |
| 连云港水运（海港）口岸 | 13 247.94 | 2.51 | 2 641 603.25 | −7.33 |
| 盐城大丰水运（海港）口岸 | 956.43 | −6.31 | 39 000 | 29.14 |
| 南京水运（河港）口岸 | 3 078.76 | 23.04 | 940 199 | 7.86 |
| 无锡江阴水运（河港）口岸 | 6 474.57 | 23.32 | 29 815 | −28.55 |
| 常州水运（河港）口岸 | 1 383.45 | 15.34 | 128 693 | −14.65 |
| 苏州张家港水运（河港）口岸 | 6 428.03 | 7.66 | 574 840.5 | −3.76 |
| 苏州太仓水运（河港）口岸 | 8 215.94 | 9.85 | 2 635 338 | 23.58 |
| 苏州常熟水运（河港）口岸 | 1 300.4 | 35.62% | 121 578 | −5.63 |
| 南通水运（河港）口岸 | 3 352.17 | 4.67 | 344 685.25 | 9.22 |
| 南通如皋水运（河港）口岸 | 1 308.26 | 54.00 | 32 276 | 21.02 |
| 扬州水运（河港）口岸 | 1 107 | −2.67 | 170 396 | −25.84 |
| 镇江水运（河港）口岸 | 4 651.18 | −2.02 | 146 638 | −20.30 |
| 泰州水运（河港）口岸 | 1 548.38 | 19.13 | 101 094 | −3.78 |
| 泰州靖江水运（河港）口岸 | 1 252 | −7.10 | 无 | 无 |

### (四) 口岸与码头(泊位)开放

2020 年,全省新获批对外扩大开放的口岸 1 个,对外开放的码头(泊位) 10 个。

表4　2020 年新获批对外开放的口岸和码头(泊位)

| 序　号 | 新获批项目 |
|---|---|
| 一 | 对外扩大开放口岸 |
| 1 | 盐城港口岸响水港区、射阳港区 |
| 二 | 对外开放码头(泊位) |
| 1 | 江苏南通发电有限公司直接输煤码头 |
| 2 | 中信中煤江阴码头有限公司无锡(江阴)港申夏港区 6 号码头一期工程 |
| 3 | 南通通海港口有限公司一期码头 |
| 4 | 启东中远海运海洋工程有限公司材料码头、下水码头及海工坞 |
| 5 | 江苏华滋能源工程有限公司舾装码头 2 号、3 号泊位 |
| 6 | 吉宝(南通)重工有限公司出运码头 |
| 7 | 惠生(南通)重工有限公司舾装码头及配套船坞 |
| 8 | 南通天生港发电有限公司通吕散货码头 |
| 9 | 张家港永恒码头有限公司 4 号泊位 |
| 10 | 金海宏业(镇江)沥青有限公司码头 |

## 二　扎实有序地推进口岸协调、开放和管理工作

2020 年是"十三五"收官之年,也是全面谋划全省口岸"十四五"发展的承前启后的关键一年。围绕 2020 年全省口岸工作要点,系统谋划口岸长远发展,加快理顺口岸工作体制机制,加紧优化口岸营商环境,加速推进口岸开放发展,加强口岸开放管理,取得了积极成效。

## （一）聚焦口岸长远发展

一是总结回顾口岸发展"十三五"规划实施情况。全面回顾"十三五"期间全省口岸运行情况,总结口岸发展、电子口岸建设取得的进展成效,梳理汇总在优化口岸营商环境、健全口岸管理体制机制方面的经验做法。二是系统谋划江苏口岸发展"十四五"规划意见。深入分析"十四五"时期全省口岸发展所处的经济社会条件和面临的内外部环境,准确把握口岸发展的阶段性特征,系统研究"十四五"时期口岸发展主要工作任务,完成江苏口岸发展"十四五"规划意见。三是制定全省口岸年度工作要点。面对口岸发展新情况新形势,提出 2020 年度五个方面重点工作,着力优化口岸营商环境,系统研究江苏口岸发展"十四五"规划意见,加快建设全国一流江苏特色电子口岸,切实加强口岸开放运行管理,不断完善口岸工作机制。

## （二）完善口岸功能布局

一是创新拓展内陆地区口岸功能。发挥工作专班牵头作用,创新提出省级和市级层面密切配合的"双向责任工作推进法",既完善工作推进机制、明确挂钩支持任务节点,又加强督促检查、以省级部门支持工作任务倒逼整个陆港建设相应项目进程,按层次分门别类系统梳理出需要跟踪推进的 17 项年度重点工作,按照职责分工,明确时间节点,定期督促推进。2020 年,先后推动协调解决了土地利用规划调整及农转用指标等一系列问题,铁路货场改造和专用线建设等问题,协调推动制定了《徐州淮海国际陆港建设发展规划》。二是大力推进铁路口岸建设。全省水运、空运口岸数量位居全国前列,但尚无铁路口岸。2020 年 8 月,国家口岸办在江苏开展"十四五"口岸发展规划调研期间,专门考察了苏州国际班列铁路现场,省商务厅和苏州市分别做了专题汇报,积极争取国口办对苏州、徐州、连云港等铁路口岸建设的支持。三是进一步扩大口岸开放。盐城港滨海港区对外开放通过国家级验收。协调省有关部门特别是查验单位,积极支持盐城港响水港区和射阳港区对外开放,支持南通港口岸(通州湾)、连云港空运口岸扩大开放,支持苏州国际铁路物流中心申报临时对外开放,支持地方申报各类型海关指定监管场地,支持推进盐城空运口岸申报进境水果指定监管场地,支持无锡申报药品进口口岸,加快推进江苏口岸个性化错位发展。

## （三）强化口岸开放管理

一是创新模式，不断满足开放发展需求。在省商务厅指导下，苏州市口岸办切实转变思想观念，创新口岸发展思路，积极支持工业园区申报海关监管作业场所，推动内河国际物流提质增效。2020 年 6 月，海关监管作业场所封关运作，为进出口货物提供了更加便捷的国际物流通道。积极支持太仓拓展"沪太通"新型通关模式，鼓励太仓突破创新沪太两港之间的合作模式。二是推动实施，积极探索新形势下口岸运行达标评估标准。疫情期间，江苏口岸外贸货邮量和出入境人员数量受到较大影响，部分空运口岸难以达到《口岸准入退出管理办法(暂行)》中的评估标准。为此，省商务厅积极向国口办反映相关情况，在报送关于口岸准入退出管理办法(暂行)等三个文件的修订意见时，提出调整降低评估标准，增加"如受不可抗力影响，可综合评估考虑"条款的合理建议。三是多管齐下，大力提升口岸管理水平。组织省级查验部门为省口岸协会会员单位宣讲口岸政策法律法规，进一步提升全省口岸管理水平。以《口岸准入退出管理办法(暂行)》为抓手，密切关注全省口岸客货运量情况，督促提醒相关口岸高度重视口岸运行达标评估工作。持续关注各水运口岸疫情期间工作开展情况，坚持每日整理上报相关数据，并及时了解各水运口岸在管理工作中所遇如外船靠泊、船员入境等实际问题及诉求，尽力提供帮助。认真指导地方合理规划口岸开放发展，综合考虑开放需求和发展布局，积极探索区域联动发展，努力形成口岸开放发展新格局。

## （四）优化口岸营商环境

一是促进口岸提效降费。落实国务院和省政府关于优化口岸营商环境促进跨境贸易便利化等文件要求，保持量化指标持续达标：进出口整体通关时间较 2017 年压缩一半以上，国际贸易"单一窗口"主要业务(货物、运输工具、舱单申报)应用率保持 100%。学习借鉴先进经验做法，根据国口办梳理的上海、北京、天津等先进地区的 11 条经验做法，向各地口岸办印发《关于学习复制推广借鉴优化口岸营商环境促进跨境贸易便利化改革举措的通知》，鼓励各地复制推广，以服务企业、便利企业为导向，提升通关便利化水平。优化口岸服务,推进落实口岸收费在"单一窗口"全面公示,配合省发展改革委开展清理规范海运口岸收费工作,使规范口岸收费的相关举措落到实处,推进有外贸集装箱业务的口岸公开公示口岸作业时限标准。同时,优化通关流程、提升口岸信息化水平、完善口岸监管、规范口岸收费等一系列举措都得到落实。二是发挥行业协会作用。印发《关于贯彻落实〈两部门:积极发挥行业协会商会作用支持民营中小企业复工复产〉几点建议》,指导、建议各地口岸办深入了解疫情对会员企业的冲击和影响。转发并落实好江苏省四部委《关于开设受疫情影响小微企业融资绿色通道的通知》,为省口岸协会会员企业提供法律援助和政策咨询平台,积极寻求金融机构支持,多渠道缓解企业资金压力,积极做好正确舆论宣传引导。三是优化涉企服务。南京宁港汽车运输有限公司20辆香港入境货运车辆长期以来在广东为国际物流提供服务,为确保服务延续性,根据企业诉求,主动协调广东省口岸办,为企业妥善办理延长香港直通车辆指标使用期限相关事宜,受到企业好评。

### (五) 加强口岸信息化建设

一是加快建设长三角国际贸易"单一窗口"。为贯彻落实长三角一体化发展国家战略,深化长三角国际贸易"单一窗口"建设,不断优化口岸营商环境促进跨境贸易便利化,2020年6月,在2020年长三角主要领导座谈会期间,上海市商务委员会、浙江省政府办公厅、江苏省商务厅、安徽省商务厅共同签署《长三角国际贸易"单一窗口"合作共建协议》。长三角一市三省将深入推进国际贸易"单一窗口"数据安全共享,加快推动功能性平台对接,探索试点特色功能融合,打造长三角国际贸易信息服务有机整体,助力企业降本增效,提升国际竞争力。加快推进长三角"单一窗口"合作共建,指导督促省电子口岸有限公司,多次与上海、浙江开展专题对接,形成了年度目标任务,明确了时序节点,推动一批成果落地。在多方的积极努力下,年度目标任务提前完成,长三角国际贸易"单一窗口"服务专区于2020年11月30日晚7点正式上线试运行,项目一期包含3大功能板块,实现包括用户贯通、数据共享、功能复用等功能。二是保持应用率稳定达标。有考核指标任务的国际贸易"单一窗口"主要业务(货物、运输工具、舱单申报)应用率已全面达到并持续保持在100%,新增原产地证应用率达到80%以上。三是拓展平台服务功能。按照国口办部署,组织开展"单一窗口"船舶转港数据复用功能试点并全面推广,开展海关查验指令通过"单一窗口"向场站、企业推送试点工作。推进金融服务功能拓展,探索跨境电商综合服务平台建设。四是加强数据安全管理。组织省电子口岸公司开展"单一窗口"安全检查,制定专项工作方案,系统查摆问题,全面整改落实,确保"单一窗口"安全稳定运行。

(省商务厅陆路空港口岸处、海港口岸处)

# 2020 年江苏省进出口公平贸易情况

2020 年,江苏省公平贸易条线积极探索,主动作为,创新开展"三优三提"行动(优化机制建设、优化工作站设置、优化服务措施,提升应对能力、提升风险防范水平、提升产业竞争力),强化上下联动、部门协同,有效应对贸易摩擦,最大限度减少影响。

## 一 进出口公平贸易情况

### (一) 总体情况

2020 年,江苏遭遇国外新发起的贸易救济调查 117 起,同比(下同)增长 34.5%;涉案金额 49.6 亿美元,增长 62.4%。江苏企业代表全行业参与发起对国外贸易救济原审调查 4 起。

### (二) 主要特点

从案件类型看,涉及江苏的 18 起反补贴调查中,有 16 起同时伴随反倾销调查,"双反"大幅度增加。从发起国(地区)看,涉及江苏的贸易救济调查来自 27 个国家(地区)。美国、欧盟、印度为主要发起国。从行业看,涉及江苏的贸易救济调查分别是化学原料和制品、钢铁、通用设备、纺织、医药、家具、汽车、食品等 19 个行业。化工和冶金产品仍是国外贸易救济调查的重点。2020 年江苏企业参与发起的贸易救济调查全部集中在化工产业。

## 二　主要工作与成效

### (一)加强疫情影响研判,加大专业服务力度

针对疫情发生后各国采取贸易限制措施趋严的新动向,利用商务部、国家商协会以及省进出口公平贸易工作站、驻外经贸机构等渠道和资源,及时进行预警提示,为部门、行业、企业提供专业资讯服务。

### (二)积极应对贸易摩擦,提高风险防范水平

针对涉案金额 1 亿美元以上以及强制应诉企业在江苏的贸易摩擦案件,强化"一案一策",对新发起的重大案件派专人跟踪,落实全过程指导服务。梳理汇总 2015 年以来遭遇贸易摩擦的企业项目,开展建档立卡、动态跟踪、效果评估等工作,提升贸易摩擦应对工作的精细化水平。

### (三)协助实施贸易救济措施,维护企业权益和产业安全

配合商务部开展产业调研,为最终裁决提供翔实材料;持续追踪省内上下游企业受贸易救济措施影响情况,及时向上级部门反馈。针对省内产业因进口受到损害,指导龙头企业向商务部提起"双反"调查。针对省内企业从国外进口被征税,导致生产成本提高,国际竞争力降低,积极帮助企业申请将产品排除出征税范围。

### (四)推动工作站提档升级,预警体系建设持续走在全国前列

2020 年,经年度考核评估合格的省级公平贸易工作站共 28 家,其中行业协会型 9 家,龙头企业型 14 家,综合型 5 家,分布在南京、无锡、常州等 9 个市,涵

盖医药、化工、钢铁、机械、纺织服装、海产品、建筑建材等多个行业。推动工作站在预警监测、业务咨询、协调企业、涉外交涉、业务培训、效果评估等方面开展工作。

### (五) 探索开展相关工作，提高自身工作水平和能力

对新制定的政策文件、规划措施主动开展贸易政策合规工作，研提并出具合规意见。对涉及市场主体经济活动的规范性文件进行公平竞争审查，相关文件均已按照要求修改后出台。组织开展妨碍统一市场和公平竞争政策措施清理工作，对其中涉及市场主体经济活动的文件进行重点审查。开展《竞争政策实施与公平竞争审查》专题讲座，提升公平竞争审查业务水平。

### (六) 创新做法获肯定

据不完全统计，2020 年在国外对华贸易救济调查案件做出裁决的案件中，江苏企业通过参与应诉并获得胜诉的案件约 36 起，有效维护出口市场份额 10.3 亿美元。2020 年 11 月，商务部转发江苏相关经验做法和成效供全国参考借鉴。

（省商务厅进出口公平贸易处）

# 2020 年中国(江苏)自由贸易试验区建设情况

　　2020 年,江苏自贸试验区认真贯彻落实党中央、国务院决策部署,持续深化制度创新,着力打造开放新高地,建设发展取得重要阶段性成效。2020 年,江苏自贸试验区实际使用外资 22.9 亿美元、进出口总额 5 630.5 亿元,分别占全省 9.7%、12.7%,截至 2020 年年底,新增注册企业 4.1 万家,主要经济指标在新设一批自贸试验区中均位居前列。

## 一　聚焦统筹推进,自贸试验区建设取得明显成效

### (一) 组织领导全面加强

　　省委、省政府专门成立中国(江苏)自由贸易试验区工作领导小组,高标定位、高点起步,推动集成超越、后发先至,打造国内一流、国际公认的自贸试验区,在高水平利用外资、高质量发展贸易、做强做优产业链供应链上探新路,做示范。组织召开省自贸试验区工作领导小组会议,统筹推进常态化疫情防控和自贸试验区建设,研究解决江苏自贸试验区建设发展中的重大问题。

## （二）健全长效工作机制

坚持"自贸办＋""＋自贸办"工作理念，加强部门协同和上下联动，研究制订制度创新需求征集解决办法，建立"月度例会""制度创新直通车"等工作长效机制，开通"企业直通车"线上线下平台。支持省有关部门与片区建立改革创新协同机制，每月组织省有关部门、片区召开工作例会，及时通报自贸片区改革试点任务推进情况，研究解决工作中存在的困难问题，研究解决企业需求110余项。落实《中国（江苏）自由贸易试验区统计监测制度》，组织实施统计调查。

## （三）政策支撑体系基本形成

《中国（江苏）自由贸易试验区条例》自 2021 年 3 月 1 日起施行。印发《关于支持中国（江苏）自由贸易试验区高质量发展的若干意见》，明确提出 7 方面 30 项支持政策举措，制定出台第一批配套 20 项实施细则；省、市、片区先后制定出台系列配套政策文件 110 余份，基本形成了以领导小组《若干意见》为总领、设区市支持政策为主干、部门专项支持政策为支撑的"1＋3＋N"政策体系。

## （四）试点任务加快落实

在国家总体方案和全省实施方案既有 132 项任务清单基础上，及时征集企业发展诉求形成"企业需求清单"，学习借鉴兄弟省市经验做法形成"集成创新清单"，总结自贸试验区经验案例形成"复制推广清单"，建立"1＋3"清单动态更新模式，加快推进工作落实。截至 2020 年年底，国家总体方案明确的113 项改革试点任务落地实施率达 94％。

## （五）推进管理权限下放

按照"放"是原则、"不放"是例外的要求，推动赋予自贸试验区第一批省级管理事项下放至片区。省政府专门出台关于赋予中国（江苏）自由贸易试验区第一批省级管理事项的决定，一次性赋予自贸试验区 273 项省级管理事项，认真研究制定配套实施方案，进一步完善下放权限的办理流程和工作规范，确保权限放得下、接得住、用得好。在总结第一批赋权情况的基础上,研究推动第二批省级事权下放。

## 二 聚焦制度创新,有力推动自贸试验区高质量发展

### (一)示范带动作用持续增强

以制度创新为核心、以市场主体需求为导向、以风险防控为底线、以可复制可推广为基本要求,实施全国全省首创改革举措 87 余项,总结形成 151 项制度创新成果。其中,研发(测试)用未注册医疗器械分级分类管理、生物医药集中监管和公共服务平台、智慧物流服务平台、政策计算器 4 项案例在全国复制推广,空运直通港、保税检测区内外联动等 4 项创新举措在国家相关部委备案。72 项改革试点经验案例在省内复制推广。

### (二)推动投资贸易自由化便利化

深化投资领域改革,加大服务业对外开放力度,落户全省首家外资职业技能培训机构、首家境外律师事务所代表处。提升贸易便利化水平,首创中欧班列"保税＋出口"集装箱混拼、中欧卡航等物流新模式,压缩货物通关时间。首创保税检测区内外联动改革,获批率先在全国开展铜精矿和锌精矿"保税混矿"试点。支持发展以制造业为依托的离岸贸易,苏州片区 30 余家企业开展离岸转手买卖,业务规模同比增长一倍。连云港新增集装箱航线 13 条,总数达 78 条,2020 年全年,港口吞吐量完成 2.52 亿吨,同比增长 3.5%,增幅居全国海港前列。

### (三)加快实体经济创新发展和产业转型升级

着力提升自主创新能力。三大片区集聚高新技术企业近 3 000 家,占全省近 10%,发明专利授权 3 079 件,占全省 7%。组织开展 19 项关键核心技术攻关揭榜。加快建设苏州片区材料科学姑苏实验室、生物药技术创新中心,连云港片区高效低碳燃气轮机试验大科学装置等重大创新平台。着力激发创新活力。南京片区成立全国首个集成电路大学。苏州片区出台科技企业"白

名单"管理办法,为 103 家企业授信超 29 亿元、放款近 10 亿元。着力培育先进制造业集群。南京片区聚焦基因检测、集成电路和新金融打造"两城一中心",苏州片区着力打造新一代信息技术、高端装备制造、生物医药、纳米技术应用"四个千亿级"特色产业集群,连云港片区加快推动医药、石化、跨境电商等产业发展。

### (四) 深化金融领域开放创新

实施"资本项目外汇收入支付便利化试点"等 9 项外汇创新试点业务。2020 年 4 月启动实施"境内银行对境外企业跨境人民币融资"等 5 项跨境人民币创新试点业务。赋予自贸试验区以投资为主要业务的外商投资合作企业委托登记权。支持自贸试验区 2 家企业增加外债额度 10 亿美元,有效解决企业融资难题。支持自贸试验区 9 家企业在科创板上市,占全省近四分之一。推动金融创新与科技创新加速融合,苏州片区获批央行金融科技创新监管试点。

## 三 聚焦重点领域,改革开放"试验田"作用有效发挥

### (一) 推动生物医药全产业链开放创新

依托生物医药共性优势产业,在全国首创研发(测试)用未注册医疗器械分级分类管理、生物医药职业资格比照认定等改革举措,南京片区集聚近三分之一全国 20 强基因检测公司;苏州片区生物医药产业竞争力连续两年居全国第一,创新型企业数量、创新型人才规模、企业融资总额等核心指标均占全国 20% 以上;连云港片区加快建设"中华药港",入围国家级生物医药及高端医疗器械先进制造业集群。国务院自贸试验区部际联席会议印发简报,在全国推广江苏的经验做法。聚焦"研发—制造—流通—使用—保障—安全"6 个环节,在全国率先研究推动生物医药全产业链开放创新。

### (二) 积极推进联动创新发展

依托省内国家级开发区、国际合作园区及其他重大开放平台,启动建设自

贸试验区联动创新发展区,率先复制推广自贸试验区改革试点经验做法,积极开展差异化探索和创新实践,推动联创区与自贸试验区政策联动、功能互补、优势叠加,更好地发挥自贸试验区辐射带动作用和溢出效应,努力打造全域自贸试验区。积极推动自贸试验区与苏南国家自主创新示范区"双自联动"发展。加入长三角自贸试验区联盟,加强与上海、浙江、安徽等长江经济带、长三角其他自贸试验区联动开放、协同发展,共同研究开放合作、资源共享的思路举措。

### (三)加快推进制度型开放

积极推动商品和要素流动型开放向规则、规制、管理、标准等制度型开放转变,主动对标 CPTPP、RCEP 等高标准国际经贸规则,开展专题研究,加大压力测试力度,结合江苏自贸试验区实际,在投资、服务贸易、电子商务、竞争、环境保护、知识产权等领域大胆先行先试,着力推动外贸创新发展,提高利用外资质量,建设更高水平开放型经济新体制,努力形成国际合作和竞争新优势,积极为全省全国构建高水平对外开放新格局探新路。

## 四 聚焦高端资源,自贸试验区引力场效应持续增强

### (一)大力引进高层次人才

抓住人才加速流动机遇,注重引进精通国际经贸规则、具备国际交往对话能力的高层次管理人才和一流专家学者,加大诺贝尔奖获得者、两院院士等高水平人才引进力度,形成高水平人才"强磁场",累计引进境外高端人才 2 000 余人。一次性赋予境外高端人才最长 5 年的工作许可,支持企业设立博士后创新载体 60 个。加快完善教育、医疗、养老等服务体系,创造有利于留得住人才的宜居环境。大力推动自贸试验区管理体制机制创新,努力打造视野开阔、理念先进、创新意识强的管理团队和干部队伍,不断增强服务推动发展的能力水平。

### (二)打造市场化、法治化、国际化营商环境

对标世界银行营商环境标准,加快政府职能转变,强化以信用监管为核心

的事中事后监管,全面推进"证照分离"改革全覆盖试点,近 6 000 家企业从中受益。南京、苏州片区营商环境指数第三方评估结果排名全国前列。南京片区打造全国首个区域集成评估改革示范区,项目建设从申请到开工压缩至 30 个工作日。苏州片区建立健全多元化商事纠纷解决机制,经最高人民法院批准,全国首个地方法院国际商事法庭顺利落户苏州片区并启动敲下"第一槌"。连云港片区探索非诉讼纠纷化解"管家服务",推进信用修复"一网通办"。

## (三) 加强合作交流宣传推介

依托自贸试验区建设一周年契机,积极组织开展形式多样的宣传活动,营造良好的舆论环境。充分利用第三届中国国际进口博览会及新苏合作理事会第十四次会议等重大国际交流合作平台,加强江苏自贸试验区宣传推介,拓展国际交流合作网络。在苏州片区成功召开全国自贸试验区高质量发展首次现场会。持续加大自贸试验区宣传力度,顺利开展"自贸媒体行""行走自贸区""强国有我"大型访谈江苏自贸试验区专场活动等系列宣传活动。江苏自贸试验区官方网站和微信公众号正式上线运行,成为对外宣传和交流沟通的重要窗口。

(省商务厅自由贸易试验区综合协调处、自由贸易试验区制度创新处)

# 2020 年江苏省商务重点领域改革情况

2020 年,江苏省商务厅认真落实中央和省委、省政府改革决策部署,有序推进商务领域各项改革工作落实落地。其中,"高标准建设自贸试验区,强化系统集成,推进自贸试验区地方立法工作""深入推进国家跨境电子商务综合试验区建设,促进各类外贸新业态融合发展"等 2 项改革任务列入省委《全面深化改革领导小组 2020 年工作要点》,各项商务改革工作均取得了积极成效,商务领域体制机制改革创新取得新进展。

## 一 自贸试验区建设取得显著成效

### (一)加快完善自贸试验区政策体系

出台《关于支持中国(江苏)自由贸易试验区高质量发展的若干意见》(苏自贸组发〔2020〕2 号),形成以《若干意见》为总领、以 3 个设区市支持政策为主干、以相关部门专项支持政策为支撑的"1＋3＋N"政策体系。

### （二）加快推进自贸试验区地方立法

2020 年 8 月 25 日,省政府第 64 次常务会议讨论通过《中国(江苏)自由贸易试验区条例(草案)》,提请省人大常委会审议。2020 年 9 月 22—23 日,省十三届人大常委会第十八次会议对《条例(草案)》进行了第一次审议。

### （三）加快推进自贸试验区改革创新任务落实

聚焦"两区"定位,江苏自贸试验区大胆探索、先行先试,总体方案 113 项任务实施率超过 94％,总结形成 115 项制度创新成果,其中 3 项在全国面上复制推广,4 项在国家有关部委完成备案。首批 20 项改革试点经验和 20 个创新实践案例在省内复制推广。

### （四）探索生物医药全产业链开放创新方案

围绕生物医药产业,在全国首创未注册医疗器械分级分类管理、生物医药国际职业资格比照认定等一批改革创新举措,国务院部际联席会议办公室专门印发《江苏自贸试验区聚焦制度创新打造生物医药产业高地》简报,向全国推广江苏经验。

## 二　加快发展外贸新业态新模式

### （一）推动跨电综试区建设

常州、连云港、淮安、盐城、宿迁 5 市成功获批跨境电商综试区,目前全省已有 10 个国家级跨境电商综试区。出台《关于中国(徐州)(南通)跨境电子商务综合试验区实施方案的通知》(苏政发〔2020〕46 号)、《关于同意中国(常州)、中国(连云港)、中国(淮安)、中国(盐城)、中国(宿迁)跨境电子商务综合试验区实施方案的批复》(苏政复〔2020〕98 号)。苏州、南京、无锡跨电综试区线上综合服务平台全部顺利运行,平台功能持续完善和拓展。徐州、南通加快建设线上综合服务平台。

### （二）大力推进海外仓发展

2020 年新培育 7 家省级公共海外仓,省级公共海外仓达到 21 家,运营总面积合计超过 27 万平方米,服务企业超千家。推动南京、无锡、徐州、苏州等地培育 40 余家市级海外仓,为全省自主品牌及优势产业深耕国际市场提供了有力支持。

### (三) 创新融合新业态

"市场采购＋跨境电商＋外贸综合服务企业"发展模式取得积极进展。支持省级、市级外贸综合服务试点企业积极拓展跨境电商综合服务业务,为外贸企业提供数字化转型服务。指导海门、常熟优化完善市场采购贸易综合服务平台,发挥综试区政策叠加效应和市场集聚效应,探索"跨境电商＋市场采购"新模式。开展"外贸转型升级基地线上拓展行动",推动产业集群与跨境电商联动发展。2020 年,全省纳入海关监管的跨境电商 B2C 进出口 32.2 亿元,增长 1.1 倍;跨境电商 B2B 出口 9.8 亿元。

## 三 开发区体制机制改革纵深推进

### (一) 强化政策引领

报请省政府出台了《关于推进全省经济开发区创新提升 打造改革开放新高地的实施意见》(苏政发〔2020〕79 号),以国家级经济技术开发区为引领推动全省经济开发区加快开放创新、科技创新、制度创新。进一步完善经济开发区科学发展综合考核评价指标体系,强化高质量发展导向。

### (二) 推动全省开发区去行政化改革

赴南京、苏州、南通、常州、泰州、淮安、徐州等地开展专项调研,梳理总结开发区体制机制创新举措,推动开发区整体性、系统性职能重构,形成调研报告专报省委、省政府。

### (三) 深入开展开发区区域评估改革

在全省开发区深入推行区域评估改革,变"单个项目评"为"区域整体评",变"企业付费"为"政府买单",变"申请后审批"为"申请前服务",切实为区域内企业投资项目审批降低成本。改革经验被商务部在全国推广,相关报告得到了国办领导批示。

## 四 推进服务贸易创新发展试点工作

### （一）完成全国第二轮服务贸易创新发展试点

指导南京、苏州完成全国第二轮服务贸易创新发展试点任务，做好试点工作总结和经验梳理工作，及时上报商务部。7 个案例入选试点"最佳实践案例"。江苏在年初召开的国务院服务贸易发展部际联席会议联络员会议上做经验介绍。

### （二）推进第三轮全面深化服务贸易创新发展试点工作

2020 年 8 月，南京、苏州获批开展第三轮全面深化服务贸易创新发展试点。完善工作机制，成立由 28 个省级部门组成的省服务贸易工作专班，指导推动全面深化服务贸易创新发展试点工作。省商务厅牵头指导南京、苏州两地试点梳理试点任务、细化试点工作任务分工，制定两地全面深化试点实施方案，落实落细 100 项全省试点任务，增加 21 项自选动作。两地试点方案已按要求由省政府批复后报送商务部备案。推动各项试点任务尽早启动落实，目前全省超四成试点任务已经启动。

## 五 提升贸易便利化水平

大力推广国际贸易"单一窗口"，主要业务（货物、运输工具、舱单申报）应用率保持稳定在 100%。拓展平台服务功能，在全国率先开展国际航行船舶转港数据复用试点，被国家口岸办向全国推广。深化长三角国际贸易"单一窗口"建设，在 2020 年长三角主要领导座谈会期间，与上海市商务委员会、浙江省政府办公厅、安徽省商务厅共同签署《长三角国际贸易"单一窗口"合作共建协议》。长三角国际贸易"单一窗口"服务专区上线试运行。

（省商务厅综合处）

# 2020 年江苏省商务厅机关党建工作情况

　　2020 年,省商务厅直属机关党委在省委省级机关工委的大力指导和厅党组的坚强领导下,深入学习贯彻习近平新时代中国特色社会主义思想和习近平总书记关于疫情防控的一系列重要讲话和指示批示精神,在落实"六稳""六保"任务、推进"五抓五促"专项行动,全力夺取疫情防控和经济社会发展"双胜利"中,不断增强树牢"四个意识",坚定"四个自信",坚决做到"两个维护"的思想自觉和行为自觉,深入推动十九届五中全会精神,特别是习近平总书记视察江苏重要讲话指示精神的贯彻落实,努力构建以国内大循环为主体、国内国际双循环相互促进的新发展格局,真正把政治、经济"两个责任"扛起在肩,把政治建设、经济建设"两个阵地"紧抓在手,迎大战、应大考,开启了育先机、开新局、谱新篇的宏大序幕,交出了商务人践行初心使命、展现担当作为的合格答卷。

# 一 2020年党建工作情况

## （一）建设政治机关，旗帜鲜明讲政治

### 1. 筑牢政治忠诚

坚持政府机关第一属性是政治属性、第一功能是政治功能的鲜明导向，聚焦修好"永恒课题""终身课题"，制定《商务厅关于推进"不忘初心、牢记使命"主题教育常态化实施方案》，开展"忠诚核心、勇担使命"主题实践活动，把增强"四个意识"、坚定"四个自信"、坚决做到"两个维护"，作为提高政治站位、坚定政治立场的着力点，建设"不忘初心、牢记使命"长效机制，不断教育引导党员干部增强拥护核心、跟随核心、捍卫核心的政治自觉，始终在政治立场、政治方向、政治原则、政治道路上与以习近平同志为核心的党中央保持高度一致。各项工作的开展首先同党的基本理论、基本路线、基本方略对标对表，同党中央决策部署对标对表，切实把"两个维护"落实到贯彻上级决策部署的实际行动中，落实到履职尽责全过程和各方面。

### 2. 压实政治责任

深入学习贯彻《党委（党组）落实全面从严治党主体责任规定》和《省级机关部门单位党组（党委）落实机关党建领导责任实施办法（试行）》，在压紧压实各级主体责任中，落实落细《党组工作条例》《党和国家机关基层组织工作条例》和《党支部工作条例》，直达责任末端落实的"最后一公里"。2020年年初，厅党组书记、分管厅领导逐一与机关处室（单位）签订该年度《全面从严治党主体责任清单》和《全面从严治党责任书》，下发《党风廉政建设任务分解》，形成"谁主管谁负责""一级抓一级""一级对一级负责"的工作机制。在工委组织部的指导下，制定2020年度机关党建三级责任清单，推行"三级联述联评联考"，打通厅党组、机关党委、各党支部责任链条，明确责任分工、强化责任落实、严肃问责倒逼，有效防范化解了管党治党"中阻梗""一头热"的倾向性问题，大力推进全面从严治党向纵深发展、向基层延伸。

### 3. 严肃政治生活

严格执行新形势下党内政治生活若干准则，严肃党内政治生活，认真落实

"三会一课"、民主评议党员、谈心谈话等制度,扎实开展批评与自我批评,坚持在严格的党内政治生活中锤炼党性。党组成员认真落实双重组织生活制度,带头参加所在党支部的活动,带头指导分管单位的党建工作和日常谈话提醒。2020 年 7 月,厅机关组织开展以优良作风保证"双胜利"专题组织生活会,按照"五不三确保"要求,组织党员深入学习习近平总书记关于作风建设的重要论述,特别是关于统筹推进新冠肺炎疫情防控和经济社会发展工作一系列重要讲话精神,省委关于"五抓五促"提效能、全力夺取"双胜利"专项行动的部署要求,积极开展谈心谈话,进行批评与自我批评,围绕"六个有没有"深入查摆问题,开展批评与自我批评,不绕弯子、不兜圈子,直指要害、点准症结,逐项列出详细整改清单,明确整改责任和时限,以钉钉子精神推动问题整改落实。

4. 净化政治生态

坚持把纪律和规矩挺在前面,着眼抓早抓小式源头治理,推动机关内部政治巡察规范化、常态化,全面"政治体检",深入查找、及时纠正政治上的"温差""落差""偏差",把问题消灭在萌芽状态,努力营造风清气正的政治生态环境。基于 2019 年首轮政治巡察的经验,2020 年年初即着手研究制定《厅党组 2020 年巡察工作方案》,召开党组会动员部署对贸研所党支部、贸促中心党支部开展政治巡察。巡查组按照省纪委《巡察工作操作指引》列出的 7 大环节 48 个步骤 27 个模板,通过听取综合情况汇报、广泛开展个别谈话、组织民主测评、发放调查问卷、开展应知应会内容测试、调阅台账资料、开展财经纪律执行情况审计、列席支部专题组织生活会、跟踪调研承办的重大经贸活动等方式,真正把"六个围绕、一个加强"总体要求细化到"四个落实"上,督促被巡察单位对照巡察反馈意见和查找发现的 14 项 26 个问题清单,高标准严要求做好整改落实。

## (二) 建设学习机关,以知促行重转化

### 1. 强化引领示范

坚持把学习贯彻习近平新时代中国特色社会主义思想作为凝神铸魂、固本强基的基本工程、提升工程和保障工程,突出党员领导干部这个"关键少数",把党组中心组理论学习融入党建整体布局和主体责任落实全过程,认真

制订年度学习计划,并根据形势任务需要,适时补充阶段性学习内容,不断提高厅领导班子政治理论水平和政治工作能力,筑牢党员干部共同思想政治基础。5月以来,定期整理近期习近平总书记重要讲话精神和中央、省委省政府重要会议精神汇编8册,作为学习贯彻新思想新理念的重要补充,每次党组会前集中跟进学习,认真研究全省商务领域贯彻落实举措,充分释放党组理论学习中心组"头雁模式"的放大叠加效应,带动引领机关党员干部忠诚核心、拥护核心、维护核心、紧跟核心,自觉把中央指示精神和省委决策部署贯彻落实到日常工作中。

2. 强化学习教育

采取领导干部上讲台、专家教授做辅导、集中研讨交流、个人自学等灵活形式,用好用活"学习强国""江苏机关党建云"等网络载体,线下线上两手抓,推动学习教育"四结合":马克思主义中国化进程与"四史"相结合,党的理论创新成果与科学世界观方法论相结合,红色革命精神与时代楷模先进事迹相结合,思想政治教育与商务专业知识相结合。2020年8月以来,厅机关持续掀起学思践悟新思想热潮,先后组织开展学习贯彻《习近平谈治国理政》第三卷、十九届五中全会精神和习近平总书记视察江苏重要讲话指示精神等系列活动,积极参与共产党员网"学习《习近平谈治国理政》第三卷"系列知识自测和省直机关"学用新思想"答题竞赛。相关经验做法被"江苏机关党建""江苏商务"微信公众号广泛报道,并得到省委宣传部的肯定。

3. 强化实践思考

2020年,厅党组召开会议26次,理论学习中心组专题学习18次。在联系江苏商务发展实际,深入学习习近平新时代中国特色社会主义思想和总书记系列重要讲话指示精神过程中,厅领导班子成员集中研讨常态化,在交流碰撞中领悟新思想、定准新方向、找到新办法,理论学习的所思所获被带到工作实践中去检验、校正和提升,形成调研报告8篇,公开发表文章10余篇。其中,《奋力稳住外贸外资基本盘》《在服务构建新发展格局中展现新作为》两篇文章,刊发在《群众》杂志2020年第15期、第21期,并被"学习强国"转载。在《习近平谈治国理政》第三卷专题学习活动中,厅党组理论学习中心组召开学习扩大会4次,领导班子成员结合实际工作,逐一交流心得体会。相关文章汇编成册并发至各党支部,高位推动党员干部深化学习理解,提高认识能力和实践水平。厅机关各党支部围绕如何发挥党建政治引领作用、深度融合支部党建与业务工作、贯彻落实好江苏商务"十四五"规划,谈学习体会、议工作思路、谋发展举措,形成工作报告 29 篇,积极筹谋在服务江苏发展大局中贯彻落实好十九届五中全会精神。

### (三)建设战斗机关,强筋壮骨聚合力

**1. 着力强化党组织功能**

按照《党和国家机关基层组织工作条例》和省委《实施办法》,做好换届选举工作。指导中国外运长江有限公司、中化江苏有限公司 2 家代管企业党委、纪委和厅机关 7 个党支部及时进行换届。充分发挥党的组织功能,在顶层设计上,实现厅党组从"指导"向"领导"机关党建的转变,确保党建工作与业务工作同谋划、同部署、同落实、同考核。在党务干部选配上,严格"准入"制度,选配政治强、理论精、业务专、作风好的中坚力量。2020 年 10 月,组织 32 名党务干部赴贵州开办"忠诚核心、勇担使命"主题教育培训。在新党员发展上,突出政治标准,严把入门关,2020 年按时转正 4 名预备党员,新发展入党积极分子 2 人。一年来,厅党组领导核心、党支部战斗堡垒和党员先锋模范作用持续发挥,开发区党支部在年初获评 2019 年度"服务高质量发展先锋行动队"标兵党支部。法规处干部和运行处党支部在"七一"表彰中分别被评为省级机关优秀共产党员、省级机关先进党支部。

**2. 着力激发党员党性意识**

注重发现和宣传全省商务系统先进典型,在 2019 年开展全省商务系统先进集体和先进工作者评选的基础上,召开全省商务工作会议暨商务系统先进表彰大会,表彰全省商务系统先进集体 89 个,先进工作者 60 名。厅机关"七一"表彰中,分别授予 9 个党支部、38 名党员"先进党支部"和"优秀共产党员"称号。高度重视和积极拓展党员干部活动阵地,延伸学习、会议、教育和活动等功能,深入推进党性教育内涵式发展与组织活动外延式扩展相融合。在办公用房紧张条件下,腾挪房间先后改造党员之家、展陈室,作为厅机关学习教育"加油站"、创先争优"展示窗",积极打造机关政治氛围浓厚、奋力担当作为的文化内核。对接全省 13 市、100 家红色教育基地,用好省内丰富红色文化资源,作为开展党性教育、群团活动的主阵地和强筋壮骨、精神"补钙"的营养

剂,在感悟红色历史、缅怀革命先烈中传承红色基因、赓续红色血脉,筑牢理想信念的"压舱石"。

3.着力提升意识形态斗争本领

商务厅作为江苏经济战线上的排头兵和在更高起点上推进全省改革开放的先锋队,意识形态工作始终面临境内、境外两个角力场。特别是在亚、欧、美、非四大洲18个重点国家和地区设立了19个经贸代表处,厅机关直接派出14名驻外代表(均为党员,隶属欧洲和亚太两个党小组),思想文化交流、交融、交锋更为直接激荡,意识形态工作形势严峻。厅机关依托驻在地使领馆,实现驻外代表接受双重组织管理、参加双重组织生活。通过建立驻外代表经常性学习教育、思想交流和检查监管机制,增强涉外安全意识和意识形态斗争敏锐性。国外疫情暴发期间,驻外代表坚守岗位,主动介绍国内稳步向好的疫情形势和抗击疫情的成功经验做法,坚决批驳、制止涉及政治原则和大是大非问题的错误思潮、错误言论,站稳了中国立场,让国际社会在风云激荡中听到中国声音。

## (四) 建设服务机关,担当作为促发展

1.坚持"十个指头弹钢琴"

打破就党建抓党建的思维桎梏,从厅机关内部自我小循环,转变为贯彻新发展理念、服务构建新发展格局的互动大循环。党建工作中,利用好工委党建联络员的"便捷通道",及时了解响应工委党建工作新部署新要求,主动总结上报机关党建亮点成效。业务条线上,对接商务部各司局和市县商务局,深度聚焦党建工作重点、业务工作难点,交流党建经验、共谋发展思路。在兄弟单位间,加强机关党支部关联互动,发挥各自业务职能优势,调研分析市场调整拐点、企业发展痛点,探索组织生活"联过"、活动阵地"联建"、服务企业"联动"。努力推动党建、业务深度融合,把商务厅好的经验做法加以总结提炼,由下至上、由点及面,形成可复制、可推广的工作范式。

2.坚持发挥党建联盟效应

在省级机关工委指导下,厅机关深化与所在街道、社区党组织共驻共建,加入玄武门街道"红领·聚力"党建联盟,形成"资源共享、责任共担、优势互补、互利共赢"的区域化党建共同体。外经处党支部与永鼎集团公司党委、电

商处党支部与江苏盛氏国际投资集团有限公司党总支、运行处党支部与苏州上久楷丝绸科技文化有限公司党支部分别结对共建,以党建助企业发展,做了大量卓有成效的工作。作为这一成功实践的深化拓展,2020 年 7 月,厅党组整体谋划、创新推动与中国出口信用保险公司江苏分公司党委、中国进出口银行江苏省分行党委和 7 家省外经贸集团党委建立"政信银企"党建四方平台,形成"1+2+7"协同机制。把政府机关政治优势和政策性金融机构优势,转化为引领高质量发展走在前列、奋力夺取"双胜利"的战略支点和创新引擎,凝聚合力集中攻坚解决外经贸共性问题。

3. 坚持打好严管厚爱"组合拳"

找准刚性制度约束和柔性人文关怀的平衡点,坚持严管和厚爱结合、激励和约束并重,在强化执纪问责、完善制度约束的同时,注重发挥工会桥梁纽带作用,当好干部职工"娘家人""贴心人"。年初,面对突如其来的新冠疫情,机关工会组织开展"献爱心、暖人心、聚人心"主题活动。2020 年 2 月中旬,作为省直机关首家单位,组织无偿献血。包括厅领导在内的 52 名志愿者,总计献血13 100 毫升,以实际行动响应"我是党员,我先上"的号召,为抗"疫"一线献上一份爱心。妇女节前夕,专程慰问支援湖北抗疫志愿者家属,送去组织关爱和节日祝福,努力解决志愿者后顾之忧。在常态化落实"关爱月月送"的同时,全程跟踪机关工委划拨 40 万"抗疫"专项经费的使用情况,集中用于采买发放防护物资和慰问关怀干部职工。一年来,共向省级机关工委报送关爱月月送8 人次,走访慰问困难干部职工 27 人次。向机关干部职工海外亲属邮寄爱心包 12 份。这些暖心之举,在党组织和干部职工之间搭建起"连心桥"、构筑出"同心圆",为发挥机关党组织中流砥柱作用,凝聚了最大"公约数"、释放出最大"公倍数"。

4. 坚持建设高素质专业化干部队伍

把干部队伍建设作为干部成长进步的前端性环节和推动党的事业不断前行的长远大事来抓。坚持政治导向,突出德才兼备、以德为先,建设有情怀、有格局、有担当的干部队伍;坚持问题导向,补齐能力素质短板,增强执行力、战斗力、创造力;坚持结果导向,贯彻新发展理念、构建新发展格局,推动"强富美高"新江苏建设再出发。一年来,积极参与省级机关工委组织面向多层级党员干部的辅导培训和各类宣讲大会,邀请纪监工委的专家学者,为机关干部集中授课辅导 11 场,自行组织党员专项教育培训 184 人次,政治标准首位度牢固树立,干部培养机制初步建立。2020 年 6 月份,厅机关组建综合文字岗培训班,厅领导亲自走上讲台,谈心得体会、教经验方法,帮助年轻干部"想明白、写明白、干明白"。2020 年 8 月下旬,在杭州举办全省商务系统综合文字骨干培训班,邀请上海、浙江经济管理部门的领导和专家学者授课,汇聚激发了加快融入长三角一体化发展国家战略、谋划江苏商务"十四五"高质量发展的智慧和力量。

(省商务厅机关党委)

# 第二部分
# 全省设区市及直管县(市)商务发展情况

● 江苏商务发展2020
JiangSu Commerce Development Report

# 南京市

2020 年,南京市商务系统坚决落实中央、省、市关于"六稳""六保""四新"系列决策部署,坚持以"保"促"稳",稳中求进,围绕商务职能,抓防控、保民生、促复工,聚焦双循环相互促进,稳外贸、稳外资、促消费,商务经济主要指标好于全国、好于全省、好于预期。

## 一 主要商务经济指标完成情况

2020 年,全市实现社会消费品零售总额 7 203 亿元,增长 0.9%,增幅省内第一,位居全国 GDP 万亿俱乐部城市和副省级城市前列,占全省比重提升近 0.5 个百分点,提升幅度省内最大。全年实现外贸进出口总额 5 340.2 亿元,增长 10.6%,增幅高于全国全省,占全省比重提升 0.9 个百分点。从增长贡献度看,南京增长贡献全省 45.4%,居省内第一。全年实际使用外资 45.2 亿美元,创年度历史新高,增长 10.1%,占全国、全省比重分别提升 0.1、0.2 个百分点。

## 二 商务发展工作情况

### (一) 打赢"保"的"阵地战",职能作用充分彰显

1. 突出保基本民生

针对疫情初期"抢购潮""口罩荒"等紧急局势,第一时间成立市场保供工作组,统筹国内外"两个市场"组织货源,因时因势优化调控和投放方式,全力保障生产生活与防疫需求。生活物资不断供、无脱销,组织发动全市 10 家连锁超市 852 家门店不停业,动员农批市场、农贸市场提前营业,保障了市民基本生活需求。积极协调企业备足库存,及时由"春节保供"模式向"防疫应急保供"模式转变,确保全市生活必需品供应无断档、无脱销。针对防疫物资,拓渠道保供应,支持本地生产企业复产扩能的同时,强化口岸协调,迅速启动境外采购应急机制,整合境外资源,构建全球采购网络,建立外采快速供应通道。在全国率先研究出台防疫物资进口预付款保证金保险全额补贴政策,为防疫物资进口"开绿灯",为全市疫情防控提供有力保障。

2. 突出保市场主体

审时度势推进商务领域企业复工复产,推动商务经济快速回稳。分类分级推动复工复产。有序推进商场、购物中心、便利店、服务行业等主体复工达产,在全省首先发布了《优化餐饮行业疫情防控措施加快复工复业工作指引》推进恢复堂食。精准服务,帮助企业减负。积极贯彻"企业服务年"要求,广泛开展"商务企业全覆盖大走访活动""保主体促两稳"等问卷调查、座谈调研,服务重点商贸、外贸、外资企业 4 300 余家,帮助企业协调解决痛点、堵点、断点问题 1 900 余个。强化支持,增添企业动能。全面梳理国家、省、市惠企政策,形成"政策包"传达给企业,帮助企业更大限度地享受政策红利。出台"暖企"政策,提前组织服务业、开放型经济发展等专项资金申报工作,简化申报审核程序,加快拨付进度,缓解企业资金压力。

### (二) 打赢"稳"的"阻击战",发展基础有效夯实

1. 聚焦指标企稳回补,狠抓"新消费"

深入贯彻"四新"行动,成立工作专班统筹推进"新消费",落实九大任务,

启动百个项目,因时因势加快消费回补,限上社零连续 6 个月实现正增长。打造丰富多彩的促销活动。在全国发放消费券,启动"放心消费三部曲"系列活动,开展"销售竞赛月"等。加快"拓外转内",推进出口转内销商品上线,推动苏美达与五星控股、国投南京与苏宁易购、汇鸿与太平商场签订进出口产品转内销合作协议。开展消费回补系列行动。推动直播经济快速发展,举办网络直播购物节、"百日千企万品上线"活动,打造 15 个 MCN 产业集聚园区,组织大规模直播和产业互联网活动近百场。电子商务快速发展,全年网络零售额增长 29%。推进国家级步行街改造提升,夫子庙步行街成为首批"全国示范步行街"。大力发展夜间经济点亮"夜金陵";举办丰富的主题活动,重点打造18 个夜间经济集聚区。新增 12 家市级老字号企业、近 200 家品牌连锁便利店门店。强化社零,提升组织推动。推进市场主体壮大,制定《大力培育市场主体推进新消费行动的十条措施》,加大企业培育力度,新增限上批零住餐企业近 1 500 家,净增 1 136 家。推进汽车、电器等重点商品销售,释放消费潜力,限上单位汽车类零售额增长 12.1%。

2. 聚焦双链稳定畅通,狠抓"强链补链建链"

紧抓疫情带来重构"双链"机遇,着力强链补链建链,加快促进上下游、产供销恢复稳定。全面保障防疫物资进出口。疫情期间,开辟疫情防控物资"绿色通道",推行通关验放"零延时",推广预约通关、进口货物"两步申报"模式。深入推进供应链"双试点"改革。出台《推进供应链体系创新与应用的实施意见》,重点打造农产品、快消品、医药品等产业和服务供应链,制定国家标准 6 个,1 个试点案例向全国推广,10 个试点典型案例向全省推广,试点工作被商务部评为"优秀"等次。

## (三) 打赢"进"的"攻坚战",增长态势持续加强

1. 多元发展稳外贸

建立多渠道多形式服务机制,"点对点"精准服务重点企业,加快培育国际知名品牌,新增 47 个省级重点国际知名品牌。持续开展"破零""唤醒"行动,新培育外贸主体近 600 家。积极向商务部申报二手车出口业务试点,成功获批在全省率先开展二手车出口业务。加快跨境电商综试区建设,南京空港保税物流中心(B 型)跨境电商业务封关运营,培育省级跨境电商公共海外仓试

点4家、市级试点13家,跨境电商创业创新孵化基地19家,跨境电商B2B直接出口"9710"和跨境电商出口海外仓"9810"的两种新模式顺利运作。推动外贸企业开拓线上市场,引导入驻阿里国际站企业1 090余家,新上线220余家;入驻中国制造网350余家,新上线60余家。

2. 创新招商抓外资

聚焦"4+4+1"主导产业,持续推进一批大项目签约落地,全市累计引进外资总部与功能性总部22个,引进总投资额千万元以上商贸流通业项目24个。精心筹办各类招商引资推介活动,成功举办"南京牵手洛杉矶交流分享会"。应对疫情创新方式积极开展"云推介""云洽谈""云签约",先后成功举办南京市与深圳宝能集团云签约仪式、2020南京创新周T20开放合作系列活动、2020金洽会等重大活动,成功在深圳、上海、北京等地举办专题招商月,发展壮大"南京招商资源联盟"。

3. 深化试点强服贸

深入推进服贸创新发展,服务贸易发展指数位于全国第二梯队领先位置,服务外包综合评价居全国第一。全力打造国家级数字服务出口基地,软件谷成为省内唯一入选首批国家数字服务出口基地的园区。创新方式成功举办2020全球服务贸易大会,打造线上线下贸易促进体系,现场达成意向项目20余个。全市服务贸易进出口165.9亿美元。

4. 安全稳妥"走出去"

认真落实境外企业防控相关要求,成立境外企业防控工作组,完善联合疫情信息报送机制,建立疫情"日报告""零报告"制度,指导企业强化境外疫情防控和安全生产工作。开展精准服务,全力做好境外项目跟踪服务,及时协调帮助企业解决困难,力保对外承包工程业务平稳发展。全市对外直接投资总额9.3亿美元,对外承包工程累计完成营业额22.7亿美元,总量保持全省第1位。

### (四)打赢"优"的"持久战",发展环境不断优化

1. 大力打造更高层次开放平台

推动自贸试验区联动创新发展,落实"1+9"政策框架体系,建立完善工作推进机制,以制度创新为核心加快推进自贸试验区建设。"1+9"政策141项改革措施已落地实施和初步见效121项,"三项清单"涉及南京片区的113项

改革任务已实施 106 项,推出 70 项体现首创要求的改革创新案例,"生物医药集中监管和公共服务平台"入选国务院服务贸易创新试点"最佳实践案例",14 个经验、案例在全省复制推广。出台自贸区联动创新发展方案,建立自贸试验区与开发区、综保区联动发展机制,以点带面推动全市扩大开放。

2. 持续深化开发区体制机制改革

加快推动开发区创新发展,全面开展去行政化改革,出台《关于优化开发园区管理运行机制的若干指导意见》,实施开发区运行模式、职能机构、用人制度、分配激励等 7 方面改革任务,成立市改革督导工作领导小组和 4 个督导工作组,下沉各板块全力推动各项改革措施落地,提升开发区招商引资水平和产业承载能力。在 2020 年全国经开区营商环境指数排名中,南京经开区、江宁经开区分别位列第 4、第 7。

3. 不断提升投资贸易便利化水平

实施"21 项政策"推动综保区高质量发展,积极支持创新业态业务规模扩大,进一步推进跨境电商网购保税进口、进境免税店等业务发展,加快推进江北新区综保区申报。推进口岸营商环境优化,落实《南京市优化营商环境政策新 100 条》相关政策,出台各项通关便利化措施,《中国营商环境报告 2020》中,南京市跨境贸易指标位列全国前十,获评全国"标杆"。加快口岸信息化建设,持续推广国际贸易"单一窗口"平台,货物申报、运输工具、舱单等 7 项主要业务覆盖率保持 100%。中欧班列稳定开行,共发 149 列 7 165 车,增长 13.9%。

## (五) 打赢"治"的歼灭战,安全生产稳步推进

1. 强化主体责任落实

提高政治站位,15 次召开党委会和局长办公会,传达学习、贯彻落实习总书记关于安全生产的重要讲话和指示批示精神,研究部署安全生产专项整治工作,增强落实习总书记精神的政治自觉、思想自觉和行动自觉。强化组织保障,成立安全生产专项整治工作领导小组,统筹调度专项整治工作,压紧压实领导责任。强化清单管理,制定"职责清单""检查清单""问题清单""整改清单",提升安全生产工作的针对性和精准性。强化压力传导,常态开展板块督导和通报,压实各级责任,形成齐心协力抓安全生产的工作格局。

2. 推动专项整治和示范城市创建走深走实

坚持"一线工作法",切实提升专项整治和示范城市创建工作效能。加油站方面,组织国营加油站与民营加油站进行帮扶结对,市区出动检查组 580 余组次,检查加油站 1 052 个次,覆盖全部 321 个加油站,整改问题隐患 1 994 个、整改率 100%,关停全部 42 个农村加油点,打击非法销售成品油行为 74 起,查处流动加油车 60 辆、黑加油点 19 个,查获汽油 22.02 吨、柴油 8.68 吨。大型商业场所方面,对全市 257 家大型商业场所进行全覆盖检查,市级出动检查组 121 组次,抽查大型商业场所 379 家次,整改问题隐患 836 项、整改率 95.9%,未整改到位的持续跟踪。餐饮场所方面,配合市建委对主城六区中小型餐饮场所燃气使用安全情况开展检查,市级出动检查组 30 组次,抽查餐饮场所 300 余家次,推动全市 26 698 家餐饮燃气用户燃气泄漏安全保护装置全部安装到位。开发区方面,全面检查摸排 10 个省级以上经开区安全生产组织领导体系、监管机构建设、企业安全责任落实等情况,推动增强安监机构和力量建设,健全安全生产体制机制,落实安全生产责任。

3. 夯实安全生产工作基础

提高工作标准化水平,编印《商场超市安全管理办法(试行)》《南京市加油站安全管理办法》等发放各区、相关企业,指导各级责任主体做好"规定动作"。逢会逢查必讲安全,反复向企业传达习总书记关于安全生产的重要指示精神,宣讲安全生产极端重要性和工作要求,督促企业签订《安全生产承诺书》,引导企业加大安全生产投入,开展安全生产自查自纠和互查互学,提升主体责任意识。营造安全生产工作氛围,组织市商贸行业协会、商会、学会发布安全生产倡议书,开展创建"平安商场、平安市场、平安企业"活动,举办安全管理工作培训、消防运动会等活动,强化全员安全防范意识和应急处置能力。

# 三 商务改革推进情况

## (一)国家级开放创新试点取得新突破

一是高标准建设中国(江苏)自由贸易试验区南京片区。紧紧围绕制度创新,深化细化自贸区"1+9"改革举措,创新动力、产业实力、制度活力、开放能力不断增强,自贸区建设呈现强劲势头。二是持续推进跨境电商综试区建设。深入落实《关于促进中国(南京)跨境电子商务综试区发展的若干政策》,支持南京跨境电商发展。三是全面深化服贸创新试点。圆满完成前阶段深化服贸创新试点任务,"打造中小服务贸易企业统保平台"和"搭建生物医药集中监管和公共服务平台"2条创新案例被国务院服务贸易发展部际联席会议办公室评为"最佳实践案例",在全国推广应用。四是圆满完成供应链"双试点"任务。先后制定发布三项国家标准,三项国家标准经过申报、立项、研制、评审,已进入审查阶段。五是持续深化夫子庙步行街改造提升试点成果。积极推动步行街复商复市,夫子庙步行街与中国银行合作举措,被商务部认可采纳并在全国推广。六是积极争取国家二手车出口试点和国家外贸转型升级基地试点。成功获批成为江苏省唯一一个开展二手车出口业务城市。

## (二)积极开展特色化个性化改革探索

支持溧水经济开发区、南京高新区(溧水园)与自贸试验区南京片区联动发展,出台《关于放大自贸效应推动联动创新发展的实施意见》(厅字〔2020〕28号)等政策体系,建立联动创新发展工作机制。将溧水区提炼的"推行'全托代办'保障项目建设审批先行"等3项改革成果"反哺"南京片区。支持溧水空港保税物流中心(B型)与南京片区共建生命健康产业地标。积极培育溧水区外综服贸易新业态,大力支持2020年市级外综服试点企业申报,并邀请税务专家就外综服企业合规经营与风险防控等热点问题开展培训。支持溧水打造贸易便利化服务平台,创设出口退税资金池,推动溧水自贸联动创新发展区外贸综合服务企业转型升级。

(南京市商务局)

# 无锡市

2020 年,面对突发的新冠肺炎疫情对经济社会带来的一系列冲击和影响,无锡市商务系统以习近平新时代中国特色社会主义思想为指导,坚持疫情防控和商务发展两手抓,按照中央和省、市关于"六稳""六保"工作的部署要求,狠抓重点指标和任务推进落实,扎实做好稳外贸、稳外资和促消费工作。

## 一 主要商务经济指标完成情况

2020 年,全市实现社会消费品零售总额 2 994.4 亿元,同比下降 1%,列全省第四位。全市外贸进出口 6 075.6 亿元,同比下降 4.6%,进出口总额保持全省第二位。全年实际使用外资完成 36.21 亿美元,实现正增长;新增协议注册外资 57.8 亿美元,同比增长 8%。对外直接投资超过 17 亿美元,位列全省第一。

## 二 商务发展工作情况

### （一）服务企业力度加大

强化为企纾困力度。从 2020 年 2 月份起，牵头或参与制定出台"惠企 20 条""促消费 15 条""稳外贸 12 条""稳外资 10 条"等一批高含金量的政策措施，加大对外贸外资消费的政策支持力度，惠及 3 303 家企业；"中小微企业出口信保统保平台"为 2 796 家企业签发免费保单，为企业节约保费 1.4 亿元。建立健全工作机制。建立"无锡市开放型经济工作领导小组"，完善外贸外资协调机制，设立重点外资项目工作专班和重点出口企业工作专班，制定出台"保主体促两稳"行动工作方案，全力稳住外贸外资市场主体。建立全市招商护商机制，出台招商护商工作激励办法，实施重大外资项目会商机制，制定政府服务企业专员制度，构建"24 小时不打烊、360 度无死角"服务体系，设立优秀外资企业"白名单"制度，打造外商投资最满意城市。强化跟踪监测制度。市、（县）区联动，分层分级走访重点企业摸排风险与困难。

### （二）利用外资提质增效

外资总量保持稳定。全年实际使用外资 36.2 亿美元，实现正增长；新增协议注册外资累计 57.8 亿美元，同比增长 8%；新增协议注册外资 3 000 万美元以上重大项目 69 个、同比增加 19 个，其中总投资超亿美元项目 31 个，同比增加 6 个。外资结构实现优化。服务业实际使用外资 20.1 美元，同比增长 81.8%。制造业实际使用外资总量和比重均保持全省第二位。推动外资总部经济发展。印发《全市总部型外资企业培育三年行动计划》，5 家企业被新认定为江苏省跨国公司地区总部，超额完成省高质量考核个性目标任务。新引进 6 家世界 500 强跨国公司在锡投资设立了 8 家外商投资企业。大力推动招商护商。举办全市招商护商大会以及无锡日本、无锡韩国产业链对接合作大会，举办无锡太湖金秋招商月活动。建立全市政府服务企业专员制度，发布无锡市投资服务云平台，发布优秀外商投资企业白名单，出台支持外资企业发展打造外商投资最满意城市的政策措施和招商护商工作激励办法，与全球五大行签订战略合作协议。

### （三）外贸转型步伐加快

贸易结构不断优化。一般贸易进出口占货物贸易进出口总额比重达到51.1％，同比提升3.4个百分点。获评92个省级国际知名品牌，连续七届蝉联全省第一，占全省比重达到22％。获批国家级外贸转型升级基地（集成电路），国家级外贸转型升级基地数量增至6家。新兴业态快速发展。加快推进中国(无锡)跨境电商综试区建设，新增1家省级公共海外仓，总量达到5家，位列全省第一；旺庄科创中心获评国家电子商务示范基地，红豆股份被评为商务部首批线上线下融合发展数字商务企业，6家企业获评省级数字商务企业。线上线下开拓市场。举办无锡国家文化出口基地云对接大会，引导外贸企业尝试首届网上广交会、网上华交会，与香港贸发局开展合作，推出"无锡外贸优品·云展会"，并举行"海购无锡 云启未来——新零售助力外贸拓内销活动""锡品卖全球"系列活动，积极构建外贸转内销对接渠道，2020年连续两届被省团评为广交会优秀分团。

### （四）消费实现回稳向好

依托全省"品质生活·苏新消费"活动，精心策划举办"锡惠有你"惠民消费券活动、"品味无锡、惠享四季"无锡休闲购物节、"爱无锡 生活季"消费促进2.0活动系列活动，市区88家商业场所、436个促消费活动逐步开启，向市民派发245.7万张、1.02亿元消费券，撬动线下百货、餐饮等消费超过10亿元，被评为2020年无锡市首届"民心工程奖"金奖项目。打响"今夜梁宵"等夜经济品牌，梁溪区直播带货活动被省商务厅作为消费新模式新业态向全省推广。市区改造提升20家农贸市场，超额完成市政府下达的"为民办实事"任务，进一步增强人民群众对"菜篮子"的获得感。

### （五）开放平台建设加快

做好开发区高质量发展考核评价工作，充分发挥高质量发展考评对开发区争先竟位的激励督促作用，在2020年9月份省商务厅公布的2019年度全省经开区科学发展综合考核排名中，全市7家经开区整体排名较上年度均有提升。加快复制推广自贸区改革试点经验,在市开放型经济工作领导小组框架下增设自贸试验区联动创新工作组,国务院在全国范围复制推广的改革试点经验,目前全市已实现"能复制尽复制"的要求。强化园区合作,举办"长三角开发区合作共建与联动创新高峰论坛",推动无锡开发区融入长三角一体化。境外合作园区建设加快,实现进出口 15.7 亿美元,同比增长 26.5%,并推动江苏贝德服装、江苏通用科技两家企业申报省级境外合作园区。口岸功能进一步完善,无锡航空口岸、江阴港口岸获批药品进口口岸,江阴进境肉类指定监管场地正式获批。高水平推进中国(无锡)跨境电商综试区建设,新增 1 家省级公共海外仓和 5 家市级公共海外仓,省市两级海外仓总量达到 15 家。

（无锡市商务局）

# 徐州市

2020 年,面对极其复杂的外部环境,徐州市商务系统坚决抓好常态化疫情防控,扎实做好"六稳"工作,全面落实"六保"任务,顶住了疫情和商务经济发展双重压力,在逆境中交出了一份可载入徐州商务发展史册的大战大考优异答卷。

## 一 主要商务经济指标完成情况

2020 年,全年实现社会消费品零售总额 3 286 亿元。全市实现外贸进出口 1 067 亿元,首次突破千亿元大关,同比增长 14.2%,增幅居全省第三。实际利用外资 22 亿美元,总量居全省第六。服务外包执行额 55.7 亿美元,同比增长 11.6%,规模保持全省前列。全市新备案对外投资项目 32 个,协议投资额 4.6 亿美元,对外协议投资额和实际投资额,同比分别增长 127% 和 160%,增幅均居全省首位。

# 二 商务发展工作情况

## （一）防疫、保供、促安全取得重大成果

把人民的生命安全和生活保障放在第一位，科学开展商务领域疫情防控、市场保供和安全生产三合一检查，常态化实施冷链食品进口、境外经贸人员来徐和境外企业人员精准防控，切实稳住了企业和群众生产生活信心。建立了跨部门联动保供机制，为重点批发市场和重点商贸物流企业协调办理了 1 100多张保供车辆通行证，安排市区 41 家农贸市场提前开业，同时开展全方位市场监测，及时预防市场波动，有效地保障了全市生活必需品货足价稳。系列做法被各级各类媒体宣传报道 30 多次，受到社会各界一致好评。开通了"1215"无接触便民配送服务，累计为市民配送生活必需品 41 万单，共计 38.6 万公斤。商务领域安全生产专项整治工作收效明显，加油站、商业场所等重点领域安全生产基础持续巩固。

## （二）招商引资取得重大突破

精心绘制产业图谱和招商地图，精准开展全产业链招商，推动招商引资逆势破局，跑出招大引强"加速度"。在全国率先开启"云招商"，以"线连线""屏对屏"等方式掀起了招商引资高潮，创新做法被央视 1 套在黄金时段进行宣传。市委、市政府主要领导亲自带队，赴深圳、上海、北京等多地开展精准招商，精心举办了徐州第二十三届投资洽谈会、第四届中国（徐州）服务外包合作大会等重大招商活动，引领各地全面推进"招商引资 1 号工程"，吸引了一批投资 50 亿元以上的重特大产业项目顺利落户。全年完成"765"注册产业项目715 个，总投资 4 210 亿元，同比增加 43.3%。

## （三）"两稳一促"取得扎实成效

制定"惠外贸 12 条"和"稳住外贸外资基本盘 15 条"等政策文件，开展了"双百包挂，千企帮扶"活动，推出了金融信保、减免房租等一系列措施，推动商务领域企业在 2020 年 3 月底前全部实现复工复产。实施"外贸复工贷"，为

72 家企业融资 2.9 亿元,强力支撑外贸进出口企业抗住压力、稳定增长。组织外贸企业参加第三届进博会、线上广交会等系列展会,举办出口转内销专题展销会,新培育 3 家省级海外仓,获评 10 个省级国际知名品牌。实施"百企增十亿"行动,在全市挖掘出 109 个增资扩股项目,累计协议增资 11.6 亿美元,实际利用外资 5.8 亿美元。开通了外籍经贸人员入境"绿色通道",帮助 104 名外籍专家来徐。帮助商贸企业争取小微贷 4.9 亿元,倡导各大商场、市场减免租金 7 000 余万元,保住了一大批商贸领域市场主体。投放消费券拉动消费超亿元,开展的"银商对接"和"云端购物"等系列消费促进活动,分别被作为典型做法和典型案例在全省推广,有效地推动了全市消费市场加速复苏。

### (四) 国家级、省级示范试点工作加速见效

创建中国服务外包示范城市,综合评价在全国 11 个申请城市中排名第一,连续 4 年成功举办了中国(徐州)国际服务外包合作大会,打造了 5 家省级示范区和 13 家市级示范区,推动外包产业规模进入全省第一方阵,稳居淮海经济区首位。跨境电商综试区建设提速,全面开通了跨境电商 1210、9710 和 9810 模式,成功获批跨境电商零售进口试点城市,推动跨境电商交易额在全省新获批综试区中名列首位。沛县、邳州成功获批国家电子商务进农村综合示范县,实现县域全覆盖。圆满完成了国家流通领域现代供应链体系建设试点和国家城乡高效配送试点工作任务,试点成果位居全国 18 个试点城市前列。

### (五) 开放平台和载体功能全面提升

全市开发园区大力发展特色产业集群,以创新驱动加快动能转换。新争取省级特色园区 8 家,新认定市级特色产业创新园区 10 家,全市市级特色产业创新园累计达 29 家,初步形成特色产业发展集群。各类口岸健全发展,徐州综合保税区、徐州保税物流中心(B 型)、新沂保税物流中心(B 型)等各类海关特殊监管区功能日趋完善,淮海国际陆港建设加快推进,贾汪双楼作业区成功获批进境肉类指定监管场地,"徐州号"中欧班列形成了至二连浩特、满洲里、霍尔果斯、阿拉山口"四线同行"的班列通道,年内累计开行 304 列,增幅位居全国前列,目前已成功跻身全国中欧班列开行城市的第二梯队,全国排名第

11位；淮海国际邮件互换中心一期主体工程全面竣工，二期项目规划加快启动；观音机场新开通2条国际货运航线，国内国际双循环更加畅通。

## 三　商务改革推进情况

创新"放管服"改革模式，深化开发区体制机制创新。开展"新商务·心服务"服务品牌创建活动，简化审批流程、精简审批材料、压缩审批时限，推动服务事项"一网通办"，推行"不见面审批"模式，优化首席代表授权到位、一站式审批、限期办理、政务公开、一纸清和一口清、挂牌上岗等服务标准，窗口进驻事项连续三年"零延误""零差错""零投诉"。聚焦开发区项目评估评价事项多、耗时长、成本高等问题，推动全市开发区在土地勘测、环境评价等8个事项实施区域统一评估，切实减轻企业审批负担，降低企业成本。

（徐州市商务局）

# 常州市

2020年，面对疫情带来的严峻考验和复杂多变的宏观环境，常州市商务系统克难求进，主动作为，统筹做好疫情防控和"六稳""六保"工作，获评省抗击新冠肺炎疫情先进集体，开发区、外贸、消费促进工作得到省政府通报奖励，商务经济平稳运行、质效提升。

## 一 主要商务经济指标完成情况

2020年，全市实现社会消费品零售总额2 421.4亿元，同比增长0.8%。增幅高于全省平均2.4个百分点，列全省第二。全市实现外贸进出口总额2 417.3亿元，同比增长3.7%，高于全省平均1.1个百分点，其中，出口1 796.9亿元，增长3.3%，高于全省平均2.4个百分点；进口620.3亿元，增长4.8%。全市实际到账外资（上报数）28.78亿美元，同比增长15%；确认实际到账外资27.17亿美元，同比增长8.6%，到账额列全省第四，人均实际使用外资居全省第一。

## 二 商务发展工作情况

### (一) 利用外资亮点突出

重大项目有新突破,2020 年全市新增总投资超亿美元项目 21 个,其中新加坡赛得利项目、荷兰锂沃克斯项目、总投资分别达到 15.7 亿美元和 12 亿美元;新增省级地区总部和功能性机构 4 家,世界 500 强西门子公司在常州新设西门子能源电气设备(常州)有限公司。外企增资扩股势头良好,全市新增协议外资额同比增长 16.3%,瑞声科技、爱思开电池、蒂森克虏伯转向系统 3 家企业新增总投资超 1 亿美元,常州薛家"外资小镇"经验得到了省委省政府以及商务部肯定。持续推进产业链招商,编制并发布 4 种语言产业招商地图,建立"三张清单"外资企业项目库,出台实施外资总部政策 2.0 版,编印《常州市助企发展政策汇编》,积极帮助外企解决高管返常复工、防疫物资筹措、通勤班车运行等问题。

### (二) 对外贸易稳中提质

出台实施了《进一步支持外贸外资稳定发展的政策意见》,积极组织参加线上广交会和第三届进博会,中央电视台近期专门报道了常州稳外贸工作经验举措。贸易结构进一步优化,高新技术产品出口增速高于全市平均 6.6 个百分点;一般贸易进出口增速高于全市 2.4 个百分点,占比达到 82.7%;民营企业进出口增长 16.1%,占全市外贸总额的 53.5%,同比提升 5.7 个百分点。新型贸易方式取得突破,中国(常州)跨境电商综试区成功获批,跨境电商"9610""9810"模式顺利开通;新增 1 家省级公共海外仓、2 家市级进口交易中心。积极应对贸易摩擦,佰腾 337 工作站获商务部考核第二名。

### (三) 开放载体能级提升

开发区综合排名不断提升,2019 年中关村高新区位列省级高新区综合排名第 1 位;常州经开区在省级经开区排名中跃升至第 6 位;金坛经开区、天宁经开区和武进经开区在省级排名中升至第 14 位、第 23 位和第 26 位。全市开发区利用外资贡献份额占全市的 84％,工业开票销售贡献份额占 71.5％,公共财政预算收入贡献份额占 59％。特色园区加快发展,中以(常州)创新园实施新一轮发展规划,中德(常州)产业创新园全面推进;中以、中德、中欧、中瑞 4 家国际合作园区被认定为省级国际合作园区,获评数居全省第一;获批省级特色创新示范园区 8 家,覆盖率居全省前列。

### (四) 对外开放协调推进

境外投资有序推进,全市新增境外投资项目 69 个,中方协议投资额 3.58 亿美元,其中在"一带一路"投资项目 27 个,中方投资额 2.3 亿美元。服务外包逆势增长,全市服务外包执行额和离岸执行额同比分别增长 88.7％和 264.9％。口岸功能进一步提升,海铁联运稳步推进,常州至上海洋山港已开通海铁循环班列;常州被列入全国 37 家具备国际客运航班接收能力的口岸城市之一,空运口岸国际旅客占比位列全国前 12 名。

### (五) 消费促进成效明显

积极参与江苏"品质生活·苏新消费"系列活动,策划实施"6·6 龙城嗨购节",组织 3 000 多家企业参与,推动全市发放各类消费券、优惠券累计超过 3 亿元,撬动消费近 20 亿。大力培育新型零售、直播电商、社交电商、农村电商等商贸流通业新模式,举办电商应用发展大会、电商直播活动、直播达人大赛等,金坛区成功创建省级农村电商示范县。全年电子商务交易额突破 5 000 亿元,同比增长 15％,其中网络零售额同比增长 17.7％。新建菜市场 1 家,提升改造菜市场 10 家,钟楼区五星勤业市集智慧化菜市场获得中央电视台新闻频道的特别报道。

## 三 商务改革推进情况

### (一) 强化外资服务体系

一是认真落实《外商投资法》及负面清单。通过常州市商务局网站、局驻政务中心窗口、走访企业等多种方式宣传、解读《外商投资法》及其实施条例、外商投资准入负面清单(2020 版)、市场准入负面清单(2019 版),完成市场准入负面清单和外商投资准入负面清单两个清单衔接的调查问卷设计,就两个清单的衔接征求企业意见,全面落实准入前国民待遇加负面清单管理制度。二是大力发展外资总部经济。新增省级地区总部和功能性机构 4 家,累计达 23 家。出台《关于加快推进我市总部经济发展的实施意见(试行)》(常商资〔2020〕318 号)。三是持续完善外资项目服务协调机制。排出三个重点项目清单(重点监测外资企业、重点产业链及加工贸易重点外资企业、在建投产的总投资超亿美元的重点项目),对清单内 103 家企业及项目进行走访调研,积极帮助协调解决有关问题。

### (二)大力发展贸易新业态

一是扎实做好跨境电商综试区建设。紧抓中国(常州)跨境电商综试区成功获批机遇,出台《中国(常州)跨境电子商务综合试验区实施方案》,顺利开通跨境电商“9610”“9810”业务。二是加大进口交易中心和海外仓培育力度。新评定第四批市级进口交易中心试点 2 家,累计达 10 家。鼓励有实力的企业赴海外布局一批配套服务功能完善的公共海外仓。三是积极发展轨道交通进境维修业务。加大轨道交通产业发展与外贸的融合力度,推进常州市轨道交通出口基地考核认定为江苏省常州经济开发区国家外贸转型升级基地(轨道交通装备)。四是提升“253”先进制造业产业集群出口比重。2020 年全市高新技术产品出口同比增长 9.9%,高于全市平均 6.6 个百分点,占全市出口的 18.4%,较 2019 年提升 1.1 个百分点;光伏产品出口增长 15.8%。

### (三)完善外经合作支撑体系

一是积极参与“一带一路”交汇点建设,推进企业创建境外经贸合作园区。2020 年,全市共在“一带一路”投资项目 27 个,中方投资额 2.3 亿美元。二是完善对外经济合作专家库,鼓励和引导企业开展跨国并购。举办 2020 常州企业国际化专家库专家聘任仪式暨“一带一路”对外合作座谈会,聘请 29 名专家学者组成新一届专家,为企业“走出去”提供智力支持。举办欧洲投资“前线经验”分享会、2020 中国常州—马来西亚菲律宾经贸对接会等多场活动,组织 18 家企业参加中阿联合招商会等线上活动。三是健全促进对外投资合作政策服务和风险防控体系。严格落实疫情防控信息零报告制度,加大和中国人保、中国信保等的合作,进一步扩大境外投资保险补贴和赔付范围,新增 200 多名外派人员购买境外安全防卫保险;认真落实省厅优投服务促进项目,指导 218 家企业注册享受优投境外投资服务;完成首批 30 名外派劳务人员培训考试工作。

### (四)深化开发园区体制机制创新

推动江苏自贸区改革试点经验在常州复制推广,积极支持常州高新区、武进高新区,中德、中以两个合作园区及常州、武进综保区成为江苏自贸区联动创新发展区建设主体。整合全市招商资源,协助中以、中德、中瑞等合作园区开展境内外招商活动。举行江苏驻以色列经贸代表处共建签约仪式;促进中德园区等与省海外经贸联络处沟通联系,形成固定合作机制,中德(常州)德国中心项目顺利推进,中德(常州)创新产业园正式开园;积极对上沟通协调,指导中瑞合作园创成江苏省国际合作园区,目前全市共有 4 家省级国际合作园区,获评数居全省第一。

(常州市商务局)

# 苏州市

2020 年,苏州市商务系统全力以赴落实稳外贸、稳外资、促消费任务,各项指标运行在合理区间,结构进一步优化升级,在全国全省位次不移、份额稳定、贡献不减。

## 一 主要商务经济指标完成情况

2020 年,全市实现社会消费品零售总额 7 702.0 亿元,同比下降 1.4%;外贸进出口总值 3 223.5 亿美元,增长 1%,其中,出口 1 868.7 亿美元,下降 2.7%,进口 1 354.8 亿美元,增长 6.6%(按人民币计价实现进出口 22 321.4 亿元,增长 1.5%,其中出口 12 941.5 亿元,下降 2.2%,进口 9 380.0 亿元,增长 7.1%);全市完成实际使用外资 55.4 亿美元,同比增长 20%;全市新设外资项目 1 256 个,新增注册外资 189.1 亿美元,同比分别增长 26.4%、66.8%;全市新增对外投资项目 233 个,中方境外协议投资额 16.0 亿美元,保持全省第一。

## 二　商务发展工作情况

### (一) 全力以赴做好疫情防控物资保障和企业复工工作

在疫情防控中充分发挥商务引领作用,迅速组建了由市商务局牵头、各部门紧密配合协作的 4 个采购工作小组,深入调研医疗物资企业复工、订单、产品价格、成本费用等生产经营情况。积极采取特定创新办法,通过印发"防疫期间生活必需品货运通行证"、临时放宽药店销售范围等方式,合力保障民生物资发放。开展"抗疫最前线、党员走前头"行动,局党组成员自觉践行"我是党员我先上"承诺,主动放弃休假,发挥示范带头作用。成立疫情防控"行动支部",下发《关于在疫情防控中充分发挥党支部战斗堡垒作用和广大党员先锋模范作用的通知》《关于做好新冠病毒感染的肺炎疫情防控工作倡议书》,号召党员干部自觉承担责任,带头做好疫情防控物资保障和各项防控措施落实。全力支持企业保重点、稳订单,确保全市企业加快恢复生产经营,鼓励支持重点项目增资扩产,累计受理转报重点企业外籍重要经贸人员来华邀请函申请 6 300 余人,约占全省总量的四分之一。

### (二) 多措并举促进市场消费复苏回暖

深入贯彻落实市委常委会关于"做好长三角一体化这篇大文章"的要求,切实把握长三角一体化发展机遇,主动学习、全面对接上海,高质量组织开展"双 12 苏州购物节"大型系列消费促进活动,有效引导线上赋能线下、线上线下融合发展,促进苏州商贸业数字化转型,强力释放消费需求,加快形成"双循环"新发展格局。落实"夜购""夜食"两大模块消费促进工作,支持购物中心、大型商场等开展"24 小时不打烊"夜间促消费活动,量质并举推进"苏州锦鲤"扩面和无理由退货联合行动。制定"在常态化疫情防控中全力做好促消费工作方案""提振汽车消费促进消费回补的若干措施",全年累计销售汽车 43.82 万辆,同比增长 14%,销售额达 877 亿元。举办各类美食节庆活动,联合阿里本地生活服务公司推出一批助力本地商贸餐饮企业数字化转型的措施,推进"数据生活新服务"。积极帮助企业拓展内销市场,加快发展电子商务,全省率先制定出台直播电商领域的政策意见,推进实施直播电商"六个一"工程。

### (三)不断加强企业服务,全力稳住对外贸易基本盘

疫情暴发后,迅速出台并落实"苏惠外十二条""苏惠外新八条""关于在常态化疫情防控中全力促进外贸稳定发展的工作方案"等系列政策举措。鼓励和帮助企业参与广交会、华交会、"江苏优品·畅行全球"等重点展会线上展销会,引导和支持企业更好地利用网络平台和线上展会拓展市场。高质量做好第三届进博会参展组织工作,专业观众数和意向成交额均居全省第一。大力发展外贸新业态,深入加强对转口贸易、离岸贸易、数字贸易、服务贸易和跨境电商等新业态的发展研究,全新打造"苏州数字贸易公共服务平台",有效帮助企业创新参展办展、扩大线上接单。开展 2020 年市级公共海外仓创建工作,组织企业创建 2020 年省级公共海外仓;全市跨境电商 B2B 出口实现 92.7 亿元,增长 13.3%,9610 模式 B2C 出口增长 19.2%。常熟市场采购贸易出口增长 9.1%。圆满完成深化服务贸易创新发展试点任务,4 个创新实践案例入选国务院深化服务贸易创新发展试点最佳实践案例,并向全国推广。持续实施应对中美经贸摩擦"365"工作举措,累计调研各类企业超万家。进一步强化"纾困资金"业务和专属金融服务,深化与国开行、建设银行、进出口银行和中信保等的战略合作,先后签署多项合作备忘录或战略合作协议。积极打造张家港综保区 2.0 版,正式启动海关特殊监管区域监管模式改革试点工作。江苏(苏州)国际铁路物流中心正式投入运营。

### (四)积极扩大对外开放,加快推动利用外资创新发展

建设运行"苏州开放创新合作热力图",创新构建"数字化招商机制"。深入推动开展"云招商"等不见面招商方式,实现线上洽谈、电话招商,推动成熟项目"云"签约。引导各地有效放大"热力图"+"云招商"的叠加效能,优化项目精准服务。建立市委市政府主要领导挂帅、市政府分管领导牵头督办、各地各部门协同推进的工作机制。建立完善"全市重点外资项目库",贯彻落实"项目进展情况报告""会商会办""推进成效运用和通报"三项制度。高质量举办2020 年苏州跨国公司交流活动、中日(苏州)地方发展合作示范区——东京云

对接会活动等高规格规模型投资促进活动。高质量发布《苏州市外商投资营商环境调查报告》，高质量开展外企"大走访"活动，全面了解外企运营最新情况，充分听取企业意见、建议及诉求，市领导累计率队走访重点外企近740家，收集梳理反映问题492项。

### （五）不断打造对外开放载体竞争新优势

高水平开放载体平台建设成效明显，昆山两岸金融服务取得重大进展，《关于同意扩大昆山深化两岸产业合作试验区范围的批复》获国务院正式批复；中日（苏州）地方发展合作示范区正式批复设立；中德（太仓）国际合作园区建设有序推进，德国中心二期正式运营。以国家级开发区全链审批赋权改革为抓手，深入推进"放管服"改革，营商环境不断优化。探索口岸管理创新举措，在全市积极推行"预约通关""预约服务"，严格规范口岸提效降费工作，切实减轻企业负担。进一步推进建设智慧口岸，加快通关无纸化进程。

### （六）更加积极稳妥地促进境外投资

以"一带一路"建设为引领，以境外园区建设为纽带，突出实体对外投资，优化对外投资结构，支持企业通过多种方式"走出去"，全市对外投资规模和水平保持全省领先。组织企业参加不同国别地区官方、半官方投促机构举办的投资推介活动10余场次，鼓励对外工程承包龙头企业积极参与"一带一路"基础设施建设，引导对外工程承包高端化发展。推动境外经贸合作区建设，重点服务埃塞俄比亚东方工业园和印尼吉打邦农业生态产业园转型升级、良性发展。实现江苏自贸区苏州片区自行办理境外投资备案，支持自贸区综合协调局建立境外投资项目联动审批机制，搭建具有片区特色的跨境投资平台。着力做好境外企业疫情防控工作，按照"稳住人心、稳在当地"的要求，助力重点项目复工复产。

### （七）深入推动苏州自贸片区创新发展

苏州自贸片区累计出台相关政策文件51项，推出涉及各领域的改革创新举措130余项；形成制度创新成果案例66项，省级以上"首创率"达60%，14项在全省示范推广。加快推进全市自贸片区体制机制建设和改革创新举措落实,积极做好自贸区改革创新经验复制推广,推动苏州片区联动创新区建设。苏州自贸片区 66 项改革创新成果已有 35 项在全市其他区域复制推广,其中"关助融""客户视角"全生命周期政务服务等创新举措已成功复制推广至全市范围。设立 19 个联动创新区,并印发《苏州自贸片区联动创新区评价办法》《联动创新区建设推进工作建议方案》等文件,推动各联动创新区与自贸片区开展深度对接和融合发展。

### (八)坚持民生优先,着力建设商贸业发展新体系

配合开展苏州供应链体系建设工作绩效评价,开展绿色货运配送示范工程创建工作。组织老字号企业参与 2020 年"江苏好礼 舒心相伴"江苏特色伴手礼评测活动,积极鼓励老字号企业数字化改造,加快拓展线上业务,不断增加老字号的影响力。举办老字号特色市集,有效融合线上直播带货,集中推介老字号产品,发挥老字号品牌效应,培育消费增长点。在全市开展特色商业街(区)培育示范创建工作,通过信息化手段准确掌握资产情况,及时收回改造市场的资产设备以及市场库存冗余资产设备。加强对大型商超开展垃圾分类工作细化指导,完成市区大型商超文明城市创建迎检工作。持续推动社区商业发展水平,促进商品交易市场实现转型。圆满完成 2020 年农贸市场实事项目建设任务,升级改造 10 家农贸市场(邻里中心),建设 40 个"智慧菜篮子工程"网点,鼓励支持智慧菜篮子工程网点建设。

### (九)坚持安全第一,全力构建商务领域安全稳定新局面

认真履行安全生产行业管理责任,扎实开展开发区、加油站和商业场所安全生产专项整治行动,通过横向部门协调联动、纵向条线齐抓共管、企业主体不懈努力,全市商贸领域安全生产保持平稳态势。牵头建立横向部门协调工作机制、纵向条线联动工作机制、职能部门领导联系督导基层企业工作机制,梳理专项整治基础隐患清单、基础职责清单、重点工作清单,牵头会同应急、消防、住建、市场监管等成员单位持续开展安全检查督查,累计组织检查 14 000 余人次,发现一般隐患 17 600 多个。针对开发区、加油站和商业场所企业点多面广量大、业态复杂、商业模式不同等情况,印发《苏州市加油站安全隐患排查操作手册》《加油站和商业场所安全生产专项整治工作指引》《加油站(点)安

全生产企业主体责任清单》等指导文本，突出重点，开展专项整治。

# 三 商务改革推进情况

## （一）协同推进国家重大开放战略

一是高标准深化自贸区苏州片区改革。全面落实江苏自贸试验区总体方案和实施方案，扎实推进差异化探索。二是积极推动与"一带一路"沿线国家和地区合作往来，鼓励引导支持境外园区发展。深入推动境外投资创新发展，鼓励企业积极融入"一带一路"倡议，支持埃塞俄比亚东方工业园建设良性滚动发展。三是健全中欧（苏州）班列运营机制。2020年全年，苏州中欧班列共开行进出口班列320列（361折算列），发运标准集装箱29 720箱，货重23.0万吨，货值13.5亿美元，同比分别增长19％、25.2％、43.1％、8.2％。

## （二）打造对外开放平台升级版

一是深化苏州工业园区开放创新综合试验，积极推进深化方案报批。目前，工业园区已完成《苏州工业园区深化中新合作建设国家开放创新综合试验区工作方案》起草工作，梳理形成重点政策诉求清单，并已报送至市委市政府。二是落实第七次部省际会议要求，充分发挥昆山深化两岸产业合作试验区在加强两岸交流合作中的示范作用。昆山深化两岸产业合作试验区创新推出"昆台融"业务，印发《"昆台融"资金池实施意见》。截至2020年年底，"昆台融"资金池累计授信企业76家，授信总金额4.3亿元，已提款企业66家，累计提款3.07亿元。三是提升中德（太仓）合作创新园发展层次。中德（太仓）创新合作园的德资投资势头强劲，2020年新增注册、增资、备案的德国项目38个。四是创建中日智能制造协同创新区和绿色产业创新示范区。相城区中日智能制造协同创新区建设不断推进，中日（苏州）地方发展合作示范区正式获批，成为国家级地方合作示范区。五是推出并完善苏州开放创新合作热力图。在全市开放再出发大会首发"苏州开放创新合作热力图"，接续建设2.0版，大力推行"云招商"等不见面招商方式。六是研究解决开发区行政化倾向问题，再造开发区经济发展体制机制新优势。下发《关于做好全市经济开发区有关工作的通知》，加强政策指导和考核督促，全面推动开发区加快向现代产业园区转型。

### （三）深入实施重大开放试点

一是深化服务贸易创新发展试点。圆满完成深化服务贸易创新发展试点工作任务，着力加大服务贸易管理体制的创新突破力度，构建了督导推进机制、考核促进机制、横向协调机制等一批服务贸易发展促进机制。二是深入推进跨境电商综合试验区建设。建设苏州数字贸易平台，优化苏州跨境电商综试区门户网站。启动全省首单 9810 模式出口业务，成功通过"苏满欧"中欧班列运输跨境电商零售出口商品，开展 2020 年市级公共海外仓创建，组织企业创建 2020 年省级公共海外仓。三是扩大综保区企业一般纳税人资格试点范围，加快综保区转型升级。积极组织各综保区（含张家港保税港区）开展 2019 年度综合保税区绩效评估工作。四是支持常熟服装城市场采购贸易平台做优做强。以"市采通"实现市场采购贸易出口商户的统一数字化管理和按机构自主收结汇管理，搭建市采通出口信用保险统保平台，并在云南瑞丽、广西凭祥等新试点地区复制推广"市采通"。

（苏州市商务局）

# 南通市

2020 年,南通市商务系统围绕争当龙头先锋、打造全省发展新增长极,自觉践行新发展理念,坚持稳中求进工作总基调,统筹推进疫情防控和经济社会发展,认真落实"六稳""六保"任务,全方位融入苏南、全方位对接上海、全方位推进高质量发展,全市商务整体运行稳中有进、稳中向好,主要指标在省内位居前列,特别是一批牵动全局的重特大项目、开放平台取得突破,为南通勇当全省"两争一前列"排头兵增添了发展潜力与后劲。

## 一 主要商务经济指标完成情况

2020 年,全市实现社会消费品零售总额 3 370.4 亿元,同比增长 0.3%,总量、增速均居全省第 3 位,增速高于全省平均增速 1.9 个百分点,高于全国 4.2 个百分点。全年实现进出口总额 2 627.1 亿元,同比增长 4.3%。其中出口 1 792.6 亿元,增长 4.5%;进口 834.5 亿,增长 3.7%。外贸进出口连续 8 年保持总量居全省第 4 位。服务贸易进出口总额 53.7 亿美元,同比增长 18.6%,规模居全省第 4 位,连续 3 年增速超过全省平均水平,占全省 6.9%。全市实际使用外资 27.1 亿美元,同比增长 1.8%;新批项目 208 个,同比下降 22.1%;协议外资 73.2 亿美元,同比下降 1.5%。实际使用外资总量居全省第 5 位,总量占全省的 9.6%。新增境外投资项目 83 个,中方协议投资 46 404 万美元,同比下降 50.8%,居全省第 3 位;新签对外承包工程合同额 130 417 万美元,同比下降 13.8%,完成对外承包工程营业额 176 331 万美元,同比增长 19.3%,居全省第 2 位;新派各类劳务 2 510 人,同比下降 68.8%,期末在外 16 269 人,同比下降 15.8%。

## 二 商务发展工作情况

### (一) 优化提升开发区体制机制

在市委、市政府主要领导亲自领导和推动下,通过出台 4 个文件,以区镇分设推动发展主业回归,以园区整合推动特色产业集聚,以绩效考核推动比拼活力迸发,以选优配强推动干部队伍建设,以机构扁平推动营商环境优化,充分激活全市开发区体制机制活力,进一步发挥开发园区的主阵地、主战场、主力军作用,省级以上开发园区"区镇分设"改革全面完成,苏通、锡通园区完成一体化运作,叠石桥、志浩家纺市场实现协同发展。

### (二) 全力推进项目招引工作

做到"三个不减":一是招商推进力度不减。在市级 4 场重大活动中,78 个重点产业项目签约,总投资 1 785 亿元;组织投资促进周 11 场,洽谈项目 600 个。二是重大项目推进力度不减。全市 20 亿元以上重大产业类项目 255 个,其中,在谈 171 个、签约 48 个、注册 36 个。三是对外资企业服务质量不减。建立 100 家重点外资企业"白名单","点对点"服务重点外资项目,省委娄书记亲自参加了金鹰如皋产业园的签约仪式;斯堪尼亚重卡项目纳入商务部工作专班,成为《外商投资法》实施后全国首家新设立的外商独资商用车企业。研究制订《市政府关于稳外资促发展的若干意见》,提出 15 条外资扶持政策。研究制定外商投资企业投诉工作规程,强化投资促进、服务和保护。

### （三）全力创新外贸发展新模式

外贸新业态加速发展。全国首单市场采购贸易与跨境电商融合出口业务被央视作为创新外贸新业态的典型专题报道。建成省内首家外贸集聚区,南通外贸中心 65 家企业合计出口 7.9 亿元,同比增长 243.5%。线上商务创新突破。建成全国首家线上商务示范中心,线上广交会成交额居全省第一,成功举办尼日利亚、巴西、墨西哥等南通名品海外行系列线上展会,成效显著。建立服务企业新模式。建立"稳外贸"协同推进机制,确立重点企业"白名单",组织"外贸千企行"调研帮扶活动。建立中央、省、市相衔接的政策体系,出台稳外贸十二条、七条政策。扩大信保支持范围,实现全市信保平台全覆盖。省级"苏贸贷"融资平台累计授信额 20.3 亿元,放款 17.3 亿元,授信额度居全省第一,支持企业数居全省第二,建成市级"通贸贷"融资平台,有效缓解企业融资难题。

### （四）全力促进外经平稳发展

做强对外承包工程。邀请商务部国际经济合作局曾花城副局长来通开展援外项目调研、座谈,举办援外项目新冠疫情风险防范与应对实务培训,合作局对南通援外工作高度肯定。全市 24 家建筑特级企业中有 10 家具备援外实施资格,占全省一半以上。做稳重点国别市场。南通外派以色列建筑人员 3 500 人,占全国在以务工人员三分之一以上。商务部门多次组织视频会议,规范在以企业经营秩序,引导企业抱团发展;疫情期间,通过外交渠道组织近 100 万防疫物资运往以色列、塞尔维亚等国家;帮助近 700 名急需出国人员接种新冠疫苗。做优外经发展环境。建立走出去市级部门联席会议制度,开展政银企、政校企等对接活动,持续完善走出去综合服务体系,推广走出去意外伤害险和安全防卫险,为企业和人员走出去保驾护航。

### （五）全力推进消费回补和潜力释放

疫情防控进入常态化后,率先启动消费促进活动,全年累计开展促销活动百项以上。其中餐饮消费券活动开创了全国政银合作发放电子消费券的先例,撬动杠杆率和实际使用率全省领先。研究出台《关于促进流通扩大商业消费的若干意见》，推动企业做大做强，激发消费潜力。引进大润发 mini 全国首店，招引罗森连锁便利店入驻经营，提升品质，丰富业态。在省内率先建立单用途商业预付卡管理联席会议制度。推动家政行业规范化发展，超额完成家政免费培训的为民生办实事项目。推进两大家纺市场协同发展，重装一新的丁古角步行街正式开街。第三届进博会参会人数和成交额全省领先。

### （六）全力推进口岸开发开放

通州湾扩大开放取得新突破，海关部署、公安部、交通运输部同意扩大开放意见反馈国家口岸管理办公室。7 家企业 13 个泊位获批开放，获批泊位数占全省 76.5%（全省共 10 家 17 个泊位）。新增 4 条国际全货机航线，临飞 2 条洲际航线。新批通海港口进境粮食、海安进境肉类指定监管场地。复制推广国家自贸区第六批改革试点经验 32 条、江苏自贸区第一批改革试点经验 19 条。南通综保区实施一般纳税人资格试点等 11 项试点举措，开通跨境电商 1210 业务。国际贸易"单一窗口"新增跨境电商公共服务平台。水运口岸方面，全年外贸货运量 5 589.5 万吨，比上年增长 25.1%。空运口岸方面，国际货物运量 6 975.9 吨，同比增长 758.8%。

（南通市商务局）

# 连云港市

2020 年,连云港市商务系统紧紧围绕"高质发展、后发先至"决战决胜之年工作主题,统筹疫情防控和商务发展,扎实做好"六稳"工作,全面落实"六保"任务,较好地完成了年度各项目标任务,商务运行稳中有进、结构优化,商务改革发展有序推进,有力地促进了全市经济社会发展。

## 一 主要商务经济指标完成情况

2020 年,全市完成社会消费品零售总额 1 104 亿元,其中,限上社会消费品零售总额完成 277.4 亿元,同比增长1.5%,增幅排名居苏北第一。全市外贸进出口 643.5 亿元。全年实际利用外资 8 亿美元,同比增长 15.2%。

## 二 商务发展工作情况

### (一) 全力以赴抓好疫情防控

切实担负起市委、市政府赋予的重大任务,在全市疫情防控指挥机制下,牵头成立生活物资保供和口岸防控两个专项工作组。生活物资保障组牵头抓好疫情期间全市生活物资保供,坚持常态化市场监测预警,确保全市物资充足、物价稳定,极大地提振了市民的防疫信心。口岸防控组开创船舶换班船员监管新模式,省级层面依托全市船员换班系统,建设全省首个港口口岸中国籍船员换班申报审批系统,并在全省港口口岸推广应用。一年来累计检疫查验进出境船舶 4 618 艘次,出入境船员 9.3 万人次;发现处置涉疫船舶 12 艘,妥善转运救治船员 25 人,实现口岸疫情防控风险闭环管理。市商务局荣获全省新冠肺炎疫情防控先进集体。

### (二) 创新举措,完善安全生产机制

建立局安全生产专治办＋4 个督查组的"1＋4"工作机制,牵头抓好全市开发区、加油站、商业场所等安全生产专项整治。全市商务系统累计检查督查企业 1.9 万家,排查各类安全隐患 2.69 万个,关闭取缔企业 63 家,停产整顿 76 家,已整改隐患 2.4 万个,全部按时间节点完成目标任务。创新开展商务系统安全生产互查互评,覆盖企业近千家,形成若干典型经验并获得省商务厅主要领导、分管领导批示肯定。全省餐饮燃气安全生产现场会在灌云县召开,餐饮燃气安全生产典型经验和开发区项目准入评估制度在全省推广。

### (三) 精心谋划,服务全市重大事项

聚焦推动全市电商产业发展,聚合广大电商企业和电商品牌,牵头举办中国·连云港电商发展大会暨首届 518 网络购物节,精心打造港城人民自己的"518 全球购"平台,活动举办以来线上线下联动销售超 3 亿元。全员参与创建国家文明城市工作,圆满完成商务领域创文任务,被市委、市政府授予全市创文工作集体二等功。积极参与国际医药技术大会、农洽会、连云港论坛等重大活动的筹备工作,对外展示了连云港商务系统的良好形象。

### (四) 招商引资成果显著

妥善应对疫情影响,线上线下结合强化招商工作,创新开展"不见面"招商,成功举办连云港市长三角地区产业项目签约仪式、粤港澳经贸合作交流会、走进上合组织连云港专场推介会等招商活动。截至 2020 年年底,全市重

点在谈、签约招商引资在库项目 613 个,总投资 6 578 亿元,较年初净增加 249 个;与 2019 年同期相比,投资额增加 420 亿元,同比增长 6.8％。其中,投资 10 亿元以上项目 159 个,总投资 5 561 亿元,投资额同比增长 7.3％。

### (五) 对外贸易稳中提质

跨境电子商务快速发展,连云港先后获批跨境电商零售进口试点城市和国家级跨境电商综合试验区,跨境电商公共服务平台、体验中心投入使用。开展"金融促外贸"活动,累计推动银行在"苏贸贷"项下为外贸企业投放贷款超 1.8 亿元,推动中信保江苏分公司支持全市外贸出口额 4.8 亿美元,同比增长 28％。省级海外仓实现零的突破。江苏恒瑞、树人科技等 4 家企业被认定为国际知名品牌。积极组织企业参加第三届进口博览会,签约意向成交规模达 1.1 亿美元,增长 6.3％。

### (六) 社会消费加快复苏

新增限上批零住餐企业入库 420 家。电子商务成为市域经济的新增长极,全市网络零售额突破 550 亿元,同比增长 30％,其中农村网络零售额突破 280 亿元,同比增长 35％。东海县入选"全国农村电商十强典型县",国家级电商进农村综合示范县实现全覆盖,东海水晶城获批国家级电商示范基地。天马网络获批国家级数字商务企业。直播带货、短视频电商呈爆发式增长,勇夺淘宝直播城市季军。

### (七) 自贸区建设加快推进

自贸区连云港片区大胆探索、先行先试,形成制度创新成果 57 项,其中 60％具有省级以上首创性。开放功能更加完善,综保区封关运行,国际邮件互换局、汽车整车进口口岸、大宗商品交易平台等积极推进。率先开展商事主体登记确认制改革,持续推进信用修复"一网通办",企业开办流程、便利度居全省前列,开办耗时压缩至 2 个工作日。市场创业氛围进一步激发,2020 年新增市场主体 6 519 家,现有市场主体 8 000 家,较获批前增加 5.3 倍。

### （八）园区运行趋势向好

2020 年，全市省级以上开发区实现工业应税销售收入 2 199 亿元，产业投入 1 109 亿元，外贸进出口 73 亿美元，实际利用外资 6.8 亿美元，占全市比重均超过 70%，全市经济"主阵地"、高质发展"火车头"的地位进一步凸显。市开发区、高新区上榜 2020 生物医药产业园区百强榜，恒瑞、豪森分别位列中国化药前 10 强，康缘名列中国中药百强第 11 位。

## 三　自贸试验区改革推进情况

自贸试验区获批一年来，连云港片区以全市 2.7‰ 的面积，贡献了全市约 31% 的实际利用外资、17% 的外贸进出口、13% 的新增市场主体。

### （一）发展举措精准高效，试点任务加速落地

坚持任务清单化，制定连云港片区建设实施方案，明确 33 条 190 项任务，形成首批落实、对接细化、深化改革"三张清单"，排定 92 项年度重点工作，并纳入全市综合考核体系。省定任务涉及连云港市共 128 项，已完成或正在推进的 120 项，有效实施率达 94%。坚持政策体系化，印发促进自贸试验区连云港片区发展的若干意见，制定"1＋8"产业发展政策，连云港海关、市市场监督管理局等市级部门出台了 22 项扶持政策，形成了支持改革试点任务落地落实的政策体系。深化与智库、高校、科研机构的沟通合作，聘请第三方开展产业发展规划、制度创新指南等专题研究。坚持管理规范化，在成立自贸试验区领导小组及办公室基础上，组建了"一带一路""中华药港"等 11 个专题工作组，全部由市领导牵头任组长，定期调度推进相关工作。完善组织保障、成效评估和考核奖惩"三大机制"，实行月推进、季督查、半年评估，有力地保障了各项任务落实。

### （二）先行先试特色突出，制度创新成果丰硕

坚持差异化、特色化探索，形成 57 项具有连云港特色的创新实践案例，全省第一批 20 项复制推广改革试点经验、全省第一批 20 项创新实践案例中，连

云港市各占 6 项。围绕打造国际班列连云港品牌,首创中欧班列"保税＋出口"集装箱混拼、国际班列"车船直取"零等待等创新实践案例,有效提升国际班列通行效能。开发国际班列时效分析系统,对通关时效数据"画像",实现各环节通关精准把控。铁路审单、口岸订舱等多项业务实现"网上办"。围绕促进贸易便利化,拓展网银跨境汇款和融资等服务,优化国际贸易"单一窗口"功能,打造"港航通"特色品牌。成立国内首个海事海关危险品联合查验中心,建立"1＋4"船载危险货物联合查验机制。推行中韩陆海联运甩挂运输车货一体通关,试行中亚过境货物监管新模式,哈国小麦、韩国半导体设备等特色货种实现便利化通关,拓展综保区非保税货物按状态分类监管范围,落实特定进口预包装食品原料"免标签"措施,有效提升运营效率。围绕优化营商环境,认真做好省级第一批下放的 171 项管理事项承接和落实工作。率先开展商事主体登记确认制改革,持续推进信用修复"一网通办",提升企业登记效率,企业开办流程、便利度居全省前列,开办耗时已全面压缩至 2 个工作日。探索非诉讼纠纷化解"管家服务",打通法律服务企业"最后一公里"。先行先试一般建设工程施工"免许可"、市场监管领域容错免罚等多项举措,市场创业氛围进一步激发。截至 2020 年年底,自贸试验区内市场主体已超 5 000 家,较获批前增加 3.2 倍。

**(三) 三大功能逐步拓展,开放空间不断扩大**

建设亚欧重要国际交通枢纽,聚焦"枢纽港、产业港、物流港、贸易港"建设,优化整合港口功能布局,汽车滚装码头整列卸车平台建成并投入使用,金属矿进口、中哈小麦过境运输、滚装汽车出口等承载能力不断提升。区域混矿中心正探索从铁矿砂拓展到铜、锌、铅等多种有色金属矿,铜精矿混矿业务获批试点。扩容加密海、公、铁、水多式联运通道,远近洋航线达 73 条,海河联运航线达 11 条,外贸航线覆盖美西、中东波斯湾、南非等重要国际港口,内贸航线实现沿海重点港口、江淮流域全覆盖,海铁联运形成霍尔果斯、阿拉山口、二连浩特 3 条出境通道。建设集聚优质要素的开放门户方面,先后在南京、北京、上海、深圳等地组织以自贸试验区为主题的项目推介活动,自贸红利效应逐步释放,带动全市签约亿元以上项目 103 个。先后举办两次重大项目集中开工活动,慧智新材料、云汉智能科技、中远海运 LNG 装备等一批新兴产业项目开工建设。"一带一路"供应链基地、中科院能动中心、"一带一路"大数据共享交换试验区等省级重大项目正在加快推进。开放功能更加完善,综合保税区封关运行,国际邮件互换局、汽车整车进口口岸、大宗商品交易平台等开放功能平台正在积极申报。建设"一带一路"沿线国家(地区)合作交流平台方面,第六届中国(连云港)丝绸之路国际物流博览会、第三届中国(连云港)国际医药技术大会相继召开,物流、医药国际合作交流持续深入。成功举办上合组织国际圆桌会议、东盟国家农业经贸洽谈会和葡语国家农业合作对接会,拓展合作区域和领域。"两基地"基础设施逐步完善,运营水平进一步提升,搭建陆海联运数据交换通道,连云港港口成为全国铁路给予全面数据交换、哈国铁路允许实时查询的唯一港口。

### (四) 产业集聚效应显现,现实模样加快展露

将展现"现实模样"作为重要目标,全力攻坚产业发展。大力推进"中华药港"建设,启动华东城医疗器械供应链基地等项目,引进北京大学分子工程研究院连云港单分子研究中心、造血干细胞生物工程库研发中心,成立连云港医药人才创投基金,药品进口口岸、省药品认证审评中心连云港分中心正在积极申报,国际多中心临床试验正在积极引进,为医药产业发展做好配套支撑。推进特色产业培育,结合跨境电商综合试验区建设,举办首届连云港电商发展大会暨 518 网络购物节,9610、1210 业务顺利开通,跨境电商综合平台、跨境电商体验中心、跨境电商保税仓等相继投入使用。综合保税区增值税一般纳税人资格试点获批。农业对外开放合作试验区"一心四区双向基地"开放格局基本形成,农产品出口额居全省第一,国内首艘南极磷虾专业捕捞加工船"深蓝号"开赴南极,南极磷虾高值化产业园开工建设,冷链物流配套等产业项目正在加快布局。积极布局新经济、新业态,依托中科院能动中心、综合保税区等,积极培育高端装备制造研发、有色矿混配、冷链食品分拨、跨境贸易等产业。持续加大"新基建"等领域投资,积极培育"蓝宝星球"公路运力交易、"箱咖集市"二手集装箱交易等具有新经济特点的平台经济,加快数字化经济发展进程。

(连云港市商务局)

# 淮安市

2020 年,面对错综复杂的宏观形势特别是新冠肺炎疫情的冲击,淮安市商务系统迎难而上、克难奋进,贯彻落实"六稳""六保"部署要求,统筹推进疫情防控和商务发展,全力稳外资、稳外贸、促消费,商务运行难中趋稳、稳中向好、质态提升,交出了一份合格的答卷。

## 一 主要商务经济指标完成情况

2020 年,全市社会消费品零售总额 1 675.9 亿元,增幅高于苏北平均水平;新培育规上批零住餐企业 300 家,超额完成年度目标任务。外贸进出口 344.4 亿元,增长 6.2%,总量创历史新高,增速位列全省第五,高于全省平均增速 3.6 个百分点。全年实际利用外资 10.58 亿美元,增长 1%,总量居全省第九、苏北第二;对外直接投资额 3 227 万美元,增长 53.6%,增速居全省第六。

## 二　商务发展工作情况

### （一）强化政治担当，疫情防控有力有效

第一时间成立商务系统疫情防控和市场保供应急工作组，突出落小落细，对大型商场超市提出"十个必须"要求，增设"一米线"，确保疫情防控不留死角。对 18 家大型连锁超市、肉品加工企业、农贸市场等进行跟踪监测，建立日报机制，丰富应急储备，拓展商品货源，打通运输通道，协调电商平台提前复工复产，保障疫情期间生活必需品市场供应。针对疫情导致的应时农产品滞销问题，创新建立产销对接机制，实行"农田直采＋点对点"无接触配送模式，在"学习强国"平台发布滞销产品信息，疫情期间帮助销售各类果蔬农产品超 2 000 吨。建立外资、外贸和商贸流通企业复工复产调研服务机制，为企业送政策、送信心、送防疫物资，稳定企业生产经营。做好外资外贸企业必要外籍经贸人员来淮签证邀请函申请工作，累计办理邀请函 45 批次共163 份，入境高管和技术人员 94 人。协调帮助对外承包工程企业员工安全健康回国。

### （二）市县携手发力，利用外资稳中有进

市县（区）外资条线组建工作专班，对重点外资项目进行全覆盖跟踪、全流程推动，促进快落地、快到资、快建设，利用外资降幅持续收窄，顺利实现正增长的年度目标。重大项目加快落户，全市新设外资项目 146 个，其中总投资超3 000 万美元、超亿美元项目分别较上年增加 14 个、1 个，协议外资 38.4 亿美元，增长 18.9％。加快台资项目转移集聚，落实淮昆台资产业合作机制，全市新设及增资总投资 3 000 万美元以上台资项目 11 个，到账台资 1.7 亿美元。重抓外资项目质态，开工项目到账外资占比达 72.4％，较上年提高 2.2 个百分点。研究提出稳外资十条措施，拓展并购、增资、利润再投、债转股等利用外资方式，提请市政府明确城市出让地块招拍挂设置利用外资条件，第三产业利用外资 4.54 亿美元，占总量的 43％，增长 4.8％。

### (三) 精准专业服务,外贸外经逆势增长

针对境外疫情蔓延和外需不振影响,深入挖潜、精准施策、专业服务,在逆境中实现外贸外经快速增长。建立外贸外资"一机制两专班",共支持 151 个项目和企业。获批中国(淮安)跨境电商综试区,在第五批 46 个跨境电商综试区中率先开展 B2B 出口业务,实施方案获省政府批复。全力保市场主体,全市有进出口实绩企业超 1 000 家。组织 400 多户企业参加线上广交会、华交会等展会,推动白玫糖业、淮钢等企业自营进口,帮助 10 家企业获批防疫物资出口"白名单"。指导安心厨家具在美国对华橱柜"双反"中取得全国最低税率,该项服务荣获全市优化营商环境"十佳服务案例"。圆满完成第三届中国国际进口博览会组织任务,江苏交易分团向淮安发来感谢信。市贸促会为企业出具 42 份疫情不可抗力证明,减免违约赔偿 350 万美元。推动综保区进出口稳定增长,理士电池、新源太阳能等 8 家企业获评省级国际知名出口品牌,全市高技术产品出口占比 21%,较上年提高 8.1 个百分点。引导出口企业转内销,支持旺旺食品、悦丰晶瓷等企业参加食博会,拓展国内市场。深入推进"一带一路"经贸合作,对"一带一路"沿线国家出口占比达 35%,境外投资占比达 60%,组织近百家外经企业开展"走出去"推介培训活动,10 家企业与优投网达成合作协议。淮安区镇淮集团在乌兹别克斯坦、赤道几内亚分别独立承揽两个总投资 3 000 万美元以上对外承包工程项目。

### (四) 线上线下融合,促进消费成效显著

疫情转入常态化防控后,稳步推动商贸餐饮行业有序恢复正常经营。制定消费促进行动实施方案,提出七项消费促进行动 20 条措施。市县联动、政企联动,举办"春暖淮安·消费促进季""运河之都·夜淮安""百名网红游淮安"等消费促进活动,洪泽湖大闸蟹节、清江浦区龙虾啤酒夜市集、淮安区河下古镇夜市嘉年华、盱眙第一山文旅消费主题夜和互联网龙虾节、市开发区发放电子消费券等活动取得积极成效。大力发展电子商务,举办短视频、直播带货活动,组织电商平台参与物资保供和消费促进,盱眙县、金湖县获批国家级电商进农村综合示范县,康乃馨、今世缘、寒舟乐器获批省级数字商务企业。推动商贸载体建设,编制中心城区市场体系、商业网点布局规划,淮安区梁红玉

路综合市场荣获"全国商贸流通服务业先进集体",新培育认定第二批 18 家淮安老字号,万达广场、大润发超市开发区店入选省绿色商场示范创建单位。持续优化消费环境,强化汽车流通、拍卖、单用途商业预付卡、再生资源回收等领域监管,扎实推进"双随机一公开"工作,加快商务诚信体系建设。

### (五) 奋力攻坚项目,世界 500 强招引取得突破

市外资招商服务中心克服疫情影响,创新"网络云招商""委托招商""展会招商"等方式,市商务局自主招引签约超亿元重特大项目 10 个、新开工项目 3 个,包括益海嘉里、百胜等世界 500 强企业投资项目,推动中粮集团与市政府签订战略合作协议。利用食博会、进博会等平台进行展会招商,食博会期间组织知名参展企业"淮安行",在上海举办招商招展路演和食品产业招商活动,进博会期间新接洽世界 500 强食品企业 20 余家。深化委托招商,与世邦魏理仕、高力国际等国际投行建立战略合作关系,聘请一批招商代表,拓展项目资源。市县(区)联动,举办食品、电子信息等 20 场线上线下专题产业招商活动。提请市政府出台了《市直部门(单位)招商人员招商奖励保障(暂行)办法》,激发招商动力。在苏州大学举办第四期全市外资招商高级研修班,提升队伍招商实务能力。

### (六) 增强载体支撑,园区口岸功能提升

开发园区在开放型经济发展中的主阵地作用进一步凸显,外资外贸占全市比重分别达 70%、90%。优化开发园区空间布局,加快产业集聚,支持园区提档升级。推动园区重点领域改革创新,复制推广江苏自贸区改革试点经验,具备复制条件的全部实施到位。全面启动开发区区域评估工作,区域性矿产压覆和地质灾害调查评估已基本完成。协调推动国际货站监管场所改造升级,通过南京海关验收,具备开展国际货运条件。推进口岸核心能力建设,顺利通过海关总署口岸公共卫生核心能力建设复核验收。"淮安—上海"海铁联运班列正式运营,电子口岸建设加快推进。多次赴外贸重点企业,宣传二类水路口岸情况,协调连云港港口为淮安企业提供专项扶持政策,降低物流成本,节约运输时间。

### (七)精心组织筹备,第三届食博会再上台阶

积极争取将中国(淮安)国际食品博览会列入省委、省政府《关于建设现代化经济体系的实施意见》,作为全省综合性重大开放平台进行重点打造。市商务局、贸促会全员参战、齐心协力,在做好疫情常态化防控前提下,牵头成功举办第三届中国(淮安)国际食品博览会。创新线下+线上融合办展模式,主题展览、专业峰会、美食博览三大版块精彩纷呈、成果丰硕,实现了组织零差错、疫情零发生、食物零浪费、安全零事故,得到了各级领导的充分肯定,赢得了海内外嘉宾、参展商、采购商、专业和普通观众的广泛好评。构建绿色安全食品供应链主题峰会、食博网红大会、中国淮扬菜大师赛总决赛、"我家美味—淮扬美食进社区"家庭厨艺大赛、"一县一特"美食推介等特色活动成效显著。

### (八)创新工作机制,安全生产形势稳定

聚焦商业场所、加油站(点)、餐饮燃气、再生资源回收、开发园区五大领域,市县区商务部门联动,统筹推进安全生产专项整治。创新建立"派出一批特派员、明晰一份责任清单、每周一次专项抽查、聘请一支专业队伍、建立一套电子台账""五个一"工作机制。局领导带队检查安全生产384次,先后召开各类安全生产推进会30余场次,开展集中培训5场次、专题宣讲12场次,印发宣传手册3万余册,完成专项整治任务和督导交办事项。加大加油站点和再生资源回收行业专项整治力度,全年共检查加油站点706家次、再生资源回收站点375家次,发现和整改安全隐患550个,打击取缔非法加油站点269家,关停或停业整顿再生资源回收站点15家。推进全市餐饮商户安装燃气泄漏安全保护装置,安装率95%以上。

## 三 商务改革推进情况

### (一)探索创新外资招商方式

创新网络招商,疫情期间在全省率先举办外资项目云签约活动,中央电视台、国际商报等平台广泛宣传。成功举办第三届淮安食博会,签约引进食品产

业项目 25 个,总投资 241 亿元。深化委托招商、市场化招商新模式,与世邦魏理仕、高力国际等国际投行深入合作,有效对接 20 余个欧美项目信息,成功招引世界 500 强百胜中国苏北供应链项目。聘请平谦国际招商总经理等 13 名招商代表,获取高端项目资源。牵头制定出台《市直部门(单位)招商人员招商奖励保障(暂行)办法》,强化过程性保障和结果性奖励,激发全市招商活力。

## (二)加快对外贸易转型升级

针对境外疫情蔓延和外需不振影响,积极推进外贸转型创新发展。大力发展跨境电子商务等外贸新业态,获批中国(淮安)跨境电子商务综合试验区,在第五批 46 个跨境电商综试区中率先开展 B2B 出口业务,实施方案获省政府批复。推动加工贸易产业链升级,引导劳动密集型企业提高出口附加值,鼓励企业进行境外商标注册、专利申请和产品认证,理士电池、新源太阳能等 8 家企业获评省级国际知名出口品牌,全市高技术产品出口占比 21%,较上年提高 8.1 个百分点。加大政策支持力度,引导供货企业转自营,支持出口企业积极拓展国内市场。支持旺旺食品、悦丰晶瓷等企业借助中国(淮安)国际食品博览会平台拓展国内市场。

## (三)推动开发园区改革创新

持续深化"放管服"改革,复制推广自贸试验区改革试点经验,适合淮安市情的改革事项实施率达到 90%。印发《淮安市开发区区域评估实施方案》《淮安市开发区区域评估工作指南》,省级以上开发区地质灾害、环境影响等事项区域评估改革加快落地;加快推动"去行政化"改革,明确园区改革工作职责和进度安排;引导园区整合优化,推动省级以上开发区按照"一区多园"模式整合区位相邻、产业相近、规模较小的功能园区或产业集聚区,建立统一的管理机构,实施统一管理。各省级以上开发区均形成了特色产业功能片区;推动园区特色发展,全市开发园区均明确 1~2 个优势主导产业和 1 个战略性新兴产业,创成 13 家省级特色产业园区,形成电子信息、盐化新材料等超百亿元和装备制造、电子电器等超 50 亿元的产业集群。淮安经济技术开发区创成省新一代信息技术特色创新(示范)园区,涟水开发区创成省智慧园区。

## （四）创新消费，促进体制机制改革

针对疫情对消费的影响，制定促进消费行动实施方案，提出七项消费促进行动 20 条措施。市县联动、政企联动，举办"春暖淮安·消费促进季""运河之都·夜淮安"等消费促进活动，积极发展"月光经济"，国际商报、现代快报等媒体广泛报道。顺应疫情催生的消费模式改变，大力支持无接触配送、直播带货等新业态发展，培育同城享购、明远鲜生等生鲜配送平台，引导商贸企业拓展电商渠道，康乃馨、今世缘、寒舟乐器获批省级数字商务企业。组织评选第二批"淮安老字号"并集中授牌，支持引导各县区打造特色美食街区，重点推动河下古镇和御码头美食街建设。

（淮安市商务局）

# 盐城市

2020 年,面对严峻复杂的国际形势特别是新冠肺炎疫情严重冲击,盐城市商务系统认真贯彻新发展理念,大力实施"三市"战略,走好"两海两绿"路径,推进"四新盐城"建设,统筹推进疫情防控和经济社会发展,扎实做好"六稳"工作、全面落实"六保"任务,稳住了外贸外资基本盘,推动了消费回升,取得了商务经济新突破,实现了商务发展回稳向好、好于预期。

## 一 主要商务经济指标完成情况

2020 年,全市实现社会消费品零售总额 2 216.1 亿元,列全省第七位,同比下降 1.1%,列全省第五位。全年货物进出口 119.4 亿美元,创历史新高,其中出口 80.2 亿美元,进口 39.2 亿美元,分别增长 24.2%、25.1%、22.3%,三项指标增幅均列全省第二位。全年新设外资项目 157 个,同比增长 12.1%;外资到账 10.1 亿美元,同比增长 10.0%,增幅列苏北苏中第三位,连续 4 年正增长,"十三五"以来首破10 亿美元大关。全年新批境外投资项目 10 个,中方协议投资额 3.3 亿美元,列苏北第一、全省第六。

# 二　商务发展工作情况

## （一）疫情防控扎实有效

牵头成立全市疫情防控生活物资保障组,联合市发改、财政、农业农村、市场监管等部门保障市场供应。先后为 36 家重点商贸流通企业协调解决防护物资;3 次组织 107 家企业开展团餐供应;2 次制发负面清单,推动全市复工复产、复商复市。落实省"50 条"、市"20 条"政策,帮助中小企业共渡难关,全市生活物资保障有力、价格平稳。

## （二）中韩(盐城)产业园建设加快推进

常态化疫情防控下,市委戴源书记、省商务厅赵建军厅长分别带队赴韩开展考察访问,深化盐韩战略合作,推动中韩(盐城)产业园建设。成功申请全国第 3 家、地级市第 1 家重大项目复工复产包机城市,累计帮助起亚、SKI 等韩资企业出具近 2 000 份来华"邀请函",有效保证产业链供应链稳定。承办江苏—韩国企业家合作交流会暨第二届中韩贸易投资博览会,为全省最大规模经贸活动,参展商、采购商、专业观众达 3 万人次,签约产业项目 127 个,总投资 720.8 亿元。组织召开省中韩(盐城)产业园发展工作协调小组和厅、市联席会议等省级层面会议,协调解决了一批重大事项。中韩(盐城)产业园作为改革"试验池",核心区已复制推广上海等自贸区改革试点经验 90％以上。与新万金开发公社签署合作协议,持续推动"两国双园"建设。

## （三）对外贸易再创新高

获批国家级跨境电子商务综合试验区,全力打造"1＋4＋N"架构布局。获批国际知名品牌 11 家,市开发区入选"国家级外贸转型升级基地"。外贸主体活力提升,全市出口国家和地区 203 家,外贸经营主体超 2 100 家,其中进出口超亿美元企业 20 家,超千万美元企业近 400 家,"保主体促两稳"行动成效明显。民营企业进出口同比提升 32％,成为稳外贸的重要力量。高新技术产品占比提升 1.89 个百分点,达到 16.0％,出口产品不断向价值链上游攀升。对新盟市场出口占比提升 5.2 个百分点,达到 19％。服务贸易提升较快,实现服务外包合同额 5 443 万美元、服务外包执行额 1 371 万美元。板块拉动作用提升显著,完成年度进出口目标任务的有 10 个县(市、区),板块完成率较上年提高 62.8％。

### (四) 利用外资逆势增长

及时发布《致全市招商机构和同仁的倡议信》《致国际投资者的一封信》,提振来盐投资信心。成功举办"深耕长三角·逐梦新盐城"线上投资环境说明会,签约项目 28 个,投资总额 342.8 亿元。制造业利用外资占比稳定,实际使用外资 4.7 亿美元,达到 46.5％,高于全国、全省 25 个、7.5 个百分点。利用韩资形势向好,新设韩资项目 23 个,实际利用韩资 1.7 亿美元,占全市比重 16.8％,同比增长 46.6％,韩国成为盐城市外资第一大来源国。龙头项目支撑力强,全市实际到资 3 000 万美元以上外资大项目 7 个,同比持平,实际到账 4.1 亿美元,同比增长 17.5％,市开发区 SKI 项目到账 1.3 亿美元,成为年度外资到账单体最大项目。跨国公司功能性机构实现突破,维信电子成为全市首家省级外资功能性机构。

### (五) "一带一路"深度融合

积极鼓励企业"走出去",大力开拓国际市场,富邦环境、鸿基建筑、新洋建设 3 家企业分别总包老挝万象塔銮天地中的道路、行政中心和商业住宅项目,新签合同额 1.9 亿美元,首次实现对外承包工程总包"零"的突破。德龙镍业新批境外投资项目中方协议投资额 3.0 亿美元,为年度全省境外投资最大单体项目。全市新设"一带一路"沿线国家和地区投资项目 143 个,外资到账 8.4 亿美元,分别占全市比重的 91.1％、83.2％。对"一带一路"沿线国家和地区进出口 36.3 亿美元,增长 26％。其中,出口 27.23 亿美元,增长 32.8％;进口 9.0 亿美元,增长 9.2％。

### (六) 开发园区创新提升

深入开展园区"三项清理""区域评估""载体建设"等工作,全市有 9 家省级以上开发区主导产业占比超过70％,3家开发园区新能源产业、2家开发园区电子信息产业超百亿元,新特产业集群加速形成。持续推进园区"放管服"、区域评估、去行政化改革,复制自由贸易区改革创新经验153条。加快推进一批强链、补链、延链项目,SKI动力电池、华人运通、远景能源、阿特斯等一批产业链龙头项目建成投产。全市省级以上开发区全年实际使用外资9.3亿美元,同比增长11.4％;进出口总额92.4亿美元,同比增长30.5％;一般公共预算收入152亿元,同比增长8.3％;规上工业开票销售3 117.3亿元,同比增长11.5％;税收收入265.5亿元,同比增长10.6％。

### (七) 口岸发展实现跨越

盐城港"一港四区"全部实现对外开放,出海门户实现南北贯通。滨海港区口岸开放通过国家验收,成为全市第三个正式对外开放的国家一类口岸。响水港区、射阳港区获得国务院批复同意对外开放,加上1个空运口岸和2个内河二类口岸,盐城市开放口岸数量跃居全省首位。大丰港区获批全国首家进境肉类、水果综合型指定监管场地,填补了江苏中部地区空白,口岸功能实现新的拓展。全年完成外贸运输量1 957万吨,与2019年基本持平;全省唯一的韩日全货机航线开通带动了空运货运量显著增加,南洋机场完成外贸运输量5 746吨,增长3倍,口岸运输能级持续提升,综合竞争力不断增强。

### (八) 社零消费稳步复苏

政策发力扩消费,推动出台《关于推进全市夜间经济发展的意见》,全面推进商文旅融合发展,大力促进消费回补;制定《盐城市汽车消费补助政策实施细则》;出台家政服务业、电子商务等领域实施意见,构建商务诚信体系。活动拉动促流通,开展"品质生活·苏新消费"系列促进活动,金鹰国际、苏宁易购和雅家乐被评为全省优胜单位,"消费促进月"活动累计实现销售额13.7亿元,增长1.3％。商务扶贫见成效,电商扶贫取得新成绩,推进"电子商务进农村"工作,滨海创成国家级示范县、响水创成省级示范县,宠银电商、军曼科技入选2020省级数字商务企业;产业扶贫取得新进展,盐铜共建园区中达美轮毂成为全省在陕投资最大单体工业项目;消费扶贫取得新成绩,牵头组织本土企业与陕西铜川产销对接,开设专区、专馆、专柜,实现销售额近 300 万元。民生实事强保障,组织市级储备猪肉投放,全力保障市场供应和价格稳定,全面完成 101 个农贸农批市场改造提升工程,启动修编《盐城市商业网点规划》,指导欧风花街、安丰古街创建省高品位步行街,盐城万达广场申报省绿色商场。

## 三 商务改革推进情况

### (一)推进中韩(盐城)产业园改革创新发展

一是全面落实中韩自贸协定,用好用足 FTA 优惠原产地证书互认及关税减免等政策,加快复制上海等自贸区改革试点经验;扩大 AEO 论证、通关无纸化、长江经济带区域通关一体化、"单一窗口"建设等政策已经落地,批次进出、集中申报等政策极大方便园区汽车出口。二是深化行政审批改革,巩固提高"2330"和"不见面审批"改革成果,建设"24 小时自助政务服务大厅",推行"不见面审批"一站式服务;巩固"数字化多图联审"改革成果,初审时限由原来的 40 多个工作日压缩为 7 个工作日,复审时限压缩为 3 个工作日,施工图审查费降低 30%;在全国首家推行"三书合一",争取试行"信用承诺不再审批"。三是充分发挥金融杠杆作用,中韩(盐城)产业园发展基金已完成 26 个项目的实际对外投资,项目落地总规模超过 100 亿元,其中基金出资 19.896亿元,基金使用率达到 99.5%;开展人民币跨境结算便利化试点,实现办理韩元融资和各类海外直贷。四是鼓励建设产业协同创新公共平台,江苏新能源汽车研究院、东方兴宇科技企业孵化器基本建成;华人运通全球首条"智路"建成开放,首款量产车型正式发布。润阳公司获批省级工程研究中心、省级企业技术中心,润阳光伏研究院、天合光能国家实验室启动建设,园区创新发展能力显著提升。

### (二)推进省级以上开发区改革创新发展

一是全面启动区域评估工作。省级以上开发区全面启动区域评估工作,先后研究出台工作方案、实施细则、应用指南。二是推动园区体制机制改革。

盐城经济技术开发区目前作为全省"不见面审批"改革试点单位,全面推行"不见面"审批,承接外国人来华工作许可审批权限,已完成"三测合一"公共信息服务平台建设和试运行工作,实施"联合踏勘"改革,开展环境影响评价改革省级试点。盐城高新区组建行政审批局,集中办理市场准入、投资建设和民生服务办证等领域行政许可事项,率先实现"一枚印章管审批"。东台经济开发区开展社会管理体制改革全省试点,将社会事业发展职能与经济发展职能分离,提高开发区行政运作效率。根据省委、省政府《关于促进全省开发区改革和创新发展的实施意见》,大力推进"不见面审批"和"办事不出区"、园区企业投资项目信用承诺制不再审批严格监管试点,"一县一区,一区多园"园区整合撤并试点等十项改革创新措施。根据省政府《关于公布国家级开发区全链审批赋权清单的决定》规定,在国家级开发区(高新区)开展全链审批赋权工作,依照法定程序组织赋予市开发区和盐城高新区全链审批赋权,另外组织实施商务局自身的8项行政权力下放赋权。

### (三)全力推进跨境电子商务发展

2020年5月国务院批复同意在盐城设立跨境电子商务综合试验区,同年10月省政府同意印发中国(盐城)跨境电子商务综合试验区实施方案。2020年7月20日,盐城市跨境电商9710业务模式首通关;8月17日,1210业务模式首单关。目前,盐城跨电主要以9610、9710、1210三种业务模式为主。一是组织跨境电商建设重点单位和园区赴先行先试的省内外综试区考察学习,结合盐城本地特色,研究适合盐城综试区发展的方向。二是编印跨电政策汇编,组织举办全市跨境电商培训,邀请盐城海关、税务、外管等部门和亚马逊等国际知名电商企业为有关政府部门单位和相关企业宣讲如何开展跨电业务、解读跨电相关政策,同时组织学员集中赴盐城综保区实地见学,参观盐城跨境电商公共服务中心、保税仓库和跨境电商集聚区等功能区,普及跨电业务知识,提高跨电业务水平。三是请示市政府成立中国(盐城)跨境电子商务综合试验区建设领导小组,建立综合试验区工作目标任务考核体系,根据盐城综试区实施方案,充分利用综合保税区等平台功能,进一步细化任务,明确板块分工,落实责任,加强考核。四是积极会同财政等相关部门,研究制定跨境电商配套政策,加强对跨境电商应用发展、平台建设、人才培养和金融服务等的支持,促进传统外贸和制造企业通过"互联网＋"拓展外贸新空间,打造经济发展新引擎,加快推进外贸优进优出、转型升级。五是鼓励有条件的商贸企业运用"互联网＋",打造 O2O 电子商务新模式,实现"线下体验、线上交易",支持建设跨境电商进口商品展示交易中心,拓展线下市场,提高盐城跨境电子商务便民水平。

（盐城市商务局）

# 扬州市

2020 年,扬州市商务系统认真落实中央、省、市决策部署,积极应对新冠肺炎疫情、国际经贸摩擦、经济下行压力加大等不利因素带来的风险和挑战,统筹疫情防控和商务发展,扎实推进"两稳一促"、招商引资、园区建设等重点工作,进出口总体稳定,利用外资逆势增长,消费持续复苏,商务发展难中趋稳、稳中向好。

## 一 主要商务经济指标完成情况

2020 年,全市实现社会消费品零售总额 1 379.3 亿元,增幅好于全国 0.8 个百分点,呈逐月复苏态势。全市完成货物进出口 770.2 亿元,基本保持稳定,其中出口 580 亿元,同比增长 0.7%。服务贸易进出口额 14.2 亿美元,同比增长 9.5%,人均知识密集型服务进出口额位列全省高质量考核第一。服务外包执行额 4.5 亿美元,同比增长 200%,增幅列全省第一。利用外资逆势增长,实际使用外资 14.7 亿美元,同比增长 6%,创 2013 年以来新高。"走出去"步伐加快,完成对外投资总额 5.8 亿美元,同比增长 7.4%。

# 二 商务发展工作情况

## （一）积极应对新冠疫情

认真履行全市新冠肺炎疫情防控工作指挥部生活物资保障组牵头单位职能，建立健全生活必需品保供机制，出具 5 000 多份民生保供企业资质证明函及防疫物资运输车辆通行证，保障生活必需品供应、物资运输通畅。牵头开展商贸场所、冷链食品疫情防控，督查推动商贸场所落实防疫规范，调配保障商贸从业人员防疫物资，对进入全市每批次进口冷冻食品实行"逢进必检"，排查进口冷链食品及国内中高风险地区冷链食品企业 85 家、冷库容积 16.4 万立方米，累计检测涉链人员（样品）11 000 多人（物）次。年初率先出台支持商贸服务业应对疫情专项政策意见，帮助企业纾困解难、复工复市，全市商贸企业累计享受租金、税费、水电、稳岗补贴等优惠 2 亿多元。

## （二）深入开展"两稳一促"

全力稳外贸。出台外贸"优进优出"10 条政策意见和全市首个服务外包政策意见，拿出真金白银扶持企业发展。落实进口贴息、公平贸易、展会促进、通关便利等惠企措施，着力育新挖潜、抓大扶小、拉长补短。建立健全进出口 1 000 万美元以上企业动态档案，组织外经贸企业参加广交会、进博会等各类展会以及非洲合作恳谈会等近 10 场"走出去"促进活动，助力开拓国际市场、应对经贸摩擦。获评首批省级服务贸易基地 1 个、省级服务贸易重点企业 5 个、省级国际知名品牌 16 个。全力稳外资。梳理编印"稳外资政策指引"近千份，发放全市外资企业，提升优惠政策覆盖面、兑现率。加大 30 家外资重点企业服务力度，确保外资"基本盘"稳定。逐月对招商签约项目进行"回头看"，提升项目注册率、到资率，全年新设外资项目 145 个，其中 3 000 万美元以上项目 75 个。全力促消费。线上线下协同发力，发放旅游餐饮惠民卡、消费券、购物补贴 1 亿多元，联合京东、阿里、苏宁等电商平台推出系列"暖心计划"，全市限上法人企业通过公共网络实现零售额 8.99 亿元，同比增长 17.5%。与上汽大众等车企合作开展"惠满扬州"购车优惠活动，市县联动、政企协同推进"消费促进月"系列活动,有效激发消费潜能。

### (三) 奋力推进招商引资

全力打响招商引资和项目建设攻坚战,出台《关于进一步加大招商引资攻坚力度促进经济社会高质量发展的意见》,成立市委、市政府主要领导任组长的全市招商引资工作领导小组,制定产业招商图谱,聘请 1 200 名"招商大使",梳理"八大领域"重大项目,实行领导联系挂钩、专题会商督办、定期督查考核等重大项目推进机制,开展招商引资季度"擂台赛"。上半年创新开展 2.26 春季视频签约、4.18 远程签约,下半年组织实施"名城扬州携手世界名企"及北京、上海、深圳等一系列专题招商活动。全年新引进世界 500 强及跨国公司项目 6 个,"十三五"期间落户 31 个,530 行动计划圆满收官。新签约亿元以上产业项目 337 个、总投资 2 680 亿元,新开工 179 个、总投资 427 亿元。

### (四) 持续加强开放载体建设

推动市委、市政府召开全市开发园区"二次创业"高质量发展大会,牵头制定印发《关于推进全市开发园区"二次创业"高质量发展的意见》及 7 个实施细则,涉及产业引导基金、盘活闲置土地、体制机制创新、奖励激励等一系列过硬举措。推动园区比学赶超、争先进位,11 家省级以上开发园区在全省开发区综合考评中 9 升 1 平 1 降,取得近 5 年来最好成绩。加快口岸开放步伐,全年申报对外开放市级验收码头泊位 1 个、省级验收 1 个、临时启用 3 个。机场航空国际货运站通过验收并正式开通。推进口岸提效降费,为企业减免进出口货物港口建设费 8 000 多万元。

### (五) 商贸流通加快发展

加快推进"世界美食之都"建设"十个一"重点工程,出台《关于推进扬州"世界美食之都"建设的若干意见》,编制四年建设规划,发起强化美食交流合作 2020 扬州倡议,举办中国扬州淮扬菜美食节、美食代言抖音挑战赛等 20 多项专题活动,评选 35 家美食示范店。东关街、扬州三把刀特色步行街提档升级,全国步行街改造提升工作现场会参会代表来扬考察指导。推动老字号传承创新,制定《关于促进全市老字号改革创新发展的若干措施》。新创成国家级电商示范基地 1 家、省级电商示范县 2 家,创新开展市级电商直播示范基地评选(首批 4 家)。

### (六)扎实抓好安全生产

大力开展安全生产专项整治行动。扎实推进开发区综合治理,制定工作方案和任务清单,全面推行园区项目准入评估制度,严控危化品项目准入。压紧压实加油站主体责任,强化执法检查,建立举报奖励激励机制。积极推进餐饮燃气、商业场所专项整治,制定《餐饮场所燃气安全专项整治工作任务清单》《商业场所专项整治工作指引》,三级联动对餐饮场所、小型商业场所进行拉网式排查。全年组织检查组 984 批次,检查排查全市各类开发区 11 家,加油站(点)322 家,商业场所 13 815 家,餐饮户 12 000 余家,发现突出问题和重大隐患 13 个(均已完成整改)。

## 三 商务改革推进情况

### (一)创新招商引资体制机制

一是完善招商引资政策体系。推动市委、市政府召开全市招商引资暨项目建设攻坚动员大会,出台近 10 年全市首个招商引资纲领性文件,印发《扬州市"招商大使"选聘管理办法(试行)》《2020 年度全市招商引资"擂台赛"试行方案(修订稿)》,修改完善全市招商引资考核办法和招商引资加分细则,进一步完善工作通报、月督查、"擂台赛"、年终考核制度。二是健全工作推进机制。成立全市招商引资工作领导小组,实体化运作领导小组办公室,招商引资组织化程度明显提高。提请市政府召开全市招商引资督查推进会、调度会 4 次,开展"2.26""4.18"签约项目专项督查和核查,编印《招商工作简报》16 期。组织开展上半年和三季度招商引资"擂台赛",研发完成"扬州招商"工作管理系统 App,招商引资工作信息化管理水平进一步提高。

## （二）深化开发园区体制机制创新

一是推动园区"二次创业"。提请市委、市政府召开全市开发园区"二次创业"高质量发展大会，成立开发园区"二次创业"高质量发展领导小组，出台《关于推进全市开发园区"二次创业"高质量发展的意见》（扬发〔2020〕47号）和7个实施细则，全面掀起开发园区"二次创业"高质量发展热潮。二是构建开发园区绿色经济体系。在2019年园区考核办法中，将环保行政处罚纳入考核体系，在即将出台的2020年园区考核办法中，再次将环境保护作为扣分项纳入考核体系。在省级以上开发区推行区域评估，其中环境影响评价评估的开展率为100％，4个开发区已完成该项评估。

## （三）加快"世界美食之都"建设

一是建立健全组织推进机制。提请市政府成立了由"一把手"市长任组长的扬州市世界美食之都建设领导小组，组建了世界美食之都建设促进中心，出台《关于推进扬州"世界美食之都"建设的若干意见》，编制世界美食之都建设规划。二是多渠道开展宣传推广。成功举办世界美食之都揭牌仪式，央视新闻联播等主流媒体做了宣传报道。发起《中国世界美食之都合作2020扬州倡议》，推进与成都、顺德、澳门美食和旅游等方面的合作。开通微信公众号、抖音号，举办Logo征集、抖音挑战赛等活动，引导各界广泛参与美食之都建设。三是打造美食推广载体。成功举办"烟花三月"美食节、中国（扬州）淮扬菜美食节暨第二届中国早茶文化节等一系列主题活动，促进行业交流，助力餐饮业复苏。

## （四）加强企业服务力度

深入实施局领导挂钩联系百家重点企业服务制度，全年上争涉企资金4 197.8万元，惠及企业1 000余家，执行率99.0％。办理行政审批事项444件，按时办结率100％，"不见面"审批率100％，服务对象满意度100％。组织企业参加各类线上线下培训和政策宣讲活动20余场。对接国家开发银行、中国银行、江苏银行、南京银行等金融机构，组织多场政银企对接活动，帮助外贸企业获批苏贸贷1.9亿元，帮助商贸企业获得近亿元授信。

### （五）深入推进投资贸易便利化改革

一是优化外资营商环境。贯彻实施《外商投资法》及配套法规，编印"稳外资政策指引"等政策宣讲资料，通过局网站和各地商务条线部门向企业传达，坚持内外资企业同等待遇原则，进一步加大对外商投资企业服务保障力度，提升外商投资市场化、法治化、国际化水平。二是优化外商投资管理体制。落实外商投资准入前国民待遇加负面清单管理，外资项目实现商务和工商"一口办理"（直接工商登记，无须商务备案），审批环节进一步精简。三是优化口岸营商环境。出台《扬州口岸进出口环节收费目录清单》，明确收费主体和收费标准。全面实行口岸收费目录清单制度，完善口岸收费公示、监督制度，做到清单外一律不得收费。深入推进口岸提效降费，简化通关环节，进一步压缩口岸进出口整体通关时间。扬州电子口岸平台上线运行通关时效评估系统，筹建港建费中转核销系统，口岸通关信息化水平进一步提升。

（扬州市商务局）

# 镇江市

2020年,镇江市商务系统积极响应市委市政府"跑起来"号召,加速奔跑抓招引,激情奔跑促消费,迎风奔跑扩开放,全市商务经济呈现企稳向好的态势。

## 一 主要商务经济指标完成情况

2020年,全市实现社会消费品零售总额1 141.9亿元,同比下降1.4%,分别高于全国、全省2.5和0.2个百分点,列全省第七位;新增批零住餐限上企业233家,超额完成"市下达200家"的任务。全市进出口722.4亿元,下降6.4%。全市上报实到外资8.9亿美元,确认7.9亿美元,增长19.4%,增幅列全省第三位。服务外包执行额28.4亿美元,增长18.3%。其中,离岸外包10.2亿美元,增长24.1%,增幅高于全省11个百分点。新批境外投资项目23个,中方协议投资3.2亿美元,增长104%,增幅列全省第三位;中方对外实际投资1.5亿美元,增长49.6%,增幅列全省第七位。

## 二 商务发展工作情况

2020 年,全局上下围绕"镇江商务 帮办服务"的品牌创建,明确"四个三"帮办服务工作机制,取得明显成效。

### (一) 创新三举措,完善项目全过程帮办

一是创新签约项目建支部。建立"党支部规范运行、问题协调解决、党支部考评"三项机制。市级层面分 4 批成立 32 个功能型党支部,解决了 60 余个重点难题。新华日报、中国组织人事报头版专题报道。二是深化项目银行对接。全年举办 7 场活动,105 家招引项目及企业达成合作意向,76 家获得授信,56 家获批贷款 23.5 亿元。三是不断完善预审评估。全年对 44 个项目信息进行预评估,"项目信息集散中心"确认和流转有效项目信息 146 条,近百个项目得到实质性推进。

### (二) 奏响"三部曲",强化商贸服务业帮办

一是消费券。首轮 2 000 万元餐饮消费券,核销率达 68.2%,拉动消费 6 557 万元,拉动比达到 1 : 4.8。第二轮岁末夜间消费券 750 万元,核销率达 63.6%,拉动消费 3 171 万元,拉动比达到 1 : 6.6。二是锅盖面大赛。首次由政府机构组织的官方锅盖面大赛,评出 2020 年镇江市"十佳金牌锅盖面"和"十佳网红锅盖面"。三是夜经济。以"璀璨・江南岸"为主题,组织 21 家夜间消费打卡地和 37 家夜间消费打卡点参评,评出十佳"夜间消费打卡地"、十佳"夜间消费打卡点",繁荣夜间消费。

### (三) 深化三个"度",巩固外经贸企业帮办

一是涉外帮办有"制度"。制定工作专班制度,协调推进跨境电商综试区、出口退税、规范医疗物资出口等具体难题。贸促会为 15 家企业出具 24 份不可抗力证明书。外资处开展 3 批 22 个外资项目帮办,推动近 2 亿美元外资到位。二是惠企政策有"力度"。出台《稳外贸 10 条》,编印《外贸惠企政策汇编》。"汇保贷"融资平台成为商务部"两稳一促"典型案例。三是急企所急有

"温度"。及时调整市级贸易促进计划,积极组织参加线上内外贸展会。累计为 70 家企业 200 多名外籍管理人员办理来华邀请函,为 5 家企业 12 名高管办理"外商投资一卡通"。

### (四) 紧盯三个"防",夯实疫情常态化帮办

一是防缺货,力保市场供应。建立覆盖全市 83 家重点商超企业的生活必需品供应网。采用无接触办公方式办理 7 000 多张"证明(调拨)函",解决保供车辆通行难题。疫情初期从海外市场购置 100 余万只口罩,极大地缓解了全市防疫口罩严重匮乏的局面。二是防滞销,力拓销售新渠道。搭建产销对接平台,推动 41 个商超企业(经销户)与 103 家种植企业(户)达成采购意向,疫情期间帮助销售本地果蔬超过 5 000 吨。三是防输入,力保口岸防控常态化。圆满完成大连海事大学教学轮"育鹏"轮 91 名师生离船入境防疫服务工作,交通部专门致谢并列为典型案例。建立"部门联动、信息日报、提前预研"三项机制,协调 4 186 名船员在镇江口岸完成换班,无一起异常。

(镇江市商务局)

# 泰州市

2020 年，面对严峻复杂的国际形势特别是新冠肺炎疫情严重冲击，泰州商务系统认真贯彻中央和省委、市委决策部署，落实省厅"保主体促两稳"工作要求，统筹疫情防控和商务发展，实现了商务发展逆势而进、稳中向好。

## 一 主要商务经济指标完成情况

2020 年，全市实现社会消费品零售总额 1 333.3 亿元，同比下降 1.3%，网络零售额 249.2 亿元，同比增长 14.7%。全年完成进出口额 146.4 亿美元，同比增长 1.2%。全年实际使用外资（按市统计口径）16.5 亿美元，同比增长 11%。

## 二 商务发展工作情况

### （一）奋力夺取疫情防控和商务发展"双胜利"

面对突如其来的疫情冲击，率先制定《关于抗疫情稳外贸的意见》（稳外贸"十条"），下发《关于做好疫情期间全市外商投资重点企业和外资项目跟踪服务工作的通知》《关于做好稳外资稳外贸工作的意见》及《关于积极应对疫情影响提振消费信心释放消费需求若干措施的通知》，为推动全市外经贸和商贸流通企业抗击疫情、复工复产、开拓市场增添了信心，提供了支持。其中，稳外贸"十条""公交超市"进社区服务模式等做法被央视等主流媒体报道点赞。面对政策资金支持企业复工复产的短期效应，持续强化服务推进，在全系统开展"两稳一促"专项行动，成立专项行动三个工作组和防疫、安全两个工作专班，开展"稳外资进园区、稳外贸进企业、促消费进街区"的"三进"服务活动，有力地推动了园区项目招引建设和企业平稳发展，稳住了基本盘，取得了明显成效。

### （二）全力推动园区改革和项目招引"双突破"

2020 年年初，学习领会国家和全省关于开发园区改革创新发展的政策举措，调研谋划泰州市改革工作方案，配合市委出台《关于深化开发园区改革工作的指导意见》。积极发挥园区改革综合协调组组长单位的作用，牵头编发园区改革简报，定期督查通报，协调相关部门成立审核专班，开展方案预审，推动各地围绕"两集中三剥离""四建立一打造"等重点改革任务，加快推进实施，确保改革成效。2020 年年底，全市开发园区的机构、员额人数分别精简 20.7%、27.2%，非经济岗位人员占比降至 20% 以下，园区改革工作得到省有关部门的高度肯定，并在全市市级机关改革创新成果评比中获得一等奖。成功举办上海投资促进活动、北京央企对接活动，开展"双招双引双月赛"和园区"三比一提升"行动，一批重大项目落户开发园区。全年累计新签约总投资 5 亿元（3 000 万美元）以上项目 305 个，同比增长 58%。围绕推动各地各开发园区招商引资工作，编制新版《泰州投资指南》和《泰州等你来》招商宣传片，策划制作泰州投资地图和招商地图，建立"泰州市招商投资服务平台"，对创新招商工作具有突破性意义。

### （三）有力促进对外贸易和商贸流通"双拓展"

围绕"两稳一促"工作，积极推动企业开拓国际国内两个市场，组织企业参加广交会、华交会、进博会等线上线下展会，支持企业通过国内外电商渠道开展跨境电子商务，支持医疗器械、新材料、脱水蔬菜等出口产品开拓国内市场，加快推动"出口转内销"。积极推动载体平台建设,帮助原有船舶出口基地、科技兴贸(生物医药、新能源)创新基地申报成为国家级外贸转型升级基地,助力靖江市、姜堰区申报获批首批省级服务贸易基地。在推动外贸优进优出的同时,强化消费促进联动发力,加快商贸流通发展。制定《关于积极应对疫情影响提振消费信心释放消费需求的若干措施》,联合银联开展"四项"优惠服务(包括减免交易费用、开辟融资绿色通道、建立餐饮"安心码"、提供小微商户低利率信贷),开展"祥泰购物节、全城打折季"暨"五一"促销活动、"品质生活·苏新消费——寻味泰州·吃货登场"百日美食促销节活动,举办名菜名点大赛,线上线下齐发力,营造浓厚的促消费氛围。着力打造"老字号"展销平台,创新形式包装"老字号"产品,开展"老字号"品牌进平台、进景区、进校园活动,让"老"品牌焕发新生机。坚持统筹发展稳定,扎实推进安全生产,明晰安全生产职责清单,制定开发区、加油站、商业场所的安全工作指引,常态化组织专项督查。全年未发生一起商务领域重大安全生产事故。

## 三 园区体制机制改革推进情况

2020 年,泰州市委、市政府将深化开发园区体制机制改革作为"头号改革任务",针对泰州市开发园区发展中的主要问题,市委多次召开专题会议研究,市委主要领导亲自谋划、亲自部署,确立了坚持市场化、坚决去行政化的改革方向,围绕"两集中三剥离"(人员和资源向招商一线、服务一线集中,非主营业务逐步剥离,非产业化功能加快剥离,非必要办事机构坚决剥离)的改革核心,以及"四建立一打造"(建立科学规范的管理架构、建立精简高效的运营模式、建立充满活力的人事薪酬制度、建立债务风险防范化解机制、打造特色产业创新高地)的重点改革任务,加强顶层设计,建立"三个一套机制"(一套文件、一套专班、一套机制),积极稳妥推行园区改革,取得实质性进展和阶段性成效。

一是在职能整合上做"加法"。以理顺园区与所在镇(街)关系为切入点,厘清权责边界,园区聚焦于经济管理和投资服务,改组为实体化运营的公司;原有社会管理、公共服务、民生事业、市场监管等职能由属地镇(街)或市(区)部门承担。实施改革的开发园区中,部分园区组建实体公司独立运营,不再保留管委会,其余园区保留管委会(管理办公室)并采用公司化管理模式,分类施策，采取园区主导型、镇街主导型和独立运行模式三种管理架构。

二是在机构精简上做"减法"。加强员额管理，与改革前相比，基本实现机构改革"223"的"瘦身"目标，实施改革的园区共设置职能机构 65 个，核定员额 1 163 人，原实行"区政合一"的镇街共设置职能机构 44 个，与改革前相比，园区职能机构减少 17 个，精简 20.7%，员额数减少 434 人，精简 27.2%，非经济岗位人员比例均不超过总人数的 20%。实行全员聘任，均实行竞聘上岗、按岗聘任、合同管理。

三是在效能提升上做"乘法"。以绩效考核激发招商人员活力，将人员薪酬总额的核定和增长与开发园区经济发展、税收贡献挂钩，明确"薪酬总额＝计薪基数×员额总数×倍数系数"的全员考核体系。以产业集聚打造园区发展为动力，督促各地科学确定园区空间布局，指导各重点园区围绕打造三大先进制造业集群明确 1 个主导产业，着力形成布局合理、错位发展、功能协调的良性格局。截至 2020 年年底，全市累计新签约总投资 5 亿元（3 000 万美元）以上项目 305 个，增长 58%；新开工 5 亿元（3 000 万美元）以上项目 141 个，同比增长 188%。

四是在防范债务风险上做"除法"。制定《关于加强国有企业资金出借、融资担保管理工作的通知》，改革园区均设立风险防范内控机构，加强债务管控，降低债务风险。在控制新增债务上，列出了新上政府性公益项目清单，明确资金来源。在化解存量债务上，明确了政府隐性债务余额、高成本债务三年置换方案、本年度资产负债率控制目标和到 2028 年的年度化解任务。

（泰州市商务局）

# 宿迁市

## 一　主要商务经济指标完成情况

2020年,全市实现社会消费品零售总额1 258.1亿元,同比下降4.7%。全市完成电子商务交易额1 800亿元,同比增长20%;完成网络零售额447亿元,同比增长15.2%。全市进出口47.8亿美元,同比增长39.6%,其中出口41.6亿美元,增长44.1%;进口6.2亿美元,增长15.7%。全市实际使用外资5.6亿美元,同比增长24.7%,增速位居全省第一。全市新签约亿元以上项目410个,协议投资3 168.8亿元;达到开工条件项目355个,协议投资1 804.1亿元。

## 二　商务发展工作情况

### (一)围绕"六稳六保"落地,在疫情大考答卷中彰显"商务担当"

强化组织保障,出台工作方案,成立5个工作组,坚持

"日调度、日报告",把生活物资保障紧紧抓在手上。强化物资供应,采取"线上申购、线下配送"方式,通过"1017 邀您一起"电商平台向市区投放口罩 80 余万只,大大缓解了市民购买口罩难的问题。强化模式创新,探索"互联网＋菜篮子"保供模式,打造"网上南菜市"生鲜配送电商平台,上架生活必需品,满足数万市民"菜篮子""米袋子"需求,受到央视、新华日报等媒体关注。强化商务惠企,制定发布"9 个方面强化措施＋6 个领域防控指引"、遴选发布 28 家团餐外送餐饮企业名单和 19 家生鲜食材配送单位名单,满足企业防疫和用餐需求。出台"外贸宿十条"、《商业场所疫情防控指南(试行)》等,帮助企业解决融资需求、职工返岗、原材料供应、物流等问题。

### (二)围绕"宿贸迁云"实施,对外格局拓展新空间

推动对外贸易创新发展,开展"四帮四送"惠企、政银企对接会活动等,帮助外贸企业融资近 10 亿元。实施"宿贸迁云"工程,推动 200 余家企业"上云""触网"拓展市场。16 个品牌企业入选"省重点培育和发展的国际知名品牌",居苏北首位。获批国家级跨境电商综合试验区,出台《实施方案》,加快外贸新业态发展。持续释放外资潜力,完善"按月通报、双月推进、季度调研会办"工作机制,开展厦门外资招商恳谈会等 60 多场外资专题招商,跨国公司功能性机构实现零突破。推进对外经济合作,打造"政府＋平台＋企业"走出去企业服务模式,推动企业海外投资健康发展。

### (三)围绕深化"168"机制,招商引资跑出加速度

一是完善"168"机制,推动形成市领导积极参与、市级部门靠前服务、各招商局冲锋在前、各县区主动承载、多方力量广泛联动的招商新格局。二是开展"项目建设突破年""项目建设提速提质年"活动,编排市级招商活动近 30 场,成功举办运河品牌电商大会、2020 绿洽会等重大招商活动。三是创新开展招商云推介活动,变"线下见"为"线上签",先后被《新闻联播》、央视《新闻直播间》宣传报道。四是 3 个国家级开发区纳入省自贸试验区联动创新发展区,苏宿园区获批省自贸试验区苏州片区联动创新区。实现了每天落户 1 个亿元以上项目,全年达到开工条件的 10 亿元以上项目 51 个,50 亿元以上项目 10 个,龙恒新能源、阿特斯阳光电力、斯迪克新材料等 6 个百亿级重大工业项目成功签约。

### (四) 围绕"电商名城"建设，动能转换呈现新势头

策应国家"大运河文化带"战略，举办运河品牌电商大会，吸引京东、腾讯、慧聪等知名企业参会。探索政策创新，出台"电商新七条""电商物流协同发展"等政策，开展电商人才培训 2 000 人次。契合民生需求，打造"1017 邀您一起"电商扶贫平台，开展线上线下扶贫活动 20 余场，带动销售近千万元。率先实现省级"电商县"全覆盖，沭阳县农村电商工作获国务院督查激励，泗阳县获批国家级电子商务进农村综合示范县。

### (五) 围绕"嗨在宿迁"品牌打造，消费市场迸发新活力

推动消费品质升级，策划举办"嗨在宿迁"美食节、购物季、年货节等活动 20 余场，积极培育消费热点，挖掘消费潜力。"酒都不打烊"繁荣夜经济，打造"一水一城一都多节点"夜间经济带，部署"惠购两天半""下相不夜城""月美古黄河"夜经济十大品牌活动，推动城区夜经济繁荣发展。"五星消费红包"激活消费市场，面向市民及来宿游客，分三期发放 3 000 万元消费红包，鼓励市民消费。

## 三 "一区多园"改革推进情况

一是探索"一区多园"发展体制机制。以县域范围省级以上开发区为主体（即"一区"），以乡镇特色园为辅助（即"多园"），按照"7＋X"布局（3 个国家级开发区和高新区、4 个省级开发区＋乡镇特色园），提升基础设施配套能力、资源保障服务能力、特色产业集聚能力，使园区产业特色更加鲜明、集聚效应不断显现、区域带动能力显著增强。

二是加大市级园区培育创建力度。针对全市乡镇园区"小、散、弱"的现状，因地制宜、因园施策，在充分考虑园区经济规模、税收缴纳、用工情况和培育前景等诸多因素的基础上，有计划、分步骤、按类别培育一批市级园区，作为"多园"，与主体开发区形成互补、融合发展。制定"一区多园"认定标准，对达到条件的乡镇特色园经批准纳入"一区多园"管理。

三是创新"一区多园"管理方式。统筹协调，发挥开发区产业优势和多园

特色优势,科学编制主体开发区和乡镇特色园发展规划。建立开发区与特色园一体化的招商方式和考核机制,统筹开发区、特色园产业发展,聚焦产业招商,建立开发区、特色园一体化的综合招商机制,不断拓展上下游产业链,努力形成龙头企业、关键环节在开发区,配套项目在特色园的互补分工布局;对特色园的工业产品销售收入、工业增加值、工业固定资产投资额、高新技术产值、进出口额、外商投资额等经济指标纳入相关开发区统计考核范围,同时可计入对特色园所在地考核指标计算范围,形成全域支持"一区多园"发展的机制和氛围。

四是加大对"一区多园"政策扶持。加强政策支持,集成产业、科技、财政、服务业等市、县(区)级政策,支持"一区多园"发展。对于纳入"一区多园"的园区,在用地、资金、人才等方面加大政策扶持力度,支持园区开发建设;发挥机构编制资源的激励作用,按照优化、协同、高效的原则,建立健全乡镇特色园管理机构,科学合理设置职能机构,充分利用现有编制资源,在园区人才使用方面赋予更大的自主权。

(宿迁市商务局)

# 昆山市

2020 年,昆山市商务系统以习近平新时代中国特色社会主义思想为指导,全面贯彻市委十三届八次、九次全会精神,按照疫情防控和经济运行"两手抓、双胜利"要求,有效应对内外部环境变化,全力落实"六稳""六保"相关任务,以"强化企业服务优存量、加大招商引资强增量"为主要抓手,全市商务工作逆势交出优异答卷。

## 一 主要商务经济指标完成情况

2020 年,全市实现社会消费品零售总额 1 398.1 亿元,增长 0.5％,总量、增幅均列苏州第一,增速好于苏州 1.9 个百分点。全年实现进出口总额 868.4 亿美元,增长 5％;以人民币计,实现 6 002.9 亿元,增长 5.3％,外贸占全国、全省、苏州全市的比重分别为 1.9％、13.5％、26.9％。新设外资项目 315 个,新增注册外资 38.7 亿美元,增长 75.1％。完成实际使用外资 10.5 亿美元,增长 40％,总量位居苏州第二,创近五年来新高。全年批准境外投资项目 28 个,完成境外协议投资额 1.3 亿美元,增长 8.6％。完成服务贸易进出口额 35.0 亿美元；服务外包接包合同额 24.7 亿美元，离岸接包合同额 5.3 亿美元。

## 二 商务发展工作情况

### （一）强化企业服务，"优"的环境全面提升

#### 1. 开展应对疫情精准服务

一是创新服务机制。制定《昆山市应对新冠肺炎疫情开展企业精准服务工作实施方案》，出台《市政府关于应对新冠肺炎疫情影响支持企业发展的服务举措》，牵头建立市领导挂钩 13 家龙头企业、经济部门挂钩 100 家重点企业、区镇和招商护商专员挂钩服务 1 000 家企业的"1311"分级服务机制，通过建立挂钩驻点、分级服务工作机制，推动重点企业全面复工达产。二是聚焦解决问题。全年共联系走访企业12 831 家次，推动召开难点共性问题协调会 10 余场，协调解决企业在用工、交通运输、产业链和服务链配套、防控物资等方面的各类问题 4 603 个，问题解决率 97%，并形成 80 余个企业服务经典案例。三是落实专项举措。向仁宝、纬创、立讯等企业提供 500 余万只口罩等防疫物资，有效解决企业防疫物资短缺问题。办理 62 份疫情"不可抗力事实性证明书"，涉及合同金额约 2.5 亿美元。为 800 多名外籍人士申请疫情期间入境"绿色通道"，帮助外籍高管及技术人员快速到岗。

#### 2. 实施系列企业服务计划

一是推进专项行动。开展"'昆如意'—援企暖企行"活动和"昆如意·招商护商服务月"活动。持续推进招商护商政府专员"215"行动，全年走访次数以及问题答复时效、反馈率、解决率等目标全面完成。二是举办交流活动。加强统筹协调，推动落实《2020 年全市外商投资企业服务计划》，全年举办日资企业沙龙、企业家座谈会等政企互动交流活动 40 场。组织开展汽车产业供需对接会等供需匹配活动，畅通供应链。联合省市贸促会、国际商会，举办新冠疫情应对、海外市场开拓等宣讲活动。三是营造亲商氛围。建立日资企业、欧美企业和其他重点外资企业微信联系制度，开通 100 家重点企业联系"直通车"。推广使用"护商通"小程序，常态化开展"365 无间歇"招商护商服务。修

订《昆山市荣誉市民"琼花奖"和昆山之友"并蒂莲奖"评选工作暂行办法》,隆重表彰第 12 批昆山荣誉市民"琼花奖"获奖者、第 26 批昆山之友"并蒂莲奖"获奖者。

3. 提升政策体系保障水平

一是政策体系再健全。研究制定应对疫情支持中小企业共渡难关的 3 条外贸政策。参与《关于促进经济平稳健康发展的财政金融扶持政策》制定工作,负责起草"激励外贸企业增强动能""促进内需消费扩容提质"等内容细则。制定出台《昆山市"昆贸贷"风险池实施细则》,对原"加工贸易风险资金池"政策进行优化和功能拓展。二是资金惠企再加强。全年积极向上争取各类商务发展专项资金,涵盖进口设备贴息、外贸稳增长、开拓国际市场、出口信用保险、总部经济、"一带一路"项目,严格按照资金申报、发放流程,规范惠及 1 000 余家企业。三是政务服务再优化。落实外商投资准入负面清单制度,推进政务服务改革,全面落实"不见面审批(服务)"要求,做好"标准化清单"认领和维护工作,完成对外贸易经营者备案登记和营业执照两件事"最多跑一次"等流程再造,减少办理成本,缩短办理时间。

## (二) 加大招商引资,"进"的势头愈发强劲

1. 项目招引有力有效

一是目标任务全面完成。全年成功引进注册外资超 1 000 万美元、3 000 万美元外资项目分别为 55 个、24 个,投资总额超亿美元外资项目 17 个,欧美日韩项目 86 个,注册资本超 1 亿元、3 亿元内资项目分别为 75 个、15 个,投资总额超 10 亿元内资项目 12 个,全面超额完成"五争五最五突破"、政府工作报告和精准招商实施意见明确的年度任务指标。二是重大项目亮点纷呈。星巴克咖啡创新产业园项目是美国 500 强企业 2020 年在华投资的首个产业项目,获国务院总理李克强致贺信。总投资 15 亿美元的三一创智云谷、10.1 亿美元的富士康 5G 毫米波连接器、10.5 亿美元的丘钛智能视觉模组、30 亿元的迈胜质子医疗、30 亿元的中国航天商用无人运输机等一批重量级项目成功落户,为发展积蓄了强劲动能。

2. 重大活动有声有势

一是举行 2020 年春季重大项目签约暨集中开工建设推进会。集中签约

纬创集团投资总部、丘钛微电子摄像头模组等 47 个重大项目,总投资 617 亿元。二是举行市重大项目集中签约仪式。推动三一创智云谷、富士康 5G 毫米波连接器等 33 个重大项目签约落地,投资总额达 44.3 亿美元,涉及高端装备制造、光通信、总部经济、新材料、新能源等多个领域。三是举行 2020 昆山金秋经贸洽谈会。总投资 200 亿元的恒力新材料产业园、总投资 150 亿元的清陶固态动力电池等 71 个项目签约落地,投资总额达 933.58 亿元,涉及光电、半导体、生物医药、高端装备制造、现代服务业等重点行业领域。四是举行 2020 昆山·中日产业投资说明会。加强对日招商宣传推介,深化与日资企业、机构的交流合作,推动牧田二分厂、日进齿科、日邮物流等 23 个日资产业项目集中签约,总投资超 38 亿元,掀开对日招商新篇章。

3. 方式举措有招有为

一是把好组织推动"方向盘"。召开全市重大招商项目汇报会,树立"项目为王"的鲜明导向,全力推动预计总产出 1 775.3 亿元的 109 个重点项目顺利落地。专题开展《新冠疫情影响下昆山产业链精准招商》《昆山市对日精准招商研究报告》课题研究,确立精准的招商方向。成立对日招商工作专班,设立昆山驻日本东京、京都府办事处,为加强对日招商工作提供组织保障。策划绘制昆山招商 8 条投资考察线路图,制定新版《昆山投资指南》,为全球资本投资昆山提供便捷可靠的预期和资讯。二是扩大专业招商"朋友圈"。密切与超 100 家国内外招商专业机构的合作,与三井住友银行、瑞穗银行、三菱日联银行等日本三大金融集团正式建立战略合作关系,全年成功通过招商专业机构引进星巴克咖啡创新产业园等注册资本超 1 000 万美元外资项目 20 个、超亿元内资项目 20 个,总投资达 391 亿元。三是增强干部队伍"战斗力"。强化考核评价"指挥棒"作用,大幅提高招商引资在区镇推进高质量发展考核中的权重占比。精心组织 2020"招商护商奖"评选,激发招商干部干事激情。赴广州举办"双招双引"专题"尖兵"培训暨招商干部能力提升培训班,有效提升招商干部的理论和实战水平。

**(三)加快创新驱动,"新"的动能加快集聚**

1. 对上争取获得新突破

一是获批国家进口贸易促进创新示范区。经过持续向上争取,昆山市于

2020 年 11 月初正式获批国家进口贸易促进创新示范区,成为江苏唯一获批城市。承办国家进口贸易促进创新示范区培育工作推进会,加快构建以双循环为主要特征的进口贸易产业集聚区。二是推进自贸区创新联动区建设。推动昆山开发区和昆山高新区获授"中国(江苏)自由贸易试验区苏州片区联动创新区",加快推进与苏州自贸片区联动融合发展,全年合计完成先行先试任务 16 项、复制推广任务 15 项、自主创新任务 6 项。做好自贸区第六批改革试点经验的复制推广工作,已完成改革事项 4 条,正在落实 7 条,无权限、无需求及不涉及内容等 25 条。三是成功争取一批省级项目。福伊特造纸(中国)有限公司等 5 家企业获评江苏省第十一批跨国公司地区总部,昆山日门建筑装饰有限公司获评功能性机构。世硕电子(昆山)有限公司获评省级服务贸易重点企业。昆山泓杰电子股份有限公司等 3 家企业获评 2020—2022 年度江苏省重点培育和发展的国际知名品牌。昆山胜道信息技术有限公司获评 2020 年省级数字商务企业。

2. 平台创新迈出新步伐

一是建设"昆盟通"货物贸易平台。发挥昆山保税区仓储管理服务和政策优势,叠加海陆空及公铁多式联运等方式,搭建"昆盟通"货物贸易平台。探索形成"流程畅、时间短、效率高、竞争力强"的新模式,吸引长三角地区物流企业利用平台开展货物进出口贸易,全年新增进出口额 4.3 亿美元。二是推进综保区"五大中心"建设。持续推进深化服务贸易创新发展试点,增值税一般纳税人资格试点企业扩展到 27 家,国税增值税发票开票金额 63 亿元、增加 103.1%;税额 7.8 亿元,增加 88%;保税研发机构 6 家、研发企业 2 家;开展保税维修业务企业 10 家,实现保税维修进出口 99.7 亿元。

3. 对接进博取得新进展

一是到会采购再创新高。组建昆山市交易分团,重点举办进博会技术装备展区和汽车展区进行宣介会,广泛发动优质企业通过进口博览会引进国际先进技术、标准和管理经验,共注册企业 1 161 家、专业观众 6 482 人,注册人数增长 5.3%,达成意向交易额 4.7 亿美元,增长 7.7%。二是招商推介成果丰硕。组织市党政代表团参访,推动招商工作人员赴进博会现场与参展企业进行招商洽谈交流,全市共出动招商小分队 12 批次 93 人,对接企业 112 家次,共达成小马智行运营中心项目等招商意向项目 8 个,意向投资总额 9.7 亿元。

三是驻地保障周密有序。继续承担江苏省交易团工作组驻地职责,制定疫情防控、后勤保障、旅游、医疗卫生、食品安全等工作方案,全面落实餐饮、住宿、交通、疫情防控等保障工作,以高标准的接待和综合服务水平,圆满完成省交易团交办的各项任务,通过实战有效提升了昆山会展业的配套服务能力。

## (四) 加强内贸管理,"稳"的局面持续巩固

### 1. 全力做好疫情防控

一是加强商贸企业疫情防控。多次召开全市重点商业场所疫情防控工作部署会,建立商业场所检查周报制度,督促落实经营场所入口管理、体温检测、"健康码"查验,加密清洁消毒频次。二是加大市场保供力度。制定《昆山市疫情防控期间重要民生商品保供工作实施方案》,建立全市 33 家大型商超和农贸市场生活必需品供应情况日报制度,重点监测粮、油、肉、蛋、奶、菜等民生商品供应情况,做好货源储备,协调解决 87 家商贸企业的 1 080 份运输车辆通行需求,有力地保障了疫情期间全市生活必需品的稳定、充足供应。三是加快商贸企业复工营业。制定出台《昆山市关于实施商贸企业复工营业的工作方案》,建立复工营业报备制度,指导企业在确保防控机制到位、员工排查到位、设施物资到位、经营管理到位的前提下,有序组织复商复市,于 2020 年 2 月底完成 438 家商贸企业和 83 家餐饮团膳企业的复工营业,有力地保障了市民生活需要和工业企业复工复产需求。

### 2. 着力繁荣消费市场

一是举办消费促进活动。开展"双 12 苏州购物节"昆山狂欢购活动,围绕"吃、住、行、游、购、娱"六大要素,统筹相关部门、企业集中发布优惠措施,举办"食全食美·昆味道"昆山美食节、五五折昆山购物节等配套活动,扩大消费规模、提升消费品质。组织领导干部直播"带货"特色商品,营造线上新经济的浓厚氛围。组织零售、餐饮和住宿企业参与"惠动鹿城"昆山消费促进季活动,推动重点商超、商业综合体参与"夜享昆山"夜经济系列活动。二是完成重点专项任务。推进商圈市场行业党建工作,实施组织体系完善、组织生活提质、阵地建设规范和商圈发展促进等"四大行动",目前建立党组织的商圈已达 11 家。落实商贸领域文明城市创建工作,定期开展日常巡查,督促企业及时整改。开展文明用餐尚节俭专项行动暨公筷公勺推广行动。督促指导大型商超

综合体做好垃圾分类相关工作。三是加强内贸日常管理。不断完善肉菜追溯体系建设,保障各节点正常运转,全年共产生追溯数据超 135 万条。推进成品油市场秩序专项整治行动,启动多部门联合开展的市场秩序整治巡逻工作。处理单用途商业预付卡等各类投诉 2 400 余次,均按期处理完毕。

**3. 奋力抓好安全生产**

一是创建"新机制",统筹推进安全工作。完善顶层设计,制定整治方案,建立健全工作制度,加强组织推动,多次召开整治动员会议、推进会议和协调会议,全面部署和推动整治工作,研究推进各项具体工作,及时协调处理 34 个共性和难点问题。二是坚持"零容忍",狠抓隐患闭环管理。全面摸排底数,做到有的放矢。加强检查督查,保证全面覆盖,开展全市加油站、餐饮场所、非法流动加油、商业综合体、大型商超安全检查 53 553 家次,"双随机"抽查 324 家次。彻底消除隐患,确保工作闭环,完成隐患整治 19 846 条,责令限期整改 1 199 家,责令暂时停业 33 家,立案处罚 234 起,处罚金额合计 122.87 万元。三是开拓"新思路",不断提升工作实效。开展安全生产"对标帮扶"活动,推动国营携手民营加油站共进步。通过安全风险评估管控,实现全市商业综合体风险"可视化"。推广安装燃气安全保护装置,推动全市餐饮场所本质安全再提升。

（昆山市商务局）

# 泰兴市

2020 年,泰兴市商务系统紧紧围绕"扛起标杆大旗、拼进全省八强"的目标追求,扎实抓好"六稳""六保"工作,统筹推进疫情防控和商务工作发展,较好地完成了市委、市政府交办的各项工作任务,首次获评"国家级电子商务进农村综合示范县",全市开放型经济持续领跑泰州。

## 一 主要商务经济指标完成情况

2020 年,全市实现社会消费品零售总额 274.7 亿元,同比增长 0.2%,列泰州市第三位。全年完成外贸进出口总额 43.3 亿美元,其中,进口 18.4 亿美元,出口 24.9 亿美元,总量列泰州市第一位。全年累计完成协议利用外资 11.5 亿美元,同比增长 0.1%;实际利用外资 3.76 亿美元,完成泰州市交指标的 104.4%,总量列泰州市第一位。全年累计新签约内资亿元以上、外资 1 000 万美元以上项目 220 个,其中内资 5 亿元以上项目 55 个,外资 3 000 万美元以上项目 21 个。全年完成外经营业额 3.5 亿美元,完成泰州市交指标的 116.66%,总量列泰州市第一位。

## 二　商务发展工作情况

### (一) 坚持项目引领，奋力推动特色发展

把重大项目招引作为提升招商成效的主攻方向，持续推进项目大突破。创新招商方式，打造"泰兴云招商"平台，加强产业项目推介，提高招商引资工作的针对性和实效性。同时，立足全市产业发展实际，研究制定泰兴市产业发展地图，引导各园区围绕招商图谱，针对产业链的缺失和薄弱环节，积极开展特色产业招商活动，精准招引一批补链、延链、强链的龙头项目、外资项目，全年新签约 10 亿元以上项目 28 个，新签约项目特色产业关联度达 76％。

### (二) 强化一体联动，深入推进园区改革

围绕"两集中三剥离"的改革核心任务，系统谋划，整体联动，研究制定《全市深化开发园区改革指导意见》，为园区改革定向引航。引导各园区积极探索人事管理机制和薪酬激励机制，建立"岗位能上能下、人员能进能出"的竞争性机制。推行"管委会(管办)＋园区公司"的运行体制，重组内设机构，将人员和资源向招商和服务一线集中，进一步理顺行政管理体系，各开发园区顺利完成园区改革任务。

### (三) 聚焦三外运行，持续扩大开放开发

积极应对疫情影响，抢抓外向型经济主动权，努力稳定发展预期，"三外"指标均居泰州市首位。一是稳外贸。积极落实抗疫情稳外贸政策措施，助力企业复工复产，为全市 150 多家外贸企业申报国际市场开拓、信保等各类扶持资金。指导企业加大市场开拓力度，全年组织外贸企业参加广交会、高交会、东盟博览会等线上线下展会 36 次。二是稳外资。积极做好外籍必要经贸人员来华邀请手续办理工作，为外商来泰投资开展合作洽谈开辟"绿色通道"。强化对新浦化学、明发油脂、延长石油等重点外资企业和项目的跟踪服务，建立重点外商投资企业"点对点"联系机制，实施动态管理，促进签约项目早落户、落户项目早到资。三是稳外经。针对疫情影响，引导在境外开展工程建设

的企业积极为项目和劳务人员投保，努力化解风险，为企业开展境外投资合作"保驾护航"。加强对扬子鑫福、一建、河海、中兴等外经骨干企业的业务指导，积极落实各项扶持政策。

## （四）突出消费促进，消费市场逐步回暖

建立完善市场运行监测体系，开展春节、中秋和国庆"黄金周"及各季度消费品市场运行监测和统计分析，指导和督促全市 20 家重点批零住餐企业做好月度数据统计预报工作，做到应统尽统。同时，在督促商贸流通企业全面落实常态化疫情防控的基础上，引导万达广场、吾悦广场、大润发及鼓楼购物中心等大型商超企业大力开展促销费活动，激发消费潜力，利用电商平台、微信公众号、网站直播、小视频等新型销售模式拓展"线上"销售，扩大消费规模，提升消费水平。

## （五）狠抓安全生产，履行行业监管职责

全面落实"管行业必须管安全"的工作要求，研究制定泰兴市开发区、加油站、商业场所安全专项整治工作方案，拟定《泰兴市再生资源回收利用企业安全管理暂行办法》，明确责任分工、细化目标任务。联合住建局、市场监管局、应急局等部门对全市 6 个开发园区、74 家加油站、71 家大型商场超市、36 家重点再生资源回收企业和 54 家餐饮服务单位开展"地毯式"专项大排查、大整治，共查出问题隐患 458 条，均已整改到位。

（泰兴市商务局）

# 沭阳县

2020 年,在县委、县政府的正确领导下,沭阳县商务系统坚持以习近平新时代中国特色社会主义思想为指导,坚持"以一流的标准服务好企业,以规范的行为管理好市场"的工作基调,紧紧围绕年初工作目标任务,坚持不懈狠抓利用外资多措并举力促外贸增长,全面激发电商发展活力,规范商贸流通市场秩序,扎实推进安全生产整治行动,为县域经济社会发展做出积极贡献。

## 一 主要商务经济指标完成情况

2020 年,全县实现社会消费品零售总额 274.7 亿元,同比增长 0.2%,列泰州市第三位。全县完成进出口总额 120 000 万美元,其中出口 115 000 万美元,进口 5 000 万美元,与 2019 年同期相比分别增长 33.8%、35.3%、6.5%,进出口总额排名位列全市第一。全县新增外资企业 9 家,协议注册资本 15 410 万美元,实际使用外资 12 108 万美元,同比增长 12.0%,其中战略性新兴产业预计实际使用外资 131.7 万美元,占全县实际使用外资的 1.1%。全县完成电子商务交易额 320 亿元,快递发货量约 3 亿件;累计争取各项扶持资金 753.6 万元,占全年目标任务 743 万元的 101.4%。

## 二 商务发展工作情况

### (一)稳外贸,政策加码助力企业复工达产

**1. 下拨财政扶持资金,提振企业发展信心**

认真组织外贸企业申报 2019 年度、2020 年度中央、省和县级财政资金,在项目申报过程中严格按照管理办法要求,及时在疫情期间将资金快速下拨企业,惠及近百家外贸企业,涉及开拓国内外市场、拓宽融资渠道、跨境电商发展、信用保险等众多项目,"实打实"地为企业缓解疫情带来的资金紧张问题。

**2. 宣传惠企政策措施,稳住企业主体地位**

疫情以来,从中央到地方相继出台一系列"硬核"政策措施,切实打出稳外贸和保市场主体的"组合拳",为企业渡过难关、健康发展提供坚实支撑。通过实地走访企业、政务媒体宣传、线上交流等多种方式开展宣传,切实让企业享受到减税降费、金融支持等政策福利,对外贸企业面临的出口受阻、订单减少等问题,力所能及地为企业出谋划策,做到与企业同舟共济、共克时艰。

**3. 组织企业线上参展,开拓新市场新订单**

积极配合省团及大会安排,组织 43 家外贸企业参加第 127、第 128 届网上广交会,共争取 73 个线上展位,鼓励外贸业务人员积极参加网上广交会培训,目前有 84 名业务员报名参加直播间营销,利用广交会网络平台稳固老客户、开发新客户。此外,积极组织 8 家外贸企业报名参加第 30 届线上华交会,组织 11 家企业报名参加第三届进博会;宣传省商务厅 2020 年贸易促进计划的线上国际展会,鼓励企业尽力开拓国内、国外新市场。

**4. 做实做细帮办服务,推动营商环境优化**

鼓励出口额 30 万~300 万美元外贸企业全部免费参保,加大出口信用保险资金支持力度,鼓励企业应保尽保;指导医疗物资出口企业,做到有序合规出口,帮助符合条件企业申报进入商务部白名单。

### (二) 稳外资,全力帮办稳定企业运营发展

1. 强力稳住外资基本盘

坚持"稳外资"总基调,围绕市委市政府下达的实际使用外资目标任务,抢抓各时间节点,全力克服疫情影响,推进外资稳定增长。会同经开区协助引资单位做好新批外资项目的落户工作,争取项目早开工、早到账。同时,重点加大对外资存量项目到账进度督查,并要求项目引进单位安排专人对项目外资到账进行跟踪帮办(催缴),力促资金早到账。

2. 积极做好企业帮办服务

一方面,畅通政府与外资企业沟通渠道,坚持"有困必帮、无事不扰"的原则,推行引资单位亲情帮办和帮办服务中心专职帮办的"双轮驱动"模式,定期召开项目建设推进会,全力会办解决项目建设突出难题,不断提升帮办效率和质量。另一方面,疫情期间积极帮助外资企业外籍人士来沭办理相关手续,在收到企业申报材料后及时审核上报,帮助企业解决实际困难,保障企业正常运行。

3. 不断优化外商投资环境

全面贯彻落实《外商投资法》及其配套法规,切实落实国家、省、市稳外资促开放政策措施,进一步加强政策法规宣传解读,营造更加稳定公开透明的投资环境。同时加强与市监局通力配合,及时协调解决外资企业信息报告过程中遇到的新问题,以诚信、务实、高效、优质的服务取信于客商,以一丝不苟、无可挑剔的服务吸引客商,留住客商,营造良好的营商环境,增强企业发展信心。

### (三) 兴电商,多措并举扩大沭阳电商集群

1. 大力发展农村电商

作为全国首批电子商务进农村综合示范县、全国最大的农产品淘宝村集群,沭阳县农村电商发展总体水平进入全国第一方阵,位居江苏省前列,实现了农村电商与脱贫攻坚、乡村振兴深度融合。

2. 引领电商用好"直播"新平台

在宿迁举办电商直播论坛,邀请全国电商专家,网络直播红人等指导沭阳电商直播企业发展,在央视网等媒体直播。进一步放大沭阳电商产业集聚效

应,运用"互联网＋"思维加快电子商务载体建设和主体培育,加强人才培养,为全市电商产业发展壮大提供人才支撑,聚力打造"电商直播名城"。

3. 推广沭阳电商知名度

申报电子商务进农村综合示范绩效评价工作。充分发挥绩效评价"指挥棒作用",以助力脱贫攻坚和乡村振兴为目标,以建立市场化、可持续的农村电子商务运营服务体系为导向,以实际成效为准绳,完善农村市场体系、扩大农产品出村进城、促进农民增收,取得实效,目前已获批 2020 年"电子商务进农村综合示范县名单"。

## (四) 强监管,规范秩序,净化市场流通环境

1. 加强成品油市场监管

组织各乡镇场(街道)对辖区内加油站(点)和商业场所进行逐一排查,每周按时报送安全生产隐患排查整治情况汇总表,发现隐患及时整改,进行闭环管理。2020 年以来,配合公安、应急、市监等部门共查处非法流动加油车 41辆,15 处黑加油点,现场拆除加油设备 21 余台,对违法经营的 83 人采取了刑事拘留措施,50 人采取了行政拘留措施,没收汽油 9 253 升,柴油39 981 升。对已发现的非法流动加油车、黑加油点全部依法取缔,有力地打击了非法流动加油违法行为的嚣张气焰。

2. 加强汽车销售监管指导

通过双随机抽查、日常检查方式对全县 14 家 4S 店进行监督检查,确保安全经营。指导企业在"国庆""中秋"双节期间举办 2020 首届"迎中秋、庆国庆惠民购车节"车展活动,大大增加了汽车销售量,增强了企业参展信心。通过多措并举方式进一步激活汽车消费市场,以提增量促增长。

(沭阳县商务局)

# 第三部分
# 江苏商务专项工作

江苏商务发展2020

JiangSu Commerce Development Report

## "保主体促两稳"行动

根据省委省政府"六稳""六保"工作部署,2020年8月,省商务厅经过深入调研、反复研究,报请省开放型经济领导小组出台了《深入开展"保主体促两稳"行动工作方案》。行动以保护市场主体为切入点,为着力点,聚焦"抓大""扶小""育新""稳链"四个方面,系统集成今年以来全省促进外贸外资稳定发展的工作举措,并根据新形势新要求提出一系列创新举措,全力保护外贸外资市场主体,促进稳外贸出口、稳产业链供应链。各地各部门强化上下联动、部门协同,着力补短板、锻长板,各项工作扎实有力,市场信心不断提升,主体活力明显增强,行动取得良好开局。2020年三季度,全省商务系统培育新增外贸经营主体数近4 600家,新增投资千万美元以上外资项目数超过400个,走访调研企业4 400余家,帮助企业解决困难问题1 800余个,为全省稳住外贸外资基本盘提供了有力支撑。商务部外贸外资协调办公室以专报(140期)向国务院领导报送江苏省的做法成效。

## 一 增强重点企业获得感，"一企一策"服务有实招

一是动态监测机制建设有成效。初步建成省市分级的重点企业监测网络，对重点外贸外资企业的预警监测和精准服务水平进一步增强。省级层面，建立完善全省重点外贸外资企业运行监测平台。对占全省进出口过半的875家重点外贸外资企业开展月度直报；对占进出口超七成的1852家重点企业进行动态监测。市级层面，各地进一步扩充市级重点监测企业名单，完善领导挂钩联系服务制度。例如，南京将监测范围扩展到外贸200强和外资85家龙头企业，并扩充建立区级重点监测企业名单；南通建立165家外贸"白名单"企业跟踪服务机制和外资企业服务专员机制。

二是解决企业困难有实效。全省建立重点外贸外资企业困难问题月度台账制度，强化"一企一策"精准服务，启动开展"外企与部门面对面"系列活动，举办外资企业专场环保接待日。推动解决诺华医药、飞利浦医疗等8家欧洲企业15个方面29个具体问题，协调解决2家日资企业环保方面的问题诉求。无锡为SK海力士、村田新能源等日韩企业申请临时包机，已累计包机10架次1100余人入境。南通帮助先正达化工获得农药生产相关许可证，企业预计11月份正式恢复生产；协调吉宝重工储气罐测试，为企业节省开支近1000万元。镇江成立7个重点外贸企业帮办服务小组。泰州着力帮助大型船舶出口企业解决人员入境等方面的困难问题。徐州开展"双百包挂，千企帮扶"活动，市县两级对500多家重点外贸企业走访率90%以上，解决问题300多个。

三是重大项目推进有显效。省商务厅主要负责同志主持召开全省重大外资项目推进协调会，对今年以来新引进的9个总投资10亿美元以上重大外资项目，商务、发改、工信、自然资源和生态环保等相关部门逐一听取项目诉求，现场会商解决推进中的困难和问题。徐州开展"增资扩股年"活动，采取"五定"工作法，截至2020年9月共梳理出100个拟增资扩股项目，增加协议投资9.77亿美元。镇江局领导挂钩帮办3批共计30个项目，推进北汽麦格纳等项目近1亿美元外资到位。苏州举办跨国公司开放创新合作交流会等系列活动，吸引参天制药眼科制药基地等一批优质外资项目落户。

## 二 稳住中小企业发展面，政策组合帮扶有力度

一是云参展云对接覆盖广。组织"江苏优品·畅行全球"系列线上国际展会，助推企业触网上线。截至 2020 年 9 月底，首期 22 场线上展会累计组织9 324 家江苏企业参展，48.6％为首次线上参展企业，展示展品近 700 万件，展会点击量超过 1 亿次，客商询盘量超过 140 万次。其中，20 场线上国际展会组织参展企业 7 834 家，在线成交超过 2.2 亿美元。各地出台市级支持举措，南京制订市级线上展会计划，支持入驻阿里巴巴、中国制造网等平台企业 1 400 余家。无锡、南通等市举办"无锡外贸优品·云展会"、南通名品海外行等线上展会，宿迁实施"宿贸迁云"工程。三季度各市组织线上线下参展企业数近 1 900 家。

二是转内销拓渠道举措多。鼓励企业进云上展会，组织"江苏优品·畅行全球"出口转内销专场活动，2 场出口转内销展会组织参展企业 1 490 家，在线成交金额超过 4 亿元人民币。鼓励企业进电商平台，省市县三级联动，支持外贸企业与阿里巴巴、京东、苏宁易购、中国制造网等知名电商平台合作，开展"厂货通""在京东拓销路""上苏宁享优惠""源头工厂外贸转内销"等活动。全省约有 800 多家外贸企业与各类电商平台合作，累计带动转内销金额约 2.7亿元。鼓励企业进商超进街区，南京组织苏美达集团、国投南京公司、汇鸿集团等重点出口企业与苏宁集团、五星控股集团、太平商场等大型商贸流通企业签订合作协议，组织近 20 家外贸企业与夫子庙国家级示范步行街对接，举办出口产品转内销市集。全省约有 300 多家外贸企业与各类商场、超市等商业体合作，累计带动转内销金额约 3 000 万元。无锡、徐州、常州、南通等地举办出口转内销专场活动，加大外贸品牌宣传力度，打通企业内销渠道。

三是扩信保稳融资力度强。加大出口信保保障力度。省级小微统保平台扩大支持企业范围，由上年出口额 50～300 万美元扩大到 30～300 万美元，预计 2020 年新增约 5 000 家小微外贸企业受惠；中信保江苏分公司对所有小微企业统一下调 30％信保费率；部分设区市完善市级统保平台，在省级平台的基础上进一步扩大覆盖范围，南京建立完善省市区三级统保平台，南通实现县(市)统保平台建设全覆盖。加大金融政策支持力度。实施"苏贸贷"升级版，

进一步降低利息率、提高容忍度、扩大覆盖面，截至 2020 年 9 月底累计为 1 663 家中小微外贸企业放款 105.4 亿元；无锡、常州推动"外贸小微贷""外贸贷""退税贷"等平台扩规模、增机构、提额度，南通、镇江等市建成"通贸贷""汇保贷"，累计为 500 多家企业提供超 29 亿元融资支持。加大银企对接力度。苏州商务、建行、信保联合成立"稳外贸稳外资联合先锋队"，强化政保银企合作。连云港推动 6 家银行递交"优惠信贷、优质服务"承诺书。各地组织多场次银企对接和政策宣讲活动，全省累计组织参加各类培训企业数逾 8 000 家。

## 三 深挖经营主体增长点，"育新""引新"有亮点

一是精准培育新主体新业务。省商务、海关、税务等部门共同梳理形成二季度全省 11 644 家新增出口企业、8 539 家退出出口企业和 5 178 家新增出口退税备案企业名单，分别下发各设区市。各地联合海关、税务、市场监管等部门提供有针对性的政策解读、业务培训和纾困服务，指导新增出口企业拓展外贸，帮助退出出口企业解决困难问题、争取重启业务。盐城梳理 46 家进出口增幅较大的重点外贸企业，逐一上门服务，摸排新增长点。宿迁"一对一"帮助 125 家招商引资新竣工企业办理对外贸易备案登记，指导企业开展外贸业务。淮安推动 46 户供货出口企业转自营，积极推动淮钢集团、白玫糖业、百斯特鲜食等开展自营进口，形成贸易新增量。

二是创新融合新模式新业态。大力发展跨境电商，10 个跨境电商综试区加快探索创新举措，扬州、泰州、镇江等 3 市积极申报新一批综试区，力争实现全省全覆盖。推动政策落地，商务、海关、税务、外管等部门联合开展监管新政宣讲解读，超过 2 000 人次参加线上宣讲会。持续开展"出口基地线上拓展行动"，无锡、南通、扬州和徐州组织出口基地企业逾 2 000 余人次参加跨境电商业务培训和对接；张家港塑饮机械基地、南通体育用品基地与阿里巴巴深入开展合作。新培育 7 家省级公共海外仓，省级公共海外仓达到 21 家。各地创新探索新业态、新模式发展路径，苏州建设"中国（苏州）数字贸易公共服务平台"；推动新业态融合发展，以市场采购贸易方式实现跨境电商零售出口货物通关；南通首推市场采购贸易与跨境电商 9810 模式拼箱出口，被央视专题报道。

## 四 稳定外贸外资产业链，营商环境优化有温度

一是产业梳理支持到位。省市商务部门选定 166 家重点外资企业，按照"部门协同、省市联动、属地管理、快速响应"原则，制定监测方案，加强重点支持。其中，外资龙头企业 82 家、加工贸易外资企业 84 家，产业链龙头企业主要集中在新型电力（新能源）装备、工程机械、生物医药（新型医疗器械）、集成电路、汽车及零部件、新型显示等 6 个产业。各地抓紧梳理本地产业链龙头企业，扬州围绕"323＋1"先进制造业产业集群，梳理出具有优势基础和发展潜力的 16 条重点行业产业链，发布《扬州市先进制造业集群重点产业链图谱》，精准开展服务支持和招商引资。苏州构建"开放创新合作热力图"，提供项目线索超 500 条，产生有效意向项目超 100 个。

二是营商环境优化到位。加快完善重大外资项目省领导挂钩联系、外商投资投诉、外资企业政企协调服务"三项工作机制"，着力开展"三访三服务"活动，倾力服务外资企业、服务招商引资、服务项目落地。省商务厅为 2 万余名必要外籍经贸人员及家属签发来苏邀请函，数量居全国首位。南京依托外商投资企业投诉协调工作机制，先后帮助空气化工、金浦锦湖化工、艾欧史密斯等多家外资企业解决投诉问题。苏州常态化开展"服务外企重点项目推进月"活动。加大惠企政策宣传力度，推动各项政策落地落细。无锡举办太湖云享外贸政策网络直播访谈活动，在线观看人次突破 50 万。

四季度，省商务厅将继续深入推进"保主体促两稳"行动，着力强化统筹调度，完善月度通报制度，强化考评激励机制，力促压力传导、政策落实，全力稳住外贸外资基本盘，完成全年目标任务，为全省经济发展大局做出贡献。一是重点"抓大"，动态监测重点外贸外资企业进出口和生产经营情况，滚动更新重点企业困难问题台账，继续做好"一企一策"精准服务。完善外资总部政策。安排专项资金支持地方重点加工贸易企业发展。二是持续"扶小"。做好四季度 55 个线上国际展会和对接会组织工作，"一国一展""一业一展"推动供需精准对接。抓紧研究制定跨境电商发展的政策举措。三是强化"育新"，梳理汇总下半年新增出口企业、退出企业和新增出口退税备案企业名单，省市联动、部门协同培育新增长点。四是大力"稳链"，进一步梳理产业链图谱和紧缺项目清单，持续组织开展"三访三服务"活动，确保产业链供应链稳定。

# "品质生活·苏新消费"系列促进活动

2020 年以来,突如其来的疫情给消费市场带来严重冲击。在中央和省委、省政府的坚强领导下,全省上下紧紧围绕落实"六稳""六保"任务,迅速行动,创新举措,强力推进复工复产复商复市,保障市场供给,促进消费回补和潜力释放,江苏省社会消费品零售总额由全国第三跃居第二。为认真落实省委、省政府部署要求,着力推进促流通扩消费工作,抢抓 6—8 月扩消费黄金时段,省商务厅于 2020 年 5 月 30 日启动开展了江苏省"品质生活·苏新消费"系列促进活动。活动突出省市县、政银企、线上下、内外贸"四个联动",全省商务系统以"品质生活·苏新消费"为主题同步开展百余场内容丰富、形式多样的消费促进活动。据不完全统计,2020 年 6 月 1—10 日,全省共举办消费促进主题系列活动 72 场,5.6 万家企业参与,重点商贸企业累计实现销售额 165.9 亿元,比前一旬增长 7.4%。疫情以来全省各地政府和企业累计发放消费券约 26.9 亿元,撬动消费 300 多亿元。

# 一 促消费系列活动的主要做法

## （一）省市县联动

2020 年 6—8 月期间，抢抓儿童节、端午节等传统节日和春夏假期等契机，全省各地策划开展 127 场消费促进活动，涉及汽车销售、读书文化、旅游打卡、亲子娱乐、美食乐享、夜间经济、年中购物等全域消费。

## （二）政银企联动

邀请阿里巴巴、京东、苏宁易购、五星控股、苏果等公司作为此次消费促进系列活动的重点支持企业，重点企业在其线下门店和线上页面显著位置打出江苏省"品质生活·苏新消费"系列活动名称和宣传语。中国进出口银行江苏分行、银联江苏分公司等金融机构也积极参与本次系列活动。据初步统计，5 家重点商贸企业正在和即将组织 23 场促销活动。

## （三）线上下联动

利用"618"电商节，支持重点商贸企业开展线上促销活动，鼓励传统商贸企业加强与电商平台、抖音等对接，开展直播带货，发展社群电商。各地和企业计划以直播间活动为主题的消费促进活动有 14 场。

## （四）内外贸联动

积极启动线上展会，大力开拓国际市场，多措并举帮助外经贸企业有效应对疫情影响，积极搭建与国内流通企业、电商渠道的对接平台，帮助企业销库存、回资金、建渠道、拓内销。

## 二 促消费系列活动的主要特点

### （一）活动密集推出

2020 年 6 月 5—7 日,省商务厅组织江苏老字号企业"三进三促"(进校园、进社区、进景点,促进创新发展、促进文化传承、促进品质消费)暨"老字号钟山嘉年华"活动。南京市开展"销售竞赛月"活动,常州市推出"6·6 龙城嗨购节"主题系列活动,无锡市启动"锡惠有你"惠民消费活动,苏州市举办"乐享苏式生活"系列活动、吴江区"乐居吴江 云上购物节",南通市组织"记忆中的南通味儿"老字号·非遗嘉年华活动,镇江市开展"券心券意 惠民助商"消费促进活动。

### （二）力度持续加大

促消费系列活动开展以来,全省各地政府和企业共发放消费券 11.4 亿元。其中,南京市联合苏宁集团成立都市圈消费联盟,正在发放 10 亿元消费补贴。常州系列活动报名参与企业已经超过 3 000 家,发放消费券 600 万元。无锡市从 2020 年 6 月 6 日开始发放惠民消费券 6 000 万元。镇江市 6 月 10 日发放 2 000 万元餐饮消费券。苏州市举办"苏州锦鲤 好运等你"消费激励活动,开展"天天抽红包,周周有惊喜,月月送汽车,新年住新房"的消费激励。

### （三）效应显著放大

2020 年 6 月 1—10 日,南通、镇江、无锡等市重点商贸流通企业实现销售额分别比前一旬增长 15％、14％、11％。苏宁在江苏省内销售达 43.66 亿元,环比增长 95％,其中冰箱、洗衣机环比增长 306％,厨房卫浴增长 383％,手机增长 465％。南京新百销售额环比增幅达到 77.50％,中央商场、1912 街区销售额环比增幅超过 40％。

### （四）突出方式创新

2020 年 6 月 8 日,省商务厅与阿里巴巴、焦点科技、环球资源等平台企业合作,启动"江苏优品·畅行全球"系列线上展会,突出方式创新。一是长短结合,促进企业触网转型。在为外贸企业提供云展示、云洽谈、云对接等线上展会服务的同时,提供 1 年的线上营销展示服务,推动企业利用互联网、大数据等信息技术开拓国际市场。二是类型全面,行业覆盖面广。线上国际展会涉及 10 大类行业,可供全省外贸企业按需选择。三是拓外转内,国内外市场兼顾。20 个线上国际展会积极帮助企业开拓国际市场,2 个线上出口转内销展会兼顾消费品和工业品,支持企业出口转内销,拓展国内市场。

## 三 近期开展的重点工作

为有力推进全省扩大消费工作,围绕加快发展流通、促进商业消费,省商务厅专门成立促流通扩消费工作专班,建立例会制度、定期通报制度和联络员制度,着力推进"七个一"重点工作。制定一项规划。做好"十四五"期间促进流通业发展、扩大商业消费规划。出台一个综合性政策。结合最新形势和我省实际,研究制定贯彻落实国办发〔2019〕42 号文件的意见。打造一项品牌活动。提升全省商务系统组织化程度,开展全省促消费系列活动。建立一个基础资源平台。建立重点商贸企业、流通渠道等基础数据库,完善商务领域应急保供体系。开展一批试点示范。培育和建设国际消费中心城市、高品位步行街、商贸古镇、电商集聚区、进口基地等一批扩大消费的试点示范。推广一批经验做法。在全省范围内总结推广一批促消费的经验举措和经典案例,形成示范联动效应。推进一批重点任务。倡导和扩大品牌消费、进口消费、绿色消费、汽车消费,提升生活服务消费,推进消费扶贫。完善流通网络,推进现代供应链体系建设,进一步优化消费环境。

下一步,省商务厅将认真落实中央和省委、省政府的决策部署,加强跟踪,调度落实,完善配套政策,加大推进力度,着力打造区域消费促进品牌,进一步放大促消费品牌系列活动的溢出效应。加快推动流通创新发展,打造高品质消费载体,深入推进夫子庙步行街改造提升商务部试点工作,全面开展省级步行街改造提升工作。支持南京、苏州、徐州等城市培育建设国际消费中心城市。加大政策引导力度,对全省促消费系列活动期间成效明显的商贸流通企业,省商务厅将给予一定的政策支持。鼓励各地结合实际制定促消费激励政策,最大限度发挥政策效能,助力消费快速回补。

# 现代商贸流通体系建设

　　省委娄勤俭书记强调，"要自觉把建设现代流通体系作为构建新发展格局的重要战略任务来抓，坚持高标准统筹推进软硬件建设，完善流通领域的制度规范和标准，打造具有全球影响力的现代物流企业，推动我省流通体系更加顺畅高效、走在全国前列。"吴政隆省长指出，"要在夯实现代流通体系基础设施、优化现代流通体系建设环境、发展流通新技术新业态新模式、促进内外贸融合上下更大功夫，为率先形成新发展格局提供有力支撑。"根据省委省政府工作部署，省商务厅及时组织开展全省现代商贸流通体系建设调研工作。厅主要和分管负责同志分别带队赴南京、无锡等地深入调研，多次召开重点商贸流通企业和商务主管部门座谈会，听取相关意见建议；召开商务工作务虚会，研究分析商贸流通体系建设面临的形势任务和工作思路举措；主动赴商务部汇报对接，寻求支持指导；积极了解兄弟省市经验做法，吸收江苏省商贸流通研究智库的意见建议。在此基础上，形成了江苏省现代商贸流通体系建设调研报告。

# 一 近年来全省商贸流通业发展取得显著成效

"十三五"时期,面对复杂多变的宏观经济环境和我国经济发展新常态,全省商务系统认真贯彻落实党中央、国务院和省委、省政府决策部署,积极践行新发展理念,扎实推进商贸流通各项改革创新和建设发展工作,不断培育新供给、引领新消费、激活新动力,商贸流通体系建设取得显著成效。

## (一)流通产业对经济社会发展的基础支撑作用进一步显现

截至 2018 年年末,全省共有批发和零售业企业法人单位 61.4 万个,从业人员 379.6 万人,资产计计 46 772.9 亿元。2019 年全省社会消费品零售总额 37 672.5 亿元,占全国比重为 9.2%,近五年年均增长 9.2%,总量规模连续三年居全国第 2 位。商贸流通产业作为推动全省社会消费品零售增长的重要力量,总量规模逐年扩大,转型升级步伐加快,效率水平显著提升,南京、苏锡常和徐州"三大商圈"初步建成,市场监管与调控机制明显改善,对国民经济的支撑引领作用不断增强,基础性、先导性地位得到进一步确立。

## (二)流通布局进一步优化

城乡商业网络体系更趋合理,综合商圈、城市商业中心功能地位更加突显,商业街、商贸镇发展特色进一步强化,社区商业和乡镇商贸中心服务功能不断完善。城乡双向现代流通网络基本构建,商品交易市场加快转型升级,特种商贸服务业在规范中稳步发展。南京、苏锡常和徐州"三大商圈"集聚效应更加凸显。

## (三)流通新业态新模式进一步发展

流通新平台新业态新模式不断涌现,大数据、云计算和移动互联网等现代信息技术运用日趋广泛。2019 年,江苏省实物商品网上零售总额达 8 361.4 亿元,江苏省网上零售总额达 9 896.1 亿元,电子商务快速发展。连锁经营全方位推进,全省批发零售和住宿餐饮业连锁门店 2.8 万个,限额以上零售业商品销售总额 11 268.6 亿元,占社会消费品零售总额的 29.9%。

### （四）流通企业竞争力进一步增强

企业培育卓有成效,涌现出一批跨行业、跨地区,专业化、特色化的商贸流通企业。2019年苏宁易购零售网点遍布全国,商品销售规模为3 796.73亿元,位居中国2019年全年连锁百强首位。孩子王成为为母婴童提供商品和服务行业的国内龙头企业。汇通达打通了农村配送的"最后一公里"。苏宁易购、金鹰、五星电器、文峰大世界、江苏华地、孩子王、中央商场、江苏吉麦隆超市、江苏新合作常客隆等企业进入中国连锁百强。江苏品尚餐饮、无锡大渝餐饮、南京大惠、江苏七欣天餐饮、大娘水饺等企业入选全国餐饮业百强。2019年,江苏省亿元以上商品交易市场数量达447个。"十三五"期间,孩子王、同程旅游网、好孩子、苏宁易购、汇通达、途牛旅游网、食行生鲜、甄品茂、焦点科技等20家企业成为国家电子商务示范企业。全省被商务部认定的"中华老字号"企业达96家,占全国的8.5%。

### （五）流通发展环境进一步改善

"十三五"期间,国家和江苏省促进商贸流通发展的政策文件密集出台,相关法律法规、规划和标准体系逐步完善。肉类蔬菜等重要商品追溯体系范围逐步扩大,制度机制不断完善。对于重要领域、重要商品的专项整治持续开展,侵权假冒行为得到有效遏制。坚持简政放权,推动成品油、拍卖、二手车、特许经营、再生资源回收和单用途预付卡等审批备案权力事项下放,加强事中事后监管,商务领域营商环境不断优化。

"十三五"期间,全省商贸流通业在取得显著成就的同时,也存在一些短板和不足。一是流通企业竞争力不强。除苏宁等极少数新兴互联网流通企业有一定的流通组织能力外,具有自营采购、自主渠道、自有品牌、自有平台、供应基地的现代商贸流通企业很少,更缺少那种具有较强国际竞争力的综合型全球流通组织。二是实体商业转型有待进一步探索推进,电子商务发展集聚能力还不够强,缺少大型电子商务龙头领军企业,电子商务监管体系还需进一步完善,外贸新业态新模式特别是跨境电商发展存在较大短板。三是流通效率低、成本高的问题依然存在。四是流通基础设施仍存在短板,公益性和农村流通体系建设投入不足,公共服务能力有待加强。五是供应链发展水平不高,流通引导生产、促进消费的作用需要进一步强化。六是制约发展的管理体制机制因素仍然存在,法治化营商环境有待进一步完善。

## 二 构建新发展格局为全省商贸流通业发展带来新机遇和新挑战

当前,全省商贸流通业发展面临新形势、新要求、新任务、新机遇和新挑战。

### (一)双循环新发展格局对现代商贸流通体系建设提出新任务、新要求

党中央审时度势,谋划部署推进"双循环"战略,旨在依托我国超大市场规模优势和内需潜力,加快构建以国内大循环为主体、国内国际双循环相互促进的新发展格局。未来一段时间,国内市场主导国民经济循环的重要性更加凸显,国内统一大市场建设加速,经济增长的内需潜力释放加快。"十四五"时期,江苏省需扭住扩大内需这个战略基点,提升供给体系和流通体系对国内需求的适配性,引导生产、流通和消费更多依托国内市场,推进现代商贸流通体系建设,发挥流通对要素资源交汇融通的作用,引领消费和产业升级,在双循环新发展格局中体现商贸流通的基础性、先导性、战略性地位,形成需求牵引供给,供给创造需求的更高水平动态平衡。

### (二)科技与产业革命为商贸流通业发展带来新业态、新模式

新一轮科技革命与产业变革历史性交汇,互联网、物联网、大数据、人工智能、第五代移动通信技术、区块链等新一代信息技术得到广泛应用,以线上线下融合发展为代表的商贸流通新技术新业态新模式引领新消费发展。新一轮科技与产业革命,对于传统商业,既带来前所未有的生存与发展压力,又提供了巨大的转型创新发展动力与技术支撑;对于新兴商业,则带来了千载难逢的发展时机和广阔空间;对于商贸流通业,则提出了传统与现代、线下与线上、实体与虚拟整合互动发展的新课题。

**（三）城乡统筹布局和居民消费结构升级为商贸流通业发展带来新动力、新空间**

新型城镇化和城乡区域一体化进程进一步加快，极大地改变了流通业的时空格局，要求流通基础设施建设持续跟进。特色小镇建设亦将推动农村乡镇特色商贸加快发展。全省人均 GDP 突破 1 万美元，收入增加为消费增长注入原动力，居民消费进入换挡加速期，由大规模、同质化、普及型向多样化、差异化、品质化转变，从求量、求有、求新到求质、求好、求特转变。城乡统筹发展和消费结构升级，为商贸流通业带来了新动力、新空间，而土地、人力、物业租金等费用及综合成本的上升，也提出了创新经营业态、商业模式、服务内容和降本增效的艰巨任务。

## 二 全力推进现代商贸流通体系建设，为构建新发展格局提供强有力支撑

当前和今后一个时期，加快全省商贸流通体系建设，必须深入贯彻习近平总书记关于现代流通体系建设重要指示精神，按照党的十九届五中全会明确的"形成强大国内市场，构建新发展格局"决策部署，在省委省政府的坚强领导下，坚持以供给侧改革和高质量发展为主线，以提高商贸流通效率为引领，以创新为驱动力，转变流通发展方式，优化流通发展环境，加快完善现流通体系，促进流通循环畅通和商业稳定繁荣，为构建以国内大循环为主体、国内国际双循环相互促进的新发展格局提供有力支撑。

通过推进流通业的组织形式和表现形态的改革，实现流通组织创新、技术创新和制度创新，推进流通集约化、标准化、数字化转型发展，到"十四五"末，实现全省商贸流通业体制机制更加完善，服务经济社会发展能力进一步增强，打造一批国际竞争力强的现代流通企业，建设一批省级高品位步行街，培育一批经营模式、交易模式与国际接轨的商品交易市场，建成一批内外贸结合、具有较强国际影响力的大型会展平台，发展一批连接国际国内市场、运行规范有序的跨境贸易电子商务平台，加快形成网络健全、高效顺畅、方式多样、主体多元、开放包容、安全有序的现代商贸流通体系。

## （一）培育具有国际竞争力的现代商贸流通企业特别是大型跨国商贸企业

支持流通企业牵引推动流通与产业深度融合，构建一批引领消费升级、促进供需对接的商贸流通平台，实现上下游、产供销有机衔接。鼓励流通企业通过创新驱动、兼并重组做大做优做强，鼓励支持企业"拓外转内"，提升商贸企业整体竞争力和国际影响力。一是培育龙头商贸企业。重点引进总部或区域性总部商贸企业，鼓励国有控投的大型商贸企业发展混合所有制经济，引导大中型民营商贸企业通过兼并重组等方式进一步做大做强，鼓励有条件的商贸企业加快资本市场上市，加大限额以上商贸企业培育力度。二是大力支持供应链服务企业发展。加快培育一批供应链综合服务商，鼓励有资源优势和市场能力的企业整合供应链上下游资源，建设供应链综合服务平台，提供研发设计、采购执行、组织生产、分销执行、金融服务、品牌营销等一体化综合服务，实现商品全生命周期服务。三是推进企业内外贸融合发展。鼓励大型商贸流通企业到境外、国外开设分店分号，带动江苏制成品的出口。支持企业建设境外营销、支付结算和仓储物流网络，建立全球物流供应链和境外物流服务体系，推动国内流通渠道向境外延伸，打造一批竞争力强、内外贸一体化经营的跨国流通企业。

## （二）推进新业态新模式发展

发挥大数据大市场优势，深入推进线上线下贯通融合，促进传统业态转型升级。推动商贸流通数字化、智能化、平台化、生态化、个性化发展，更好地满足人民美好生活需要。进一步提升电子商务进农村水平。一是推动实体零售线上线下全面融合。支持传统零售企业，依托原有的实体网店、供应商、客户等商业资源，发展全渠道、体验式、定制化营销模式，推动线上线下融合发展。鼓励实体零售龙头企业与有实力的线上企业合作，整合数据资源、实体网点、供应商、客户等市场资源，大力发展精准营销、线下体验、线上下单、在线支付、快速配送等融合发展模式。支持电商企业通过新建、收购、合作等途径布局线下实体店，推动线下体验功能建设，满足消费者全时空消费需求。二是培育提升电商平台水平。加大对本地电商龙头企业培育支持力度，鼓励企业做大做强。大力引进国内外知名电商平台设立国际总部或功能性区域中心。支持生产制造、生活消费品、生产资料、生活服务等行业领域龙头骨干企业单独或联合开发自身的电商平台,发展一批销售类、服务类和跨境贸易类电商平台,重点扶持一批产业链带动作用明显的本地垂直电子商务交易平台。支持建设专业化的生产资料第三方电子商务平台,提供重要生产资料生产、需求和物流等全国性服务。加强培育和引进优质直播电商平台公司、直播电商经纪公司、直播电商服务机构、供应链公司等,孵化和培训网红品牌和带货达人,大力发展直播电商产业。三是打造数字商务企业。深入推进商贸领域数字化应用,加快数据赋能,引导商贸流通企业利用现代信息技术和数字技术手段,以平台为支撑,以产业融合为主线,积极打造新产业、新业态、新模式。继续培育一批新技术新模式转型升级型、线上线下融合应用型、供应链优化整合型、全渠道创新发展型的数字商务企业,着力提高企业的数字化、智能化、融合化水平。引导商贸企业加快应用大数据、云计算、物联网、人工智能、区块链和5G等现代信息技术,提升营销、物流、支付等数字化、智能化水平,实现精细化管理、精准化营销;应用生物识别、虚拟现实、增强现实等感知类信息技术,优化登录、认证、购物、验货、支付等流程,挖掘利用平台数据资源,创新消费场景,为消费者提供社群团购、直播带货、餐饮配送等综合服务,提升消费体验。四是稳步扩大跨境电商进口。推动全省跨境电商综试区用足用好跨境电子商务零售进口监管政策,不断优化监管模式和操作流程,积极发展网购保税进口。支持引导各地依托本地特色,培育和引进龙头型、平台型跨境电商进口企业,探索进口商品指定口岸建设与跨境电商进口相结合,大力发展线上线下结合的O2O模式、"网购保税进口+实体新零售"等模式,扩大优质消费品进口,促进品质消费,引导境外消费回流。

## (三) 优化商贸流通规划布局

以南京、苏锡常、徐州三大商圈建设为引领,推动多层次、多业态、多功能的特色性商圈、城市中心商圈发展。补齐流通设施短板,引导大型商贸流通企业下沉渠道,打造15分钟城市便民生活服务圈,完善乡村商贸网点,加快形成点线面结合、城乡互动、高效顺畅的商贸流通布局。一是推动长三角区域市场更高质量一体化。抓住长三角一体化上升为国家战略的重要机遇,按照"三联三互三统一"的总体要求,依托三省一市商务部门共同组建的长三角区域市场一体化合作机制,继续深入推进长三角区域市场一体化发展。加强与兄弟省市商务部门沟通协调,围绕重点领域和关键环节,以项目化形式推进合作事项落实,同时进一步拓展和丰富合作领域;鼓励商贸流通企业在长三角区域内跨省市布局,在农产品产销对接、物流标准化、电商平台合作等方面加强协同协作;对优化营商环境等改革举措加强系统集成,不断破除市场壁垒和区域阻隔,提升市场主体的感受度和获得感,共同推动长三角更高质量一体化发展。二是加快现代商圈建设。支持南京商圈特别是新街口核心商圈向高端化、品牌化发展,扩大对周边城市的辐射力。推进苏锡常商圈的现代化、特色化建设,提升苏南板块流通业的区域竞争优势。鼓励徐州现代商圈集聚流通资源、健全服务功能、提升发展水平,进一步巩固和发展徐州作为淮海经济区商贸中心城市地位。以"三大商圈"为示范,引领区域性、多层级的板块商业集聚发展,提升商贸流通业的整体素质和发展水平。三是推动农村商业网点连锁化经营、集中配送、信息化改造。进一步推进南京、无锡和徐州市城乡高效配送试点工作,总结推广形成的典型经验模式。加强城市末端和县、乡、村物流网点建设,推广应用标准托盘和生鲜周转筐,促进消费品下乡和农产品进城双向流通。提倡电子商务普遍进农村、到末端,发展乡镇商贸,引导电子商务企业开拓农村市场,通过工业品下乡释放乡村消费潜力。完善全省农产品流通骨干网,加快农产品冷链物流建设,支持"农批对接""农超对接"、农产品电子商务等流通模式。四是促进社区商业发展。针对新旧小区商业设施网点有无劣优等情况分类指导,加强社区商业网点、公共服务设施业态配置,推动社区商业转型升级、创新发展,完善社区商业综合服务体系,切实为社区居民提供便利化、多样化、优质化服务。支持品牌连锁企业开设社区便利店,支持餐饮、家政、洗染等品牌企业拓展社区连锁网店,方便居民生活。鼓励有条件的小区建设发展融合各种新型业态、各种服务功能的现代社区商业,成为集商业、休闲、文化等功能于一体的居民生活中心。支持电子商务进社区建设,加快推进生活服务业线上线下融合发展,形成一批有效满足居民生活服务需求,具有较强专业化服务能力的服务平台。

## (四) 加快商贸流通新型载体建设

推进国家级和省级步行街改造提升,合理布局商业综合体、消费体验中心等。推动适应新消费的功能设施建设,加强与立体交通的高效衔接,加快推进以 5G 为核心的新一代信息基础设施建设,推进商圈、街区、宾馆饭店等主要消费场所区域光纤宽带、无线网络、5G 信号等全覆盖。支持便利店、农贸市场等直接关系群众日常生活的商贸流通设施改造升级、健康发展。一是继续推进国家级和省级步行街改造提升试点。发挥南京夫子庙步行街荣获首批"全国示范步行街"的"溢出效应",总结推广南京夫子庙步行街改造提升典型经验,全面推开 8 条省级高品位步行街试点街区和 13 条培育街区建设,建成一批环境优、品质高、体验强、文化浓的高品位步行街,使其成为促进消费升级的平台、推动经济高质量发展的载体、扩大对外开放的窗口和代表城市靓丽形象的名片。二是抓好品牌连锁便利店和小店经济。继续以南京、无锡为重点,加快推进品牌连锁便利店发展。开展全省小店经济推进行动,以试点为抓手,促进小店集聚区升级,加强赋能创新服务,推动小店便民化、特色化、数字化发展,优化营商环境,形成多层次、多类别的小店经济发展体系,满足人民消费升级需求。三是进一步推进农贸市场改造升级。完善农贸市场建设和管理规范,鼓励地方制定的标准规范高于国家的建设标准。引导市场提升环境、完善功能、优化服务,向超市化、智慧化、绿色化方向转型发展。推行农贸市场连锁化、品牌化运营。推动农贸市场线上线下融合发展,通过线上下单、线下体验,提供配送和售后等服务,不断优化消费路径、打破场景限制,推动新模式新业态的发展。引导各地加大对乡镇农贸市场建设改造的力度。四是推动国家电子商务示范基地转型升级。进一步优化国家级电子商务示范基地发展布局,更好地发挥其在培育中小企业电子商务企业、激励新技术应用、促进模式业态创新和传统产业转型升级,带动创业就业、促进精准扶贫和消费升级等方面的作用。推动国家电子商务示范基地以高起点规划为引领,密切结合自身发展特色和不同区域发展需求,不断完善公共服务体系,培育一批电子商务众创空间,加强跨区域分工协作,促进数据、人才等要素的流动和共享,打造创业创新、培训孵化、消费促进、产业融合高地,实现区域协调发展。五是集聚国际高端知名品牌资源。鼓励企业在江苏省布局全球总部、亚太总部、大中华区总部,设立研发中心、采购中心、结算中心、运营中心,加快建设国际品牌的"重要驻地"。支持国内外知名品牌在江苏省设立全球性、全国性和区域性的品牌首店、旗舰店,打造国内外品牌"世界橱窗"。六是搭建时尚新品发布平台。打造一批新品首发地标性载体,做强一批线上线下相结合的新品发布专业平台,强化创意产品展示中心、全媒体发布中心、创新试验中心等功能。支持举办新品集中发布的国际展会、商业节庆等活动。七是打造老字号品牌。进一步优化老字号发展环境,增强老字号企业自主创新和市场竞争能力,多层级推动中华老字号、江苏老字号和地方老字号共同发展。深入推进老字号"三进三促",加快老字号改革重组,放大"江苏老字号产业投资基金"资本效应,增强企业发展能力,提升品牌竞争力。积极引导老字号企业利用展会、媒体等平台,整体展示和推介江苏老字号,提升江苏老字号的知名度和公信度。推动老字号集聚街区建设。八是加快推动多业态融合发展。推动文商旅体会联动发展,支持文化、艺术、社交和零售跨界融合,鼓励复合书店、创意设计酒店等多业态聚合的新型复合消费业态发展。鼓励购物中心、大型百货等调整业态布局,形成文化、艺术、教育、餐饮、娱乐、体验和零售聚合的新型复合消费中心。大力发展夜间经济。

## (五) 打造促流通扩消费的亮点平台

继续跟踪争取南京、苏州、徐州、无锡等城市培育建设国际消费中心城市试点工作,建设一流的大型综合展会及专业性展会,发展跨境电商和国际化大型商品交易平台。一是持续推进消费促进活动。按照"全面促进消费"任务要求,深入实施"146 消费提振行动",持续开展"品质生活·苏新消费"系列促进活动,实现"省市县、政银企、线上下、内外贸"四个联动,在努力打造江苏促流通扩消费重要品牌的同时,引导和鼓励商贸流通企业在围绕扩大内需任务,满足社会消费需求的同时,加快新平台新业态新模式的培育,实现企业更快发展。二是继续争取培育建设国际消费中心城市试点工作。积极推动国际消费中心城市建设。鼓励南京、苏州、徐州、无锡等基础条件好、消费潜力大、国际化水平高的城市培育建设国际消费中心城市。推动品牌商品国内市场与国际市场在品质价格、上市时间、售后服务等方面同步接轨。三是推进商品交易市场平台化转型。鼓励商品交易市场以信息化应用、定制化服务、平台化转型为发展方向,推动商品生产、流通及配套服务高效融合;加快提升和完善商品交易市场综合服务功能,更好地链接上下游企业,逐步形成商品供需、服务集成、产业协同的平台经济生态;引导农产品市场搭建线上线下融合的产销对接平台,多渠道拓宽农产品产销对接渠道。推动工业消费品市场跨界融合,依托供应链平台优化采购、生产、销售、物流等资源配置,引领生产企业更好地满足居民消费升级和多样化、个性化需求。以数据共享为纽带,探索发展"城区展示交易＋远郊仓储物流"或"大型市场批发＋中小市场就近配送"新模式。统筹国际国内两个市场两种资源,促进重点商品市场与"一带一路"沿线国家核心市场互联互通。四是加快"互联网＋会展"发展。运用"互联网＋"推动会展业转型升级,提升展馆智慧化服务功能,构建会展综合服务平台,积极培育展馆方、主办方、参展商对接与合作新模式,推动线上线下宣传、展示、交易,全面推动会展行业在市场运营、项目监管和服务水平方面提质增效。五是搭建保税展示交易平台。依托保税区,集跨境电商、商品展示、保税仓储、分销配送功能于一体,对接内外贸零售环节,通过品牌全球调拨参与国际贸易的资源配置,结合各区域特色优势,布局建设中高端产品、食品、冷链产品、科技产品等差异化保税展示交易平台。

### (六)完善商贸流通领域制度规范标准和规制体系

支持外贸企业发展同线同标同质产品业务,加强商贸流通标准化建设和绿色发展,提升流通效率,减少流通领域浪费。一是推进商贸流通标准化建设。加强流通基础设施、连锁经营、电子商务、商贸物流、农产品流通等重点领域标准的制(修)订。推进重点商贸流通企业参与专业领域地方标准、管理及服务规范的制定工作,加快相关企业标准向行业标准、国家标准和国际标准转化。培育商贸流通标准化服务和管理品牌,增强实施应用示范作用。推广南京、无锡、徐州市物流标准化试点经验,强化标准体系的宣传贯彻与实施应用。二是推动"三同"产品发展。支持出口企业发展"同线同标同质"(以下简称"三同")产品,对标国际先进标准生产出口和内销产品,逐步消除国内市场和国际市场产品在质量标准上的差异。推动"三同"适用范围,从食品、农产品扩大至一般消费品、工业品领域,开通国内生产销售审批快速通道,完善"三同"公共信息服务平台。支持"三同"产品在其出口包装上临时加贴中文标志在国内市场销售,企业应当对中文和外文标签、标志的一致性负责。三是促进商贸流通绿色化发展。建立或整合再生资源信息服务平台,优化再生资源回收利用产业链。指导各地商务部门和相关企业,落实一次性塑料制品使用回收报告制度,扎实推动商务领域塑料污染治理工作。鼓励家电生产、销售企业、家电回收企业和电商平台等,开展以"四机一脑"(电视机、电冰箱、洗衣机、空调、电脑)为主要内容的家电以旧换新活动。持续推进绿色商场创建活动。

### (七) 营造公平竞争、繁荣有序、安全可控的营商环境

切实防范垄断和安全风险,加快全省商贸信用体系建设,完善应急保供体系建设,构建自主可控的流通安全体系。一是持续推进商务诚信体系建设。以商务诚信公众服务平台为载体,以信用监管为着力点,大力推进商务诚信体系建设,加快构建商务领域以信用为基础的新型监管机制,推进商务领域治理能力现代化,营造良好流通市场环境,服务商务事业高质量发展。二是加强事中事后监管。进一步推进"互联网+监管"工作,聚焦单用途商业预付卡、汽车销售、成品油、家政服务、商业特许经营等违法违规问题易发多发的领域,联合相关综合执法监管部门开展专项整治联合行动。组织开展"双随机、一公开"工作,加大执法监管力度,不断优化和提升市场环境。三是统筹商贸流通与安全。加快推进以我为主的跨境物流、全球供应链,保障产业链供应链安全。进一步完善应急保供体系建设,结合商务系统生活必需品市场应急保供管理工作实际,按照"纵向到底,横向到边"的要求,进一步完善各地商贸领域各专项应急预案,扩大预案体系的覆盖面,增强预案内容的实用性。充分发挥商业储备的作用,依托各地大型农批市场、大型农副产品基地和大型商超,通过增加外采,加大储备等方式,增加商业储备,并实时掌握库存情况,保持合理库存水平,增强投放网点建设,提高投放能力。加强市场分析研判,准确及时发布信息。

### 四 突出十大重点工作抓手,推动全省现代商贸流通体系建设落地落实

一是培育一批龙头商贸流通企业。通过培育引进等多种方式支持建设一批具有较强竞争力的江苏省大型现代商贸流通企业。

二是加快实施步行街改造提升。抓好省级步行街试点街区和培育街区改造提升,争取更多国家级步行街改造提升试点示范项目,打造更多商贸流通发展载体。

三是建设国际和区域消费中心城市。争取申报建设一个国家级消费中心城市，推进一批长三角及省域消费中心城市建设。

四是加快推进传统商贸流通企业转型发展。通过支持不同类别的传统商贸流通企业强化新技术应用和数字化转型，通过线上线下融合实现健康快速发展，以此为示范带动更多传统商贸流通企业适应形势需要加快转型发展。

五是持续推进农贸市场改造升级。持续推进农贸市场改造升级工作，补齐农产品流通基础设施短板。

六是实施农村商贸流通畅通工程。重点推进大型商贸流通企业供应链网络下沉乡村，提升农村商贸流通服务质量和水平；继续推进农村电子商务发展，畅通农产品销售渠道，提高流通效率。

七是指导各地编制城市商业网点规划。进行新一轮商业网点规划修编、定编，提升规划的刚性和操作性，合理布局商业资源，防止重复建设和同质化竞争。

八是推进长三角地区商贸流通一体化。支持商贸流通企业区域内跨省市布局，在农产品产销对接、电商平台合作、流通秩序规范等方面加强协同协作。

九是打造跨境电商平台。发挥跨境电子商务综合试验区示范引领作用，加大政策措施支持力度，加快建设一批连接国际国内市场、运行规范有序的跨境电子商务平台。

十是推进商务诚信体系建设。加强宣传推广，拓展信用服务和场景，强化商务诚信公众服务平台应用。开展老字号、单用途商业预付卡、电子商务、对外投资和对外经济合作等业务领域信用监管示范创建工作，提高商务领域信用监管水平。

## 五　对加强全省现代商贸流通体系建设的几点建议

### （一）制定出台政策文件

研究制定江苏省推行现代商贸流通体系建设政策文件，加强商务领域政策与产业、财税、金融、人才等政策的集聚整合，加大对中央、省、市促进商贸流通发展有关政策的统筹推进，确保政策措施落实到位。进一步推动商务发展专项资金支持现代商贸流通体系重大项目建设。

## （二）完善工作协调机制

建立与现代商贸流通发展需要相适应的管理体制，形成各部门联动、市区协同的工作机制。完善重大项目推进机制，制订年度实施计划，明确部门责任、任务分工，切实推动项目的落实。加强规划实施管理，建立"市场机制指引、政府管理服务、社会协同共治"的商贸流通新型治理模式。

## （三）强化人才队伍支撑

鼓励省内高等院校增设高水平的国际商务、电子商务、现代物流、现代会展等专业和课程，培养符合现代流通业发展需要的专业人才。强化职业培训，探索职业教育和培训服务新方式，培养实用人才、专业技术人才。加强人才引进，吸引海内外精通现代流通方式、掌握商业经营管理和信息化知识的高端紧缺人才，促进人才流动。加强干部培训，强化商贸流通管理队伍建设。

## （四）完善统计监测体系

完善商务领域统计运行监测分析体系，加强研究推行适应新消费模式、新消费业态的统计方法，健全生产性服务消费、社会消费品零售总额统计口径和统计方法，健全服务贸易统计制度。构建商贸流通统计监测大数据平台，加强数据关联度分析和深度挖掘，强化预测预警。完善数据发布制度，运用数字媒体和信息化社交平台，构建全方位、多层次、更高效的信息传播网络。

# 开发区体制机制创新

　　为深入贯彻落实省委十三届七次、八次全会精神，紧紧围绕"推动有条件的开发区开展去行政化改革，进行整体性、系统性职能重构"，2020年5月中旬至7月，省商务厅组成专题调研组，对南京、苏州、南通、常州、泰州、淮安、徐州等地开发区体制机制改革情况进行调研，同时认真学习借鉴兄弟省市改革经验，形成了专题调研报告。

## 一　全省开发区管理体制现状及存在问题

### （一）发展现状

　　开发区是高质量发展的主阵地、改革开放的排头兵、体制机制创新的试验田。江苏开发区经过30多年建设发展，规模不断壮大，布局逐渐优化，功能持续提升，在推动经济发展、促进对外开放、加快改革创新等方面发挥了不可替代的作用，为全省经济持续健康发展做出了重要贡献。目前，经国务院、省政府正式批准设立的全省开发区共158家，其中国家级46家（经济类26家、高新类17家、旅游类2家、保税类 1 家），省级 112 家（经济类 91 家、高新类 21 家）。全省国家级经开区、高新区数量均居全国第一。全省 96 个县（市、区）中，除个别设区市的 3 个主城区（南京的鼓楼区、无锡的梁溪区、苏州的姑苏区）外，每个县（市、区）都有正式批准设立的开发区，其中有 12 个县（市、区）设有 3 家开发区。

全省国家级经开区总体发展态势良好，较好地发挥了示范、辐射和带动作用。根据商务部 2019 年国家级经开区综合发展水平考核评价结果，全国 219 家参评经开区，前 80 位中江苏省占 20 家，苏州工业园区、昆山经济技术开发区、南京经济技术开发区、江宁经济技术开发区等 4 家经开区进入前 10，其中苏州工业园区连续 4 年位居第一。开发区作为对外开放的重要载体，创造了全省约 50% 的经济总量和一般公共预算收入，60% 的固定资产投资，70% 的工业增加值，80% 的实际使用外资和外贸进出口，90% 以上的外商投资高新技术企业和 1 亿美元以上的重大产业项目，为全省开放型经济高质量发展提供了重要支撑和坚实保障。

### （二）管理体制基本类型

根据开发区与行政区的关系，全省开发区的管理体制大致有三种类型：一是"区政合一"的管理体制。开发区党工委、管委会与功能、权限较为完整的县级行政区管理职能合一，或实行"两块牌子、一班人马"，内设机构基本保持行政区管理机构的编制和职能。这类开发区一般设立时间早、产城融合度高，如苏州高新区（虎丘区）、无锡高新区（新吴区）、常州高新区（新北区）等，已基本实现"区政合一"的管理体制。二是准政府的管理体制。全省约 85% 的开发区采取这种管理体制，具体运作中主要又分两种模式："托管代管"模式，开发区受委托对所在或周边乡镇（街道）实施一体化管理，如南京经济技术开发区、常州钟楼经济开发区等，这类开发区约占总数的 58%；"以区带镇"模式，以开发区为主，开发区党工委、管委会与所在乡镇（街道）合署办公，实行"两块牌子、一套班子"，如吴江经济技术开发区与同里镇合署，靖江经济技术开发区与斜桥镇合署等，这类开发区约占总数的 27%。三是"独立运作"的管理体制。全省有 21 家开发区尚处于起步阶段，约占开发区总数的 13%，当前的主要任务是招商引资，产城融合度较低，如洪泽经济开发区、滨海经济开发区等，无下辖街道、社区，管委会在规定的管辖范围内进行独立开发管理。

## （三）存在短板问题

开发区建设初期，大多以"三为主"（发展工业为主、利用外资为主、出口创汇为主）为建设方向。经过多年来的建设发展，开发区面临的形势和任务已发生非常大的变化，主要体现在：一是区域开发的成熟度大幅提升，经济发展的带动效果显著，多数已成长为区域经济的增长极。二是发展方式由外延式向内涵式转变，由于土地资源的稀缺性，开发区的发展潜力受到土地总量的限制，从而由"开疆扩土"为主的发展方式转变为资源集约利用与产业转型升级为主的发展方式。三是公共服务与社会管理需求日益增长，随着产业与经济的发展，人口不断向开发区集聚，由此产生了大量公共服务与社会管理需求。开发区职能体系与其经济发展功能定位不一致所带来的问题开始凸显。

### 1. 从组织架构上看，开发区向"大而全"体制回归迹象明显

初创期的开发区为优化营商环境、提高入区项目服务效率，通常采用精简、效能、统一的"小政府"体制，地方政府通过强有力的行政推动，对开发区管委会进行了较为彻底的放权。由于开发区管委会的管理职能趋于全能化、全领域，一些地方政府直接将开发区作为行政区对待，要求开发区内设机构与行政区机构"上下对口"，对开发区的考核也简单视同于行政区。在这种情况下，开发区（尤其是国家级开发区）普遍通过单设、合并、挂牌等多种方式设立内部管理机构，履行类行政区各项职能。即便是以精简高效著称的苏州工业园区，其管委会常设机构也由设立之初的 7 个增加到 2019 年年底的 30 个左右。开发区管委会内设机构的增加，导致"条块"间的协调成本随之提高，不利于建立"小政府、大社会"的管理模式和精简高效的运行体制。以行政审批为例，由于部门间的职能分工更加精细和复杂，加大了对多部门联合审批的复杂事务协调难度，导致开发区行政效率下降。

### 2. 从职能设置上看，社会管理事务牵扯大量精力

开发区设立初期，地域上往往距主城区较远，经国家和省政府批准设立的面积较小，大多不超过 10 平方公里。随着开发区的发展壮大，原有的"四至范围"逐渐难以满足开发需要。为拓展发展空间，或放大开发区发展效应和带动作用，地方政府一般采取将乡镇（街道）交由开发区托管代管的方式，推动区镇

(街道)联动发展。统计数据显示,全省 158 家省级以上开发区的"国批面积"约为 988 平方公里,而"实际管辖面积"超过 1.35 万平方公里,足足扩大了 13 倍。随着实际管辖范围的逐渐扩大,人口及生产要素加速集聚,开发区内住房、教育、医疗、文化等社会公共服务的需求缺口越来越大;开发区已不再是单纯的经济功能区,管委会不仅要承担经济工作的职能,还担负着日益繁重的居民服务、流动人口管理、文教卫生、劳动就业、民政福利、公共环境、社会治安等大量社会管理工作。开发区原有的相对精简的管理体制运行压力增大,只能通过增设部门、聘用人员来承担繁杂的社会管理事务,部分开发区负责社会事务的机构占总数的 50%以上,编外人员数量高达 60%以上,但依然不能满足日益增长的公共服务和社会事务管理需求。

3. 从放权赋能上看,对开发区的经济管理权限下放仍不到位

2018 年出台的《江苏省开发区条例》将开发区管委会定义为所在地县级以上地方人民政府的派出机关,可在规定的职责范围内行使经济管理权限,提供投资服务。但由于国家层面尚未对开发区进行立法,开发区管委会的行政主体地位在现实中尚未得到有效保障,目前其工作职能主要依靠政府及其职能部门的授权或委托。近年来江苏省持续加大简政放权工作力度,多数地方政府将经济管理权限和部分行政权限下放给开发区,但由于多方面原因,对开发区的赋权仍然不够到位。一是选择性放权和拆分式放权依然存在。部分开发区(特别是省级开发区)反映在行政审批的链条上依然存在"半层级"的现象,虽然成立了行政审批局,但只是初审权下放,决定权仍然保留在政府有关部门。有些地方企业办理生产、经营审批事项时,既要去政府相关部门,又要去管委会相关部门。二是"接不住、接不好"的问题较为突出。一些行政审批事项,对审批核准人有专业资质要求,或具有较强的业务技术规范,而各级政府下放权限"只划事不划人",开发区符合条件的审批人员数量不足,直接影响到赋权承接效果。例如,海洋、大气监管等审批事项,宜由市级层面统一监管,赋权给开发区既管不了,也管不好。三是开发区内在发展需要的关键环节权力下放仍不到位。规划、立项、土地、环保、安监等和开发区建设有直接关系的管理权限下放不够,大部分审批窗口都是市级部门派驻,甚至个别已经下放的权限又被收回,开发区的自主性受到制约。部分开发区管委会在调研中反映,"有的垂直管理部门将具体工作下放到开发区,职权上收、责任下压,影响了工

作效率和管理水平的提升。"

4. 从干部管理上看，人才流动和队伍建设面临难题

开发区编制总量有限，工作人员中行政、事业及企业多种身份并存，存在混岗、混编现象，考核、薪酬、退休待遇等方面难以统一规范，给开发区的人事管理带来难题。不少开发区存在干部交流渠道偏窄、晋升缓慢、优秀人才流失的问题，干部年龄整体偏大，进取意识减弱。尤其是相当数量的国家级开发区管委会为副厅级，其职能机构一般为处级，开发区干部级别高于传统行政区，造成了开发区干部对外交流难度较大，大多只能在开发区内部"体内循环"。甚至一些地方把开发区作为安置任用干部的特殊平台，有的开发区管委会仅副主任、主任助理等岗位就配备10多人，而其中熟悉经济和招商工作的干部却不多。部分开发区主要领导任期过短、调整过快，难以谋及长远。加之公务员实行阳光工资后，开发区在收入分配、薪酬激励机制等方面比较优势减弱；部分开发区规定聘任制人员不得担任部门中层管理岗位，雇员体系缺乏正常的晋升通道等，这些因素均对开发区干部的工作积极性主动性创造性产生了消极影响。

当前，江苏开发区面临着原有政策红利释放到位、资源要素约束日益加剧、转型升级瓶颈逐渐凸显的局面，开发区作为特殊经济区的改革示范效应、开放引领效应有所弱化。一些开发区安于现状、满足取得的成绩，或受制于各种条条框框的限制，开发功能弱化，创新活力减退，迫切需要通过开展开发区管理体制机制改革，推动开发区聚焦经济建设主责主业，激发高质量发展新动能。

## 二 开发区体制机制改革基本情况

2019年5月，国务院印发《关于推进国家级经济技术开发区创新提升打造改革新高地的意见》，明确"允许国家级经开区按照机构编制管理相关规定，调整内设机构、职能、人员等，推进机构设置和职能配置优化协同高效""支持国家级经开区创新选人用人机制，经批准可实行聘任制、绩效考核制等"，为各地推进开发区体制机制改革提供了依据。2019年，天津经济技术开发区开展"法定机构"改革，山东省推动开发区管委会"瘦身强体"，浙江省以"横向整合、

纵向授权"为突破口推动开发区创新提升,广州开发区将机构改革与"放管服"改革相结合,推动管委会职能体系更加系统完备、科学规范、机构优化、运行高效、特色鲜明,为江苏省推动开发区管理体制机制改革提供了很好的借鉴。今年上半年,南京、南通两市和苏州工业园区亦启动改革,三地模式各有侧重、各有特色。

南通市"三管齐下"推动开发区管理体制机制改革:一是以"区镇分设"聚焦开发区主责主业。进一步厘清开发区与街道的职能划分,强化开发区经济管理职能,社会事务交街道兜底。明确开发区体制机制和机构编制管理规定,新成立行政审批局和综合执法局,制定 5 个国家级开发区全链审批赋权清单268 项,在 13 个省级开发区创新开展赋权改革试点。二是以"一区多园"促进整合优化。以经济实力较强的省级以上开发区为主,对区位相邻、产业相似的园区进行整合,由开发区对其实施统一规划、统一建设、统一招商、统一管理。例如,海门市以海门经济技术开发区为主体,与海门高新区实行一体化运行,发展空间拓展近一倍,更好地发挥了国家级经开区的集聚、辐射和带动效应。三是以"产业核心区"推动集聚发展。在各开发区分别确定 1 个 15～30 平方公里的核心区,作为未来 5～10 年优先发展的区域,实行成熟一片推进一片的滚动开发,逐步实现产城融合发展。

南京市着力推动"机构精简""全员聘用"。一是精简整合职能机构和产业平台机构,自主设置内设机构,原职能机构予以封存,承担经济发展和打造营商环境等职责的内设机构比例不低于 60%。二是推行"档案封存、全员聘用、竞争上岗"的人事制度改革,探索员额制管理,开发区在人员控制额度内自主设置工作岗位,推动以岗定薪,人员从"身份管理"向"岗位管理"转变,实行KPI(关键绩效指标)考核,建立了与考核体系相配套的以"基本薪酬＋绩效工资"为主、更加体现公平的薪酬制度。设置人员刚性淘汰率,每两年对排名在末位 3%的不合格人员进行淘汰。

苏州工业园区重点打造"高效运行"的政务环境,完善"考核激励"的招商机制。一是通过职能体系重组,推动实现"大部门制 2.0 版本",严格控制内设机构数量,大幅撤销挂牌机构数量,通过改革减少挂牌机构不少于 20 个。加大各类管理资源统筹,持续提升行政资源使用效率,进一步凸显精简高效的开发区特色和优势。二是明确投资促进局有限公司、科技招商中心、CBD 招商中心作为专业招商机构,享有较为充分的人员、经费资助管理权限。招商人员实行岗位年薪制,其中绩效年薪根据绩效考核确定。完成年度考核基数目标的,招商人员绩效年薪按机关人员的 2 倍执行;超出年度考核基数目标的,按比例上浮绩效年薪,上不封顶。

## 三 推进开发区管理体制机制改革的总体考虑和思路

以习近平新时代中国特色社会主义思想为指导,深入贯彻落实《国务院关于推进国家级经济技术开发区创新提升打造改革开放新高地的意见》《国务院关于促进国家级高新技术产业开发区高质量发展的若干意见》,认真落实省委十三届七次、八次全会精神,以去行政化改革为重点,以体制机制创新为核心,以职能重构、减负赋能为主要方向,坚持因地制宜、分类指导、精准施策,着力推动开发区提升发展动力、活力、竞争力,提高产业高质量发展水平,最大限度激发改革创新活力,成为全省开放创新发展的引领示范区、体制机制改革的先行区。当前和今后一个时期,建议进一步强化以下重点工作。

### (一) 加强党的领导

全面落实新时代党的建设总要求和党的路线方针政策,坚决执行党中央决策部署和省委部署要求,健全开发区党建工作体制,将加强政治建设贯彻到谋划开发区发展战略、部署重大任务、推进重大工程的具体工作中去,强化开发区党工委把方向、谋大局、定政策、促改革的能力和定力。坚持党要管党、全面从严治党,建立重大事项向党委报告等制度。

### (二) 理顺区政关系

根据开发区发展阶段、管理模式和功能定位,科学确定管委会承担的主要职责任务,并根据发展需要和不同阶段工作重点及时调整完善。

对经过多年发展、位于中心城区、产城融合度较高的开发区,积极推动向城市综合功能区转型,鼓励与所在行政区实行"区政合一"管理体制。"区政合一"后,开发区应与所在行政区整合设置机构,实行"一套机构、两块牌子"的管理体制,开发区管委会保持精简高效的特点,保留必要的内设机构,主要负责对辖区内功能园区进行经济管理。

对产城融合发展过程中或托管代管乡镇（街道）的开发区，进一步理顺与所辖乡镇（街道）的关系，合理确定双方的权责划分、利益分配和考核指标。对开发区管委会应侧重经济类指标的考核，对所辖乡镇（街道）应侧重社会事务、社会管理的考核，建立开发区与行政区之间的利益补偿机制。所辖乡镇（街道）党委书记原则上由开发区党工委推荐，可在开发区党工委（管委会）兼职。开发区与所辖乡镇（街道）实行统一规划，统一建设和统一管理，形成资源共享、优势互补的整体优势与规模效应。

对区域范围相对独立、处于起步阶段、具备一定发展潜力和发展空间的开发区，进一步明确开发区与所在行政区的管理边界、权责划分。开发区聚焦落实规划、产业发展、招商引资、服务企业、安全生产等经济管理职责，公共服务、民生保障、社会稳定、征地拆迁等社会事务管理职能原则上交由属地政府承担。

支持有条件的地区借鉴深圳、天津等地成熟经验，探索设立开发区"法定机构"，通过地方立法或授权的方式赋予开发区经济、行政和必要的社会管理权限，由开发区管理机构单独承担开发区发展、管理和服务等各项职能任务。

## （三）精简机构设置

开发区管委会按照优化、协同、高效的原则和市人民政府赋予的权限，自主设立、调整内部职能机构，按规定程序报批。深入推进大部门制改革，实行扁平化管理，职能机构以下原则上不再设管理层级，形成精简效能的组织体系。整合归并综合事务部门，加强主责主业机构，人员和资源向招商引资一线和服务企业一线集聚，不与地方党政部门搞上下对口。除法律、行政法规规定实行垂直领导的外，市级管理部门原则上不得向开发区派驻机构。

## （四）加强放权赋能

对 2017 年省政府赋予国家级开发区的 220 项设区市级管理权限进行补充和调整，聚焦市场准入和投资建设审批的全链条，再赋权一批适合实际、有利于高质量发展的审批事项给国家级开发区，将开发区普遍反映接不住、接不好的审批事项收回。市级管理部门应当按照"权责一致、职能匹配、能放皆放"

原则,加大对省级开发区的放权赋能力度,赋予省级开发区管委会相对独立、完整的经济管理权限和与企业服务有关的社会管理权限,以提高开发区服务效能和办事效率。积极推动开发区相对集中行政处罚权试点,经省有关部门批复同意后,市级政府可赋予有条件的开发区在区内行使相对集中行政处罚权,真正实现"一支队伍管执法"。

### (五) 推进整合优化

以"一县一区、一区多园"为基本原则,坚持规划先行、空间整合、管理合一、产业错位、功能优化的目标,按照先空间、后管理、再功能的步骤,以大带小、以强扶弱,有序、分类推进开发区整合优化。鼓励以国家级开发区和发展水平高的省级开发区为主体,整合区位相邻、产业相近、规模较小的开发区或功能园区,建立统一的管理机构,实施统一管理。优先对省级以下各类"小、散、弱"的开发园区进行整合,实行"开发区+功能园区""一区多园"模式,被整合的开发园区管理机构调整为主体开发区职能机构性质的管理办公室。

### (六) 促进产业集聚

开发区要在符合城镇总体规划、国土空间规划、产业发展规划的前提下,科学规划功能布局,突出生产集聚功能。鼓励开发区明确一定面积的产业核心区用于转型发展、集聚发展、优质发展,统筹主导产业集聚区和科技创新发展区、商务配套服务区、高端品质生活区等城市功能建设,提升开发区要素资源吸纳能力、产业支撑能力和对周边辐射带动能力。按照有序开发的原则,逐步扩大核心区范围,引导产业和人口集聚,实现以产带城、以城促产、产城融合。

### (七) 改革人事薪酬

鼓励有条件的开发区探索实行"全员聘任、绩效考核、按岗定薪"的灵活用人机制,除由地方领导班子成员兼任的外,因地制宜实行全员聘任制、竞争上岗制、末位淘汰制等,探索人事管理从"身份管理"向"岗位管理"转变,建立人员能进能出、岗位能上能下的竞争性选人用人机制。支持各地按照当地公务员税前薪酬水平的合理倍数确定开发区年度薪酬总额,与开发区经济发展、税收增长、辐射带动作用等挂钩。在薪酬总额内，允许开发区管委会自主确定人员薪酬水平、分配办法，适当拉开收入档次。鼓励对特殊人才和特殊岗位采取年薪制、协议工资制或项目工资制等多种分配机制，所需额度可不计入薪酬总额。

### （八）加强考核评价

省级层面进一步完善开发区科学发展综合考核评价体系，全面反映开发区的开发程度、产业集聚度、开放水平、技术创新能力、创新创业环境、单位土地投资强度和产出率、带动就业能力、经济效益、环境保护等情况，重点评价增量增幅和发展质量。加强对考核结果的运用，对综合排名、分项评价居前以及进位明显的开发区给予省财政资金奖励，对成绩突出的省级开发区优先支持申报国家级开发区；对评价排名居后的，给予约谈并通报。

支持各地对开发区实行统一综合考核，在考核指标、指标权重、打分标准、结果运用上与行政区有所区别，突出产业结构转型升级、经济高质量发展重点，加大对招商引资、主导产业、重大项目、资源集约利用等考核力度。进一步强化正向激励导向，综合考核结果与开发区领导班子考核、享受优惠政策、用人员额、年度绩效考核等挂钩，支持开发区拿出考核奖励中不低于20%的奖金专门用于奖励招商有功人员，激发招商干部干事创业的动力。

## 四　有关工作建议

一是完善统筹协调工作机制。开发区管理体制机制改革创新，是对开发区现有行政化管理体制和职能体系的系统性、整体性、重构性改革，不能简单理解为减机构、甩包袱、去身份。应强化系统性思维，在开发区建立有别于行政区的、精简高效的制度安排和体制机制。建议进一步完善省级层面推进开发区管理体制机制改革的统筹协调机制，强化对开发区管理体制改革、整合优化、考核评价等重大问题的协调推动，重点解决深层次的结构性、体制性问题，使改革经受住实践的检验，发挥长远的效应。

二是研究出台改革指导意见。建议省级层面制定出台关于推动江苏省开发区体制机制改革创新的意见措施，坚持目标导向、问题导向、结果导向，重在方向性和指导性，为地方改革留下空间。省有关部门密切联系地方实际，梳理总结地方先行探索的典型案例，围绕改革核心问题，探索研究推出"分类菜单式"实施细则。各设区市作为改革具体操作层级，负责制定具体方案，并把握好改革时机，保持好当前经济良性循环发展的稳定性；科学处理好改革政策的配套问题、与以往政策的衔接问题以及改革政策与试点单位现状的衔接问题。

三是鼓励地方试点示范。建议坚持分类指导、因地制宜、鼓励探索，以设区市为单位，选择不同管理模式、不同发展阶段的典型开发区作为管理体制机制改革试点；既可整体推进，也可专项突破，鼓励实施"一区一策"，给予地方更大的改革自主权和探索权。鼓励开发区先行先试，根据自身基础和条件，在开放创新发展、理顺区政关系、精简机构设置、加大授权赋能、人事薪酬制度改革、产业核心区建设、"一区多园"整合优化、公司化专业招商等领域大胆探索实践，制定切实可行的改革方案。

四是强化动态评估并持续完善改革举措。建议省、市层面不断强化改革效果动态评估，及时调整、深化改革举措，确保改革实效。比如对目前逐渐显现的一些改革潜在问题，如开发区公务员身份封闭运行后的职级晋升、实行"末位淘汰制"的开发区人员退出安置机制、区镇分设后如何调动镇一级干部的工作积极性等问题，进一步研究形成制度性改革举措。省有关部门要密切跟踪各地改革进展，加强工作指导，注意发现、总结成功做法，形成改革经验予以复制推广。

# FTA 宣传推广

近年来,江苏省按照党中央、国务院实施国家自贸区战略的部署要求,在全国率先建立省级部门联合工作机制,大力开展国家自贸区战略宣传推广工作,取得了积极成效。2020年7月,商务部、海关总署、中国贸促会联合印发《关于进一步做好双边和区域自由贸易协定实施工作的通知》(以下简称《通知》),向全国推广江苏FTA(自由贸易协定)宣传培训工作的经验做法。省商务厅牵头完成的《江苏利用FTA助力开放型经济高质量发展成效明显》调研报告(以下简称《调研报告》),促成了《通知》的出台。《通知》所提出的11条举措中有7条是《调研报告》所涉及的内容。商务部指出,江苏FTA宣传培训工作的经验促成了三部委文件的出台,这是江苏对全国FTA宣传推广工作做出的积极贡献。

## 一 江苏省宣传推广FTA工作情况及成效

### (一)创建了一个工作机制

《通知》重点推广了江苏省创建的FTA联合宣传推进

工作机制。自 2016 年,江苏省商务厅与南京海关(含原江苏出入境检验检疫局)、江苏省贸促会紧密合作,率先在全国建立起三家主管部门共同参与的 FTA 联合宣传推进工作机制。每年年初共同制定下发《联合开展自贸协定优惠政策宣传培训实施方案》,明确年度工作内容,细化部门责任分工,协力推进工作落实。每半年度联合向省委省政府呈送《江苏省 FTA 优惠政策利用情况分析报告》,供领导决策参考。

## (二) 打响了一个品牌

四年来,三部门始终围绕"FTA 惠苏企",通过多渠道、多方式向全省企业宣传推广 FTA 优惠政策,"FTA 惠苏企"品牌在三部委以及基层 FTA 主管部门和江苏企业间的知名度不断上升。为进一步提高"FTA 惠苏企"的认知度,2017 年,三部门借助中国江苏网平台,联合开展了"FTA 惠苏企"全媒体行活动,邀请 20 余家媒体,历时 4 天,行程 1 300 公里,深入南京、无锡、苏州和南通 4 地,采访 30 余家典型企业和基层 FTA 主管部门,通过报纸、电视、广播等传统媒体,以及网络、微博、微信等新媒体,发表 100 余篇(次)报道,赢得了良好的社会反响。同时,在三部门网站和《商务发展与研究》《江苏贸促》杂志上开设"FTA 惠苏企"专栏;开设"FTA 惠苏企"微信公众号,定期编辑发布 FTA 相关知识和信息,截至目前已发布 92 期图文信息,粉丝近 3 000 人;制作"FTA 惠苏企"宣传折页,利用各类培训、展会和会议向企业发放,累计发放近五万份。

## (三) 推动了一个文件的出台

为深入剖析江苏省利用 FTA 情况,三部门组织业务骨干对全省 100 余家企业开展上门服务和走访调研,于 2020 年 5 月形成《江苏利用 FTA 助力开放型经济高质量发展成效明显》调研报告,获商务部副部长王受文的批示:"请国际司认真研究此报告中反映的好的做法、存在问题,推动全国各省利用好 FTA,服务稳定外贸外资基本盘,可以考虑出台用好 FTA 的文件。"2020 年 7 月,《通知》印发。这是商务部、海关总署、中国贸促会首次联合出台关于 FTA 推进工作的通知。《通知》采纳吸收了《调研报告》提出的建立联合工作机制、扩大中小企业培训覆盖面、建立重点企业联系制度、发掘总结推广典型案例、强化与国外海关的交流合作和信息互换、以信用管理为导向大力推进原产地工作改革创新等对策建议。

### （四）举办了两场主题论坛

三部门不断创新工作思路，通过举办主题论坛，宣传自由贸易区战略、分享企业经验、汇聚专家观点，推动我省企业充分利用 FTA 优惠政策。2018 年，三部门联合在南京举办"国家自由贸易区战略与开放型经济高质量发展"主题论坛。此次论坛是全国首个省级层面以自由贸易区战略为主题的专业论坛，设置主旨演讲、企业经验分享和政企对话互动等环节，为企业与政府、企业与专家、企业与企业搭建了交流体会、分享经验的平台，进一步拓宽了全省企业高水平利用 FTA 优惠政策的思路。2019 年，三部门结合中韩自贸协定实施四周年和中韩（盐城）产业园设立两周年，联合大韩贸易投资振兴公社在盐城举办了"中韩 FTA 创新实践"主题论坛。此次论坛聚焦中韩 FTA，致力于促进中韩（盐城）产业园建设，提升江苏与韩国贸易投资质量水平。论坛采取江苏和韩国 FTA 管理部门联合主办的创新性方式。韩国关税厅、大韩贸易投资振兴公社以及韩国新万金产业园的加入，对提高论坛质量、促进中韩 FTA 交流合作起到了积极推动作用。

### （五）培训了 3 000 余家企业

四年来，三部门围绕"FTA 惠苏企"在全省举办了 13 场专题培训，受训企业 3 000 多家。为使培训课程贴近企业需求，每次培训前都组织授课专家深入当地企业开展调研走访，了解企业利用 FTA 优惠政策的困难和问题，定制符合当地企业"口味"的培训内容，使培训更具针对性、指导性和操作性。在授课形式上，每场培训既安排授课专家和主管部门业务骨干多角度讲解 FTA 优惠政策的利用，又安排 2～3 家当地典型企业代表登台分享成果、传授经验，并现场解答 FTA 利用难题。为延伸授课效果，将培训课件上传至"FTA 惠苏企"微信公众号，供企业随时下载学习。企业也可在微信公众号后台提问，有专人解答。

### （六）建立了一个服务制度

为切实提高企业利用 FTA 优惠政策的积极性和能力，2016 年起，在全省选取 1 000 家企业建立了重点企业联系制度。四年来,三部门联合组织高校专家和主管部门业务骨干对部分贸易量较大,但 FTA 利用率不高的企业开展一对一服务,上门了解企业利用 FTA 优惠政策过程中出现的困难和问题,共同分析原因并给企业提出合理化建议。针对现场无法解答的问题,进行持续跟进,并将共性问题进行整理,给后续宣传培训工作提供参考。

### (七) 培养了一支专业队伍

2016 年以来,三部门通过专题培训、对企业进行实地考察调研、与高校等机构专家合作交流、开展专题研究等方式,不断提高主管部门业务骨干的 FTA 专业水平。结合在各市开展"FTA 惠苏企"专题培训,培养了一批理论知识与业务实操水平过硬的讲师队伍,不仅满足了 13 场专题培训的需要,还为地市开展宣传培训提供了师资支持。

## 二 下一步工作思路

三部门将认真贯彻落实《通知》精神,在总结前四年工作经验的基础上,坚持问题导向,创新工作思路,继续深入推进 FTA 宣传培训工作。

### (一) 突出全省 FTA 宣传立体网络建立

三部门在继续强化合作,协同推进"FTA 惠苏企"宣传培训工作的基础上,充分发挥基层积极性、主动性,支持各地商务局与海关、贸促分支机构建立联合工作机制,形成省市协同推动 FTA 宣传培训的立体工作网络。鼓励各地商务局,海关、贸促分支机构与贸易量较大的重点企业建立政企联动推进 FTA 宣传培训机制。

### (二) 突出对中小微企业开展精准培训

中小微企业是 FTA 政策宣传的难点和重点。三部门将专门针对全省小微企业开展问卷调查,以期全面、精准了解小微企业利用 FTA 的困难和问题。结合问卷调研情况,2020 年下半年创新开展 1～2 期以中小微企业为对象的精准培训,重点解决 FTA 优惠政策宣传"最后一公里"问题,进一步提升

FTA 优惠政策在江苏的利用。

### （三）突出 FTA 讲师队伍的培养和储备

在提高现有培训讲师队伍的专业水平和授课能力的基础上，进一步壮大培训讲师的队伍，突出对"种子培训师"的培养。继续选拔相关业务骨干进行专业培训；与高校、研究机构等加强联系，聘请相关专家教授作为特邀讲师；鼓励各地市结合当地实际，做好讲师队伍建设和培养工作。

### （四）突出典型企业的示范引领

在开展宣传培训工作和深入调研的基础上，在全省搜集整理一批利用FTA 水平较高的典型企业案例，深入总结提炼企业利用 FTA 优惠政策的好经验、好做法，汇编《江苏企业利用 FTA 案例集》，借助展会、培训、论坛、微信公众号、网站、杂志等渠道广泛宣传，启发全省企业更高水平利用 FTA。

### （五）突出 FTA 利用情况的分析和研究

加强对全省重点产业、重点产品、重点地区以及重点自贸协定开展监测分析，定期上报《江苏省 FTA 优惠政策利用情况分析报告》，及时为省委省政府，以及商务部、海关总署、中国贸促会等相关部委提供决策依据。同时，对照江苏实际，结合江苏自贸试验区和中韩（盐城）产业园的发展重点开展专题研究。密切关注、跟踪国家自由贸易区战略发展情况，结合 RCEP、CPTPP 等自贸协定签署、实施进展情况，开展相关研究。

### （六）突出宣传方式的创新

尝试在重点展会、活动和办事窗口上设立"FTA 惠苏企"宣传窗口，利用展会等各种平台发放宣传资料、开展现场咨询等，向参展或观展企业进行广泛宣传，邀请智库专家、职能部门工作人员和企业代表现身说法，通过录制 FTA微课堂等，进一步拓宽宣传渠道，提高宣传效率。

# 自贸试验区制度创新

为全面落实中央关于深化产业结构调整、深入实施创新驱动发展战略的要求，中国（江苏）自由贸易试验区（以下简称江苏自贸试验区）围绕"打造开放型经济发展先行区、实体经济创新发展和产业转型升级示范区"战略定位，发挥江苏生物医药产业发展优势，以制度创新为核心，努力破除生物医药产业在人才流动互认、产品通关进口、产业链协同配套等方面存在的堵点、难点问题，推动产业转型创新升级，取得明显成效。

## 一　改革创新举措

### （一）优化人才引进机制

南京片区印发促进自贸试验区人才发展的 10 条措施，建立企业高层次人才职称评审"绿色通道"，符合条件的可不受现行职称评审标准关于资历、学历、年限、论文、课题等的规定，直接申报高级专业技术职称。苏州片区制定生物医药产业国际职业资格比照认定职称资格目录，取得目录内国际职业资格证书且在片区工作人员,可直接认定相应职称,不再参加逐级评审;印发加快集聚生物医药产业人才的 15 条措施,建立生物医药人才工作许可办理直通车机制,在创新创业、人才安居、人才培养、居留许可等方面出台便利化举措。

### (二)创新监管服务手段

南京片区优化高风险特殊物品通关服务流程,对经过风险评估专家组评估为生物安全风险等级"C 级""D 级"的低风险生物制品,实施年度一次审批、分批核销。苏州片区创新探索进口研发(测试)用未注册医疗器械分级管理,将医疗器械产品和零部件分为Ⅰ类重点产品和Ⅱ类一般产品,加强企业业务准入和产品流向全过程监管。连云港片区成立药品认证审评服务中心,推进药品医疗器械审评认证体系改革,探索药品、医疗器械审评认证全流程服务模式。

### (三)搭建公共服务平台

南京片区建设国家健康医疗大数据(南京)中心,建成全亚洲最大的基因测序中心、质谱检测与分析中心,形成覆盖样本汇交、基因测序、多组学发掘、数据演练到服务新药创制的健康大数据全链条平台体系。苏州片区依托生物医药产业园打造百拓(BioTOP)国家级众创空间,为生命健康领域中小企业提供生物医药领域检测、GMP 法规符合性验证、供应链服务、创业孵化等多项综合服务。连云港片区加大生物医药产业投资力度,推动产业发展集聚,致力打造具有世界知名度的医药产业高地。

## 二 主要工作成效

### (一)汇聚一流人才资源

江苏自贸试验区挂牌以来,南京片区累计与生物医药领域包括诺贝尔奖获得者在内的 8 位海内外院士团队在脑科学、核医学、细胞治疗领域开展合作,培育和引进国家高层次人才 29 名。苏州片区在生物医药领域集聚 3 名诺贝尔奖获得者作为指导专家,吸引 20 个中外院士团队、72 位"国家顶尖人才"团队项目,引进超过 1 000 名各级领军人才。连云港片区集聚生物医药产业高层次人才 3 000 多人,其中国家重大人才工程入选者 22 人,省"双创计划"团队 4 个、省"双创计划"人才 40 人。

## (二) 营造一流服务环境

南京片区生物制品通关效率大幅提升,单克隆抗体、蛋白质药物、小分子药物、血液及其制品等生物制品进口环节审核由 20～30 个工作日缩减为 1～3 个工作日。苏州片区生物医药企业研发加速,区内承担新冠病毒 DNA 疫苗攻关企业艾棣维欣,成功备案进口脉冲给药装置配件,加速研发进度,目前已申请临床试验。连云港片区显著提升药品医疗器械审评认证和检验检测能力,蛋白同化制剂和肽类激素进口准许证实现全程网上办理,审核时限由 5 个工作日压缩到 2 个工作日。

## (三) 建设一流创新平台

南京片区健康医疗大数据(南京)中心,收集存储了全省 8 000 万个人、174 家三级医院健康医疗大数据,培育了基因组编辑、基因治疗、基因调控和细胞治疗等领域的系列孵化项目。2019 年,累计提供了 45 000 余批次服务,孵化服务企业项目 50 多个。苏州片区国家级众创空间为千余家生物医药企业提供涵盖全生命周期的专业化服务,累计孵化项目 103 个,其中 50 多个项目入围各级科技领军人才项目,21 家企业在孵期累计获得融资 6.83 亿元。连云港片区充分发挥国家新医药产业基地作用,形成以抗肿瘤药、麻醉手术药、新型中成药等六大产业为特色的医药健康产业体系。

## (四) 集聚一流创新主体

南京片区拥有生物医药企业 800 余家,打通基因产业全链条,打造生命健康产业集聚区,2019 年,生命健康产业主营业务收入超 800 亿元、增速超过 60％。苏州片区集聚一批重大科技创新机构,拥有超过 1 400 家生物医药企业,近三年获批生物一类新药临床批件 62 件,在全国同期占比约 22％。连云港片区内企业恒瑞医药、正大天晴、豪森药业、康缘药业分别占据 2019 年中国药品研发综合实力百强第 1、第 2、第 9、第 29 位,获批国家"重大新药创制"专项 27 项,上市 10 个 1 类新药,均居全国首位。

## 三 下一步工作思路

下一步,江苏自贸试验区将进一步强化问题导向、目标导向、需求导向,加大改革创新力度,推动生物医药创新链、产业链、人才链、资金链和服务链协同融合,继续努力破解制约生物医药产业发展的难点、痛点和堵点问题,打造优势更加突出、特色更加鲜明的生物医药产业发展高地,在推动实体经济创新发展和产业转型升级中更好地发挥试验田作用。

# "云聚江苏·服务全球"云上服贸平台建设

　　2020 年 7 月 20 日,以"云聚江苏·服务全球"为主题的 2020 江苏服务贸易云上对接交流大会(以下简称云上服贸大会)正式启动。云上服贸大会是在疫情常态化防控形势下做好全省"两稳一促"工作、落实商务部创新展会服务模式的重要举措,为期 3 个多月,为稳定全省服务贸易基本盘、服务构建双循环新发展格局做出积极贡献。

## 一　集聚多方合力,精心组织筹备

　　省商务厅成立工作专班,汇集省市商务条线力量,上下联动,群策群力,担当作为,积极发挥厅驻海外经贸网络和专业会展机构作用,以突出国际化、专业化特色为目标,精心谋划制定活动方案,严格落实常态化疫情防控要求,组织开展各项筹备工作。本届云上对接交流大会按照"1+6+100"活动方案,共举办 1 场启动仪式,6 场特色领域专题云推介,200 场项目云洽谈,超额完成 1 场云招聘,生物医药、物流运输、服务外包、动漫影视等 4 场行业对接会。其中,200 场项目云洽谈共组织近 300 家服务贸易企业与美国、法国、英国、德国、澳大利亚、马来西亚、新加坡等 23 个国家和地区的 120 家境外发包商参加。

## 二 精准项目配对，合作成果丰硕

充分利用海外经贸网络和各级商务条线的行政资源，依托现代网络技术和大数据手段，广泛征集境内外发包项目。以促进成交为导向，借助各级服务贸易（外包）创新（示范）载体资源，盘点接包企业信息，精准推进项目配对，共达成合作意向的项目金额近 4 亿美元，并呈现三大特点：一是离岸业务占比超七成，其中美国、新加坡等发达国家约占七成，马来西亚、尼泊尔等发展中国家约占三成；二是项目覆盖领域广，涉及软件及技术、工程设计、系统开发等传统服务外包行业和生物医药研发、工业设计、文化创意、人工智能等新兴服务贸易行业，另有跨境电商相关发包需求在国际疫情下应运而生；三是大额项目多，已达成合作意向的 17 个项目中，发包金额在 1 000 万美元以上的项目 9 个，美国 Commercial officers 集团和中远海运船务工程集团有限公司就船舶维修服务达成 2 亿美元合作意向。尼泊尔国际集团与江苏电力设计院、尼泊尔国家电力发展部就尼泊尔水电站建设项目签署三方合作协议，协议金额超过 4 亿人民币。此外，省服务外包协会和江苏省高校招生就业指导服务中心还共同举办云招聘活动，420 家服务贸易企业参会，提供超过 7 000 个岗位需求，达成初步意向约 2 000 人。

## 三 突出内外联动，深化国际交流

大会启动仪式采取线上线下同步方式举行，参会嘉宾逾千人。惠建林副省长出席仪式。时任服贸司司长冼国义线上致辞，省商务厅厅长赵建军致辞并推介全省服贸发展优势，邀请省发改委、财政厅、工信厅、科技厅、卫健委等省级部门负责人线下出席活动。来自 24 个国家和地区的境外嘉宾近 300 人线上参会；21 位世界 500 强跨国公司高管与 43 家境外驻苏驻沪机构、商协会线下参会；全国政协常委、香港江苏社团总会会长唐英年、香港贸发局总裁方舜文等政要发来祝贺视频。先后举办了 4 场行业对接会，包括江苏广电集团将与省商务厅及香港贸发局深入开展影视动漫领域走出去促进活动；香港 now TV 和省动漫协会建立国际业务合作渠道；苏州园区 BIO BAY 公司与北威州 BIO NRW 初步达成生物医药研发合作意向；江苏省国际货运班列公司与荷兰 GVT 物流集团就开通江苏到蒂尔堡新班列试单项目达成了初步合作意向；美国服务外包协会与江苏服务外包协会将积极推动更多双方接发包企业合作等，进一步深化了江苏省与境外在服务贸易领域的合作。

## 四 聚焦产业特色，加强宣传推介

聚焦各地服务贸易特色领域，错位举办 6 场专题推介会。其中，南京推介会以软件及信息技术为主题，以全省首个国家级数字服务出口基地软件谷为载体，充分发挥基地龙头企业的示范带动效应，彰显地标产业特色。省贸促会会展公司承办的会展旅游主题推介会，借鉴境外会展旅游发展先进模式，推动行业国际交流合作，助力培育打造会展名城。无锡文化创意专题推介会突出文化创意领域数字化转型，依托现代网络技术和大数据手段，组织近百家文化企业开展一对一云洽谈，涵盖广播影视、游戏动漫、演艺策划、创意设计、数字传媒等多个领域。徐州立足工业设计领域传统优势，力推与荷兰工业设计学院加强国际合作。

## 五 打造品牌平台，溢出效应初显

创新服务贸易促进模式，云上服贸大会尝试"政府主导、线上下联动、内外联动、纵横联动、市场化运作"的模式，强化了部门间、条线上下的联动，进一步挖掘了海外经贸网络的资源，拓宽了展会服务商的业务渠道，为推进服务贸易促进模式创新提供了宝贵经验和业务基础。完善云平台服务功能，大会自建服务贸易促进平台，以中文官网、英文官网、微信公众号三平台并行，提供大会直播、录播、参会管理、项目发布等功能。利用 5G 和视频会议技术，实现境内外千人同时参会，线上发言嘉宾直播与录播无缝衔接，双会议系统配合在线同传满足国际经贸活动需求。强化国际营销和对外宣传，积极扩大江苏服务影响力。央视、新华网、江苏卫视、香港商报及新浪、腾讯新闻等 20 余家新闻媒体对本次云上服贸大会进行了报道,网络新闻、大会直播和回看点击量超 40 万次。

　　下一步,省商务厅将在持续跟踪大会效果的基础上,继续完善服务贸易促进线上云平台功能建设,进一步优化 2021 年服务贸易促进政策体系。加强部门协同互动,强化产业与贸易联动,整合资源,拓宽市场开拓渠道,探索以行业对接、集聚区交流为主的与服务贸易匹配度更高、效果更好的贸易促进方式,不断提升服务贸易线上线下促进活动的组织化、专业化、国际化、数字化水平,持续打造"苏新服务·智惠全球"江苏服务贸易展品牌。

# 第四部分
# 调查研究

江苏商务发展2020
JiangSu Commerce Development Report

# "十四五"时期江苏省外贸高质量发展形势与对策

## 一 "十三五"以来江苏外贸发展总体情况

"十三五"以来,江苏外贸克服了世界经济深度调整、全球贸易不振带来的影响,以及国内经营生产综合成本上升等不利因素,总体保持稳中有进的态势,高质量发展取得积极进展。

### (一)进出口规模稳中有进

"十三五"以来,江苏外贸总量稳中有进,2019年全省进出口6 294.7亿美元,其中出口3 947.8亿美元,较"十二五"末增长16.6%,进口2 346.9亿美元,较"十二五"末增长13.4%。"十三五"以来,江苏进出口年均增幅3.6%,出口年均增幅3.9%,进出口规模连续17年、出口规模连续20年居全国第二位,占全国比重分别为13.8%和15.8%,进出口占比与"十二五"末持平,出口占比较"十二五"末提升了0.9个百分点。

## （二）贸易结构持续优化

一是一般贸易支撑带动作用显著。"十三五"以来，江苏一般贸易进出口规模年均增长 8.0%；2019 年，一般贸易占比首次过半，上升至 51.6%，占全省比重较"十二五"末上升 7.8 个百分点。2019 年，加工贸易进出口占比为 37.6%，出口占比为 37.9%。

二是民营企业拉动作用显著。2019 年，全省有进出口实绩的企业 7.3 万家，比"十二五"末增加 1.9 万家；其中民营企业 5.7 万家。2019 年，民营企业进出口 1 978 亿美元，规模较"十二五"末增长 23.0%，占比 31.4%，较"十二五"末提升 1.9 个百分点。

三是国际市场布局更趋多元。"十三五"以来，江苏对新兴市场出口年均增长 6.5%，高出传统市场增幅 4.6 个百分点，占出口比重 46.4%，较"十二五"末提升 4.4 个百分点。与"一带一路"沿线国家地区进出口年均增长 8.2%，2019 年占全省比重 24.5%，其中出口平均增速为 8.0%，占比 26.8%，进出口、出口占比均较"十二五"末提升 3.9 个百分点。

四是区域结构更趋均衡。"十三五"以来，苏中、苏北进出口年均增速分别为 4.7%、9.4%，高于全省平均增速 1.1 个、5.8 个百分点。2019 年，苏中、苏北进出口占比为 9.9% 和 6.5%，较"十二五"末分别提高了 0.3 个和 1.3 个百分点。2019 年，苏州占全省进出口比重由"十二五"末的 56% 降低至 50.7%。

## （三）贸易竞争力稳步提升

"十三五"以来，机电、高新技术产品出口始终居主导地位，2019 年占出口比重分别为 66% 和 36.6%，比全国均高出 7.6、7.4 个百分点。集成电路等新一代信息技术产品、船舶及海工设备、工程机械、医药等产品出口规模居全国前列。企业加速从贴牌代工向构建自主品牌转变。2020 年，全省共认定 413 家企业的 421 个省级出口品牌，品牌企业占全省出口的 11.2%。特色产业集群加快发展，全省共有省级以上各类基地 84 个，其中国家级基地 38 个，基地数量和发展质量保持全国领先。

### （四）进口稳步发展

"十三五"以来，江苏积极扩大进口，进口规模稳步发展，2019 年全省进口规模较"十二五"末增长 13.4％，前四年年均增幅 3.2％。进口产品结构显著优化，2019 年，机电、高新技术产品分别占比 58％和 40.8％，先进技术装备和关键零部件进口为全省产业升级和技术进步提供了重要支撑；消费品进口比"十二五"末增长了 38％，远高于同期进口总额增速，为全省消费升级提供了支持。

### （五）外贸新业态培育取得成效

跨境电子商务起步发展。全省 10 个市获批成为国家跨境电商综试区，加快跨境电商产业和企业集聚。2019 年，全省纳入海关统计的跨境电商零售进出口 2.7 亿美元，增长 3.2 倍。全省以试点方式培育外贸综合服务企业，认定了两批共 11 家省级外贸综合服务试点企业，服务中小企业超过万家。海门、常熟两个国家级市场采购贸易方式试点稳步发展，2016—2019 年，常熟、海门两个试点累计出口超过 100 亿美元。

## 二 "十四五"江苏外贸发展内外形势分析

### （一）逆全球化和贸易保护主义抬头，国际贸易和投资将进入困难发展阶段

"十四五"期间，新冠疫情对国际经贸格局带来深远影响，逆全球化和贸易保护主义可能加剧，对世界经济贸易与投资产生了消极的阻碍作用，全球经济治理难度进一步上升，江苏企业参与国际贸易与投资的外部环境更加复杂多变。

### （二）全球新一轮科技革命加速，科技竞争将愈发激烈

"十四五"期间正值全球新一轮科技革命成果的爆发期，主要经济体均将新能源、新材料、生物医药、人工智能以及 5G 通讯互联网技术的突破和应用放在竞争力提升的突出位置。美国、欧盟不断加强对华技术转让、企业兼并收

购和对华高新技术产品出售上的限制,这对中国企业在国际市场上获取高新技术形成制约。江苏作为制造业大省,一直高度重视产业国际竞争力。2018年以来,江苏加快建立自主可控的现代产业体系,重点建设13个先进制造业集群,攻关突破一批关键核心技术(装备),支持企业研发创新,培育国际领先的领军企业和单项冠军。"十四五"期间,江苏将不断强化创新驱动、科技支撑,高新技术企业迎来新的发展机遇。

### (三)传统市场不振对江苏外贸发展形成客观制约,"一带一路"倡议的稳步推进提供了新空间

2019年,欧盟和美国分别是江苏第一、第二大贸易伙伴。近几年,欧美等传统经贸伙伴的内部经济社会矛盾凸显,经济增长缓慢,市场需求疲软,必然制约江苏的外贸出口。但与此同时,"一带一路"倡议的稳步推进给全省外贸发展提供了新空间。据海关统计,2013年至2019年,中国与"一带一路"沿线国家货物贸易累计总额超过了7.81万亿美元。因此,江苏必须加快"一带一路"交汇点建设,抢抓新机遇。

### (四)国际市场波动加剧,多国宽松货币政策推高全球金融风险

2020年,新冠肺炎的全球大流行,使得国际原油、黄金、矿石和农产品期货的价格巨幅波动,全球股市也出现了历史罕见的连续暴跌。为了应对疫情引起的经济衰退,全球主要经济体几乎都在推行货币宽松政策,但是在疫情形成的不确定预期下,容易造成全球资产泡沫化。"十四五"期间江苏应加强金融风险管控,防止资金大量流入非实体经济领域;引导外贸企业提升应对金融贸易风险的能力,加强汇率风险管理。

### (五)要素成本上升,企业外迁压力加大

近年来,江苏土地、环境、用工成本不断上升,原材料价格波动加大,加上东南亚代工和中西部地区崛起,江苏将面临更为严重的企业外迁压力。"十四五"期间,随着人口、土地等传统优势不断减弱,江苏迫切需要从低成本要素依赖向人才、信息、数据、技术等创新要素驱动转变,构筑国际竞争新优势。

### （六）新技术催生国际贸易新模式、新业态

数字技术的推广和运用正逐步改变国际贸易的旧有形态，催生出了一批国际贸易新模式、新业态，数字贸易、跨境电商迅速发展。如何在发展新业态新模式方面占得先机，是"十四五"期间江苏外贸高质量发展面临的重要问题。

### （七）全球贸易体制改革压力加大，需要我国提升对外开放水平，从商品要素的开放向制度型开放转变

跨国公司实行全球化生产，要求从商品、要素的对外开放向制度型开放转变。适应制度性开放新要求，全省要加大对国际经贸规则和发达国家经贸规则的研究，在地方权利范围内积极对标国际规则，打造全省制度型开放新高地，营造国际化、法治化、市场化的营商环境。

### （八）国家经济发展战略发生重大调整，从原先依靠国际循环的出口导向战略调整为以国内循环为主体、国内国际循环相互促进的双循环战略

2020 年 5 月 14 日，中央提出充分发挥我国超大规模市场优势和内需潜力，构建国内国际双循环相互促进的新发展格局的新思路，"双循环"成为我国新的经济发展战略。双循环新发展格局切合江苏发展实际。江苏作为中国制造业强省和外贸大省，"十四五"期间必须积极主动地转变贸易发展策略，将打造"双循环"新格局作为今后外贸发展的长期战略。

## 三 "十四五"江苏外贸高质量发展与服务构建新发展格局的对策

"十四五"时期，江苏要深刻认识错综复杂的国际环境带来的新矛盾、新挑战，增强机遇意识和风险意识，善于在危机中育先机、于变局中开新局。坚定不移贯彻新发展理念，坚持稳中有进的工作总基调，以构建新发展格局为统领，以供给侧结构性改革为主线，推进外贸创新发展，提升质量效益和核心竞争力。

## （一）准确把握经济全球化趋势，坚持改革开放信念不动摇

虽然经济全球化遭遇扭曲，对我国参与全球价值链分工和贸易产生一定的阻碍作用。但从长期看，逆全球化不可能成为世界经济发展的主流，江苏外贸发展仍然处于重要战略机遇期。"十四五"时期，江苏要坚定不移推动经济全球化，坚持多边主义，建设多元平衡、安全有效的全面开放体系。

## （二）以服务构建新发展格局为引领，推动外贸高质量发展

贸易高质量发展和"双循环"格局的构建是紧密相连的，要在稳住外贸基本盘的同时，着力推动贸易高质量发展，为服务全国开放大局、构建新发展格局做出更大贡献。以国内大循环为主体，正是要通过发挥内需潜力，使国内市场和国际市场更好联通，更好地利用国际国内两个市场、两种资源，实现可持续发展。"双循环"是更深层次改革、更高层次开放，是推动国内、国际双市场与国内、国际双产业链条并重的新经济模式。"十四五"期间江苏应将推进内外贸协调发展，服务构建新发展格局作为贸易高质量发展的重要任务。

## （三）以长三角区域一体化和"一带一路"建设为着力点，积极融入"双循环"

产业发展是外贸高质量发展的基础。江苏应扎实推进长三角区域一体化发展战略，加强同长三角省市的政策沟通，从长三角一体化出发设计"十四五"期间的产业发展规划，推进三省一市的市场一体化建设。同时借助"一带一路"交汇点建设，开拓新市场，使沿线国家成为江苏稳定国外循环的重要补充，实现国外循环的良性健康发展，降低外部循环体系的风险。

## （四）以自贸区建设为契机，实现江苏外贸开放升级

自贸区的建设给江苏对外开放提供了新的契机。"十四五"期间江苏可围绕贸易自由、投资自由、资金流动自由、运输自由、人员停居留和就业自由、数据流动自由等方面进行先行先试，建设开放新高地，拓展江苏经济对外开放的高度、深度和广度。在按照各自功能定位积极发展南京、苏州工业园区和连云港三大片区，发挥其制度创新示范作用的同时，积极争取片区扩容，实行自贸

区战略与长江经济带、苏南自主创新示范区、长三角一体化战略的联动,实行江苏自贸区与上海自贸区、浙江自贸区、安徽自贸区的战略合作。

### (五)积极推广外贸新业态模式,构筑外贸新增长点

"十四五"期间江苏需要在数字贸易、跨境电商、外贸综合服务等领域深化布局,从基础设施、人才队伍建设和制度架构上为数字贸易和跨境电商的发展提供良好的发展环境。将新发展理念贯穿江苏外贸高质量发展的全过程,提前布局数字贸易,将新型贸易业态的发展作为今后江苏外贸的新增长点,为未来江苏外贸的可持续发展打下坚实基础。

### (六)积极稳定产业链供应链,推动传统外贸企业转型

进一步强化政策支持,扩大先进技术、设备和关键零部件的进口,继续为做优做强产业链提供有力支持。着力推动加工贸易企业加快从加工组装向研发创新、检测维修、销售分拨等产业链上下端延伸。引导传统外贸流通企业向供应链企业转型,建立和完善从研发设计、生产制造到销售服务的全链条供应链体系,打造供应链协同平台,提升核心竞争力。

### (七)加大培育力度,发展具有国际竞争力的外贸微观主体

经济全球化、国际贸易的微观主体是企业,一个国家或地区要想在国际贸易竞争中赢得优势必须有具备国际竞争力的微观主体——跨国企业。为了提高企业的核心竞争力,全省应该鼓励企业加大研发,创立自主品牌,提高产品差异化、品牌化经营能力;鼓励企业围绕核心业务或价值链开展并购,提高企业的资源配置能力;鼓励企业基于生产经营需要和核心竞争力,开展国际直接投资,以获取战略性资源,规避贸易壁垒。

### (八)突出科教优势,以长三角为中心构建世界级创新平台

"十四五"期间,江苏应积极与沪浙皖建设共性技术研发平台,加快推进沿沪宁产业创新带和G60科创走廊建设,打造具有全球影响力的科技产业创新中心,加大力度培育领先性的创新主体,将科技进步作为江苏外贸高质量发展的核心推动力。

## （九）进一步完善国际营商环境，激发主体发展活力

"十四五"时期，江苏要对标国际先进水平，持续打造法治化、国际化、便利化的营商环境。深入推进"放管服"改革，持续优化通关、税务、外汇等方面的监管，提升贸易投资便利化水平。构建亲清和谐的政商环境、有力有效的政策环境、安全稳定的产业环境、公平竞争的市场环境，激发外资企业、民营企业和中小微外贸企业等经营主体活力，支持各类企业做大做强做优。

（省商务厅对外贸易处）

# 江苏开发区体制机制改革创新路径研究

当前,国际、国内形势发生深刻变化,中央提出构建以国内大循环为主体、国内国际双循环相互促进的新发展格局,这对深化改革、对外开放提出新要求。开发区是区域经济发展、产业调整升级的重要空间聚集形式,是经济增长的强大引擎、对外开放的重要载体、产业集聚的基础平台、科技创新的重要基地、改革创新的试验基地。

江苏开发区兴办时间早、发展快、规模大,开发区数量和整体竞争力均居全国前列。2019年,江苏158家开发区规上工业增加值、一般公共预算收入分别占全省的58.6%和55.3%;全年实际使用外资同比增长1.9%,占全省比重高达90.9%;进出口总额占全省的80.5%。商务部2019年国家级经开区综合发展水平考核评价结果显示,全国219家参评经开区,江苏共有4家经开区进入前10,其中苏州工业园区连续四年位居第一。

随着发展形势的变化,开发区原有政策优势逐步弱化,出现社会事务繁重、自主性受制约、重复竞争加剧、干部和人才队伍活力不足、薪酬考核体系僵化、市场功能缺位等问题。为助力以国内大循环为主体、国内国际双循环相互促进的新发展格局,开发区应承担新格局下产业链大循环的战略枢纽、新开放格局下高水平对外开放重要窗口、构建现代化治理能力体系中高能级载体平台等重要使命,必须拿出更大的勇气、更多的举措破除深层次体制机制障碍,激发新活力,重塑新优势。

2019 年以来,全国已有广东、浙江、天津、山东、河南、四川、重庆等多个省市出台意见推进开发区体制机制改革创新,普遍聚焦优化职能配置、精简机构设置、充分放权赋权、改革人事薪酬、完善考核体系、优化整合园区、引入市场力量等方面。从各省市政策看,开发区体制机制改革方向各有侧重,其中山东改革措施相对全面,全省铺开、改革面广;浙江、广东聚焦优化整合园区,拓展和优化开发区发展空间,提升开发区载体能级;天津、河南等地主要聚焦去行政化机构改革和管理体制改革。

省内南京、苏州、南通、常州、泰州、徐州、淮安等地已在探索开发区体制机制改革创新。纵观省内各类开发区动向,改革措施主要涵盖机构调整、放权赋权、考核制度、人事薪酬制度、整合优化布局、市场运营等六方面。

分类研究各管理体制下的开发区,改革重点、措施和进程略有不同。实行"政区合一"管理体制的开发区综合实力普遍较强、产城融合度较高,区内改革较为系统化,往往聚焦"优化整合",分步推进机构调整、人事薪酬、考核评价等细分改革;实行"托管代管"和"区镇合一"管理体制的开发区通常承担较多社会事务,改革普遍起步于剥离社会事务管理职能,区别在于剥离对象的不同;实行"独立运行"管理体制的开发区,通常无下辖街道,改革措施聚焦推动招商。

结合其他省市改革经验和江苏地方的改革实践,我们认为江苏开发区体制机制改革创新总体要求是,全面贯彻党的十九大和十九届二中、三中、四中、五中全会,深入贯彻习近平总书记视察江苏重要指示精神,认真落实国发〔2019〕11 号文,坚持开放引领、改革创新的原则,破除僵化理念、优化体制机制、压实主业主责、激发制度活力,为"强富美高"新江苏建设提供高能级载体平台支撑。

改革创新总体目标是,以瘦身健体提质增效工作为抓手,全面构建经济实力强、创新活力足、开放水平高、治理能力高,服务新发展格局的高水平载体平台体系。

第一，以体制机制改革创新为抓手，将开发区打造成江苏高质量发展的增长极。通过体制机制改革，释放开发区活力，加快集聚一批成长性高、引领性强的大企业、大项目、大产业，支撑形成若干世界一流先进制造业集群和一批行业领军企业，构建区域经济发展新格局，助力江苏经济高质量发展。

第二，以体制机制改革创新为保障，将开发区打造成高水平的创新集聚区。以体制机制改革创新为保障，推动科技与经济深度融合，培育新技术、引育高新技术企业，释放区域创新活力，构建充满活力的区域创新体系，推动开发区从产业集聚区向创新集聚区转型。

第三，以体制机制改革创新为契机，将开发区打造成新一轮开放格局——江苏开放型经济的引领区。新一轮全面对外开放新格局中，以改革重塑开发区体制机制新优势，构建法治化、市场化、国际化营商环境，助力开发区成为江苏更高水平开放中的魅力"窗口"。

第四，以体制机制改革创新为引导，将开发区打造成江苏治理体系和治理能力现代化的高能级载体平台。通过改革示范，把开发区先行先试的制度优势更好地转化为治理效能，推进治理体系全链条优化、治理效能全方位提升，打造江苏高能级载体平台体系。

改革创新的总体思路是：一条主线、四项任务、七张清单。即以深化供给侧结构性改革为主线，使开发区体制更顺、机制更活，重点完成"理顺、赋权、激励、提升"四项任务，省级层面梳理七张清单指导各地实践。

具体来看，一条改革主线：以深化供给侧结构性改革为主线，使开发区体制更顺、机制更活。

各级开发区需牢固树立新发展理念，以深化供给侧结构性改革为主线，重组要素、重构产业、重塑环境、重聚动能，大力发展新技术、新产业、新业态、新模式，推动质量变革、效率变革、动力变革，引领带动区域经济高质量发展。各项改革措施的制定与实施，需坚持以瘦身健体提质增效为核心，使体制更顺、机制更活。

不同开发区可以结合不同发展阶段和实际情况，在明确总体体制机制改革创新方案基础上，选择适应自身发展的改革方案。坚持分类引导，根据地方实际、开发区建设发展阶段性特点，支持开发区因地制宜、探索创新，科学合理地确定管理模式、职能机构，分类进行整合优化和市场化改革，依据实际发展需求精准下放省市县级经济管理权限;坚持分步实施,处理好改革政策的配套问题、与以往政策的衔接问题以及改革政策与试点单位现状的衔接问题,如公务员退出机制和"身份封存"后的安置问题等,确保政策能够有效落实;坚持先行先试,注意发现、总结改革的成功做法,特别是在优化职能配置、精简机构设置、充分放权赋权、改革人事薪酬、完善考核体系、优化整合园区、引入市场力量等方面形成可复制、可推广的江苏开发区管理体制改革经验和典型,推动开发区成为全省乃至全国的改革创新新高地、高质量发展示范区。

四项重点任务:理顺、赋权、激励、提升。

"理顺",就是理顺开发区管理体制、运行机制,压实开发区主业主责。理顺开发区管理体制重点是厘清开发区及其所在地政府权力与职责,实现开发区管理职能优化;理顺运行机制重点是厘清市场与政府的运行边界,充分发挥市场对资源配置的主导作用。通过上述举措,将开发区人力精力更多地集聚到招商引资和企业服务上。

"赋权",就是精准赋予开发区经济发展所需的管理权限。对权责事项的规定依据两个重要原则:一是该职权在开发区范围内有一定规模管理对象;二是该职权是产业发展关键性职权。省市县三级向开发区下放经济管理权限,实现"办事不出区"。明确县(市)开发区财政实行独立核算,纳入本级财政预算管理,解决开发区与当地政府人、财、地、统计、社会管理等"两张皮"问题。

"激励",就是充分激发人的动能,重点是强化岗位激励,充分发挥绩效考核制度对开发区发展的正向激励作用,形成考核严格、奖惩分明、分层管理的激励机制和管理机制。同时,健全开发区岗位考核评价指标体系和办法,形成优进拙退的良好氛围,深层次激发开发区工作人员干事创业活力和创新动力。

"提升",就是提升全省开发区载体能级,重点是优化整合,转型提升、淘汰撤销,通过改革使资源向国家级和发展较好的省级开发区集聚,使得这一批开发区发展能级更高,"小而散"开发区被整顿合并后,空间布局更加科学合理,成为一个板块或区中园后也会在高能级平台带动下步入良性发展轨道。

七张指导清单:园区优化整合提升、职能配置优化、机构精简优化、放权赋能管理、考核制度改革、人事薪酬制度改革、开发建设市场化。

清单一:园区优化整合提升指导清单。包括优化开发区空间布局、鼓励"一区多园"管理、低水平发展的开发区(园区)原则上逐步予以淘汰撤销、主动对接自贸区探索联动发展等。

清单二：职能配置优化指导清单。包括不同管理体制的开发区可根据自身情况厘清与属地政府的职能边界、准政府的管理体制和"独立运作"管理体制的开发区应探索剥离社会管理职能与部分公共服务职能等。

清单三：机构精简优化指导清单。包括聚焦主责主业精简机构设置、支持开发区实施"大部制"改革、选优配强领导班子等。

清单四：放权赋权管理指导清单。包括经济事务相关权限逐步下放、梳理制定社会事务类可赋权清单、分类深化相对集中行政许可权改革、推进政务服务全流程网上办理、强化对赋权事项的闭环管理等。

清单五：考核制度改革指导清单。包括建立差异化综合评价机制、出台招商专项考核激励机制、鼓励"亩产效益"评价改革等。

清单六：人事薪酬制度改革指导清单。包括赋予开发区更多用人自主权和薪酬管理权、鼓励有条件开发区推行全员聘任制、制定市场化绩效考核体系、健全薪酬制度等。

清单七：开发建设模式市场化改革指导清单。包括做强做大开发区开发投资公司、支持市场主体履行专业化职能、支持符合条件的开发建设主体市场化融资、鼓励民间资本参与开发区投资建设、鼓励发展水平高的开发区跨区域经营等。

遵循改革创新路径，我们提出工作的四条对策建议：

一是加强顶层设计，健全协调推进机制。以省政府名义制定出台全省开发区体制机制改革创新方案或实施意见，以一条主线四项任务七张清单为核心内容，指导全省开展相关改革创新工作。强化系统思维，将开发区体制机制改革放到构建功能布局合理、主导产业明晰、资源集约高效、产城深度融合、特色错位竞争的全省开发区（园区）体系背景中谋划，为构建高水平的载体平台提供精简高效的制度安排和体制机制保障。成立由省政府领导同志任组长、省有关部门主要负责同志参加的全省开发区体制机制改革创新工作领导小组，统筹其他改革与开发区体制机制改革联动推进。领导小组下设专项工作小组，对开发区整合优化、考核评价、人事改革、市场化运营等重大问题协调推动。建立健全市、县（市、区）主要领导负责的工作推进机制，各设区市负责统筹推进市本级和所辖各县（市、区）开发区（园区）体制机制改革创新工作。引导设区市将开发区改革创新工作列入各市重大改革事项,纳入重点督查。市级改革任务牵头单位建立健全工作督导落实机制,加强与省对口部门对接。从制度层面建立起责任明晰、措施具体、程序严密、配套完善的容错纠错体系,营造积极作为、勇于探索的良好改革发展氛围。

二是强化系统研究,提高配套政策支持力度。创新财税政策。完善开发区财政预算管理和独立核算机制,鼓励地级市属开发区设立一级财政,实行独立的财政预决算体制,其资金管理、财政财务管理、预决算编制等事宜,统一纳入委派政府的财政统一管理。根据开发区管委会事权,建立开发区与市、县(市、区)间的合理投入与收益分配制度。优化土地政策。坚持节约集约用地,鼓励在开发区通过创新产业用地分类、土地混合使用、实行土地弹性出让、长期租赁、先租后让、租让结合供地等,提高土地资源配置效率。加强存量用地二次开发,促进低效闲置土地处置利用,对成效显著的,给予用地指标奖励。开发区土地出让产生的土地出让收益,扣除必要费用后,全部由相关政府安排用于开发区土地出让支出规定的项目支出。加大政策激励。省财政整合相关领域资金,对改革创新成效显著的予以奖励。各市县政府适时出台支持政策意见,引导省级要素资源重点保障开发区相关工作。建立开发区招商引资项目利益分享机制,充分调动所在辖区政府相关部门的招商积极性。鼓励各地在招商引资过程中,对与本地开发区主导产业不符的项目推荐至主导产业相符的异地开发区,可按比例与地方分成财政收入,具体比例由双方政府协商。

三是分类分层指导,加强示范引导形成案例推广。在具体实施过程中,先对省内开发区体制概况、发展水平做一个分类梳理,对于高水平和低水平地区制定阶段性改革目标,选择不同清单确定改革路径。设立改革试点地区。选择一批不同管理模式、不同发展阶段的典型开发区作为体制机制改革试点,逐一破解改革难题,形成细化的改革实施方案与经验,为全省改革探路。进行改革的地区试点任务采取规定动作与自选动作相结合的方式进行。规定改革任务可包括管理体制改革、人事制度改革、考评机制改革;自选改革任务可包括支持市场化合作共建开发区、优化开发区布局、创新财税政策、完善土地政策、建立差异化综合评价机制等。及时梳理总结改革成效,形成江苏开发区管理体制改革创新经验,按照"成熟一批、推广一批"的原则,在全省范围内复制推广改革经验,争取形成系统改革经验在全国进行推广。同时,鼓励在与国家大政方针、上位法的原则相一致的基础上，将开发区成熟经验做法及时上升为法规，以法治的方式推动开发区建设。

四是实施动态评估，保障改革措施的科学性和有效性。建立政策实施的动态评估机制，结合开发区改革基础、改革进程、改革措施等，对开发区的改革成果进行阶段性评估，并根据评估结果采取扩大、调整、深化等措施动态调整改革措施。实施多元化主体评估，组建包括党政部门、立法机关等人员在内的政策评估组织，吸纳高等学校、科研院所、评估机构等第三方力量参与，构建多元化评估主体，提升评估活动的民主性、评估方案的科学性和评估结果的有效性。

（省商务厅开发区处）

# 江苏自贸试验区生物医药全产业链开放创新发展对策研究

　　建设自由贸易试验区,是以习近平同志为核心的党中央在新时代推进改革开放的一项重要战略举措。2019 年 8 月,党中央、国务院正式批准设立中国(江苏)自由贸易试验区。2019 年 12 月,省委十三届七次全会明确指出,自贸试验区是江苏开放的最高平台,要把制度创新、集成超越的着力点放在优化产业发展环境上,打造高质量发展新增长极。自贸试验区是现代产业体系建设的有力手段,自贸试验区之中各产业联系紧密,形成互补产业,辐射带动能力强,为产业链的构建提供了重要的力量。2020 年 10 月,党的十九届五中全会通过的《中共中央关于制定国民经济和社会发展第十四个五年规划和二〇三五年远景目标的建议》明确提出,"坚持自主可控、安全高效,分行业做好供应链战略设计和精准施策,推动全产业链优化升级","完善自由贸易试验区布局,赋予其更大改革自主权"。自贸试验区将紧紧围绕产业发展的难点、堵点,以夯实产业基础能力为根本,以自主可控、安全高效为目标,通过制度创新破解技术创新、开放创新的体制机制障碍,推动自贸试验区制度创新与产业深度融合,集聚全球高端要素,支持上下游企业加强产业协同和技术合作攻关,打造具有战略性和全局性的产业链,引导产业加快向供应链、价值链、创新链高端跃迁,引领产业转型升级,力争形成产业集群规模经济优势。

生物医药产业是全省自贸试验区重点发展的特色产业和优势产业。在全球疫情蔓延和国内"双循环"新发展格局构建的大背景下,江苏生物医药产业发展面临难得的机遇,同时也存在着诸多的竞争及挑战。依托自贸试验区的制度创新优势,争取国家专项政策支持,加快推动江苏生物医药全产业链开放创新发展,有利于系统突破和打通产业发展的瓶颈障碍和关键环节,打造产业地标提升自贸试验区影响力,在推动实体经济创新发展和产业转型升级方面更好地为全国发展探路。

# 一 全产业链开放创新发展的内涵与特征

"产业链"是以市场化分工为逻辑基础的产业经济学概念,是指在生产分工日益细化的背景下,以不同形式参与特定产品的研发、生产、销售活动的部门,形成的链条式关系形态。为了降低市场交易成本、控制市场风险,企业会采取一体化的经营战略,其中,企业在同一链条内不同环节之间的联合称为垂直一体化,在不同链条之间的联合称为横向一体化。

"全产业链"实质上属于完全垂直一体化的概念,即企业将整个生产链条上的所有环节均纳入自身经营范围。中粮集团于 2009 年率先推出了"全产业链战略",创新打造从田间到餐桌的全产业链模式。"全产业链粮油食品企业"作为一种可持续发展的商业模式,能够适应消费升级和产业升级的需要,增强生产经营活动的自主性与可控性,提高抵御经济危机和市场风险的能力,有效保障微观的食品安全和宏观的粮食安全,既强化了企业竞争优势,又履行了国有企业的社会责任。

全产业链开放创新发展是一种宏观层面的以整个产业链为基础的对外开放战略,强调通过产业链条各个环节的协同创新、有序竞争、抱团合作,形成具有国际竞争力的完整的产业链条,从而以全产业链为依托利用国际国内两种资源和市场,实现整个产业的良性循环和高质量可持续发展。

从国家或区域层面来看,全产业链开放可以进一步从如下几个方面来理解:其一,全产业链开放的首要基础是具备相对完整的产业链条,本土企业掌握产业分工的各个主要环节,对于一些辅助性环节虽然不直接生产,但有充分的转化生产和替代能力;其二,全产业链开放的根本目标是依靠自主创新补强产业链条的各个环节,用好国际国内两种资源和市场,实现更高质量、更有效率、更加公平、更可持续、更为安全的发展;其三,全产业链开放的主导特征是本土企业依托产业链条优势参与国际竞争,链主企业是具有技术优势、市场优势和国际竞争优势的本土企业,产业发展的关键技术和原材料都处于自主可控和安全稳定状态。

## 二 生物医药全产业链开放创新发展的基础及必要性

### (一)全产业链开放创新是"双循环"发展新格局下生物医药产业高质量安全发展的根本要求

全产业链开放创新是一种宏观层面的以整个产业链为基础的开放战略,强调通过产业链条各个环节的协同创新、有序竞争、抱团合作,形成具有国际竞争力的完整的产业链条,从而以全产业链为依托利用国际国内两种资源和市场,实现整个产业的良性循环和高质量可持续发展。自由贸易试验区作为制度型开放的前沿阵地,为全产业链开放创新发展提供了良好的试验空间。2020年3月26日国务院批复了《关于支持中国(浙江)自由贸易试验区油气全产业链开放发展若干措施》,为探索自贸试验区全产业链开放创新发展提供了有益的经验借鉴。全产业链开放可以强化本土企业的自主创新能力,打破跨国巨头的技术封锁,培育优质的本土品牌,提升本土生物医药企业的竞争优势和效益水平,促进生物医药产业的高质量发展。同时,生物医药是与人民生命健康息息相关的战略物品,不仅关系到人民群众的美好生活需要,而且关系到国家的安全稳定,特别是经历了本次疫情之后,安全性、可控性也成为生物医药产业高质量发展的根本目标。而全产业链开放是在逆全球化浪潮风起云涌、大国关系跌宕起伏的背景下保障生物医药产业安全发展的重要举措。

## （二）生物医药是全省自贸试验区重点发展的优势产业，具备了探索全产业链集成创新的基础

江苏在生物医药领域总体规模大，创新能力强，产业发展质态优。2019年全省生物医药产业实现产值 3 990.5 亿元，同比增长 15.7％，位居全国第一；14 家企业入围 2019 年度中国医药工业百强榜；新药注册申请 607 件，占全国总数 31.4％，位居全国第一；新上市药品 92 个，其中创新药 8 个品种规格，数量居全国首位。自贸试验区三大片区是全省生物医药产业的主要集聚地，南京片区打造以基因检测、第三方检验服务为特色优势，诊断试剂、精准医疗、细胞治疗等领域为潜力增长极的"基因之城"；苏州片区生物医药产业竞争力全国领先，生物药、医疗器械领域优势明显；连云港片区是全国最大的抗肿瘤药物、抗肝炎药物生产基地及重要的现代中药生产基地，正在加快打造具有国际影响力的"中华药港"。

## （三）全球疫情叠加复杂多变国际形势，要求生物医药产业加强自主创新能力，争取全产业链自主可控

当前，在当前全球经济不确定性显著增强、贸易保护主义不断抬头和新冠疫情影响的背景下，全球化遭遇更大逆风和"回头浪"。欧美等发达经济体为保障产业链、供应链的稳定性与可控性，积极引导中高端制造环节向本土回流，正在引发新一轮的国际产业分工格局重塑。对于生物医药产业而言，一方面技术引进的难度加大将倒逼相关企业进行自主创新，另一方面疫情的有效控制进一步彰显中国经济的强大韧性和广阔前景，江苏可立足自身制造业优势和科教资源优势，凸显自身在国际竞争中的优势，通过全产业链创新攻克产业共性技术和关键技术难关，打造具有国际影响力的生物医药产业高地。

## （四）生物医药产业链长，发展面临的痛点、难点、堵点多，亟待通过全产业链开放创新理念加以突破和化解

生物医药企业发展中遇到的痛点、难点、堵点主要聚焦在以下几个方面：一是研发用特殊物品通关效率低。高风险特殊物品进口入境，需直属海关组织开展风险评估，周期过长严重影响企业正常研发活动。二是流通和使用环

节限制约束多。药品批发经营行政许可下放力度不大,创新药物进入医保目录受到诸多因素制约。三是公共技术服务平台存在短板。高水平生物药研发公共服务平台缺乏,CRO、CMO、CDMO 服务机构少,难以满足市场需求。四是平台载体建设滞后。自贸试验区内布局建设药品和医疗器械审评中心分中心难度较大,相关业务受限。五是政策竞争力存在差距。与上海临港、海南、粤港澳大湾区相比,江苏生物医药产业在研发、制造、应用及所得税政策上竞争力不强。

## 二 推进自贸试验区生物医药全产业链开放创新的总体思路

### (一)目标定位

坚持以习近平新时代中国特色社会主义思想为指导,认真贯彻落实党中央、国务院决策部署和省委、省政府工作要求,紧扣双循环新格局的根本要求,依托自贸试验区的制度型开放优势,以提升自主创新能力为核心,以打造生物医药现代产业集群为关键,统筹用好国内国外两个市场、两种资源,打造纵向环节齐全、横向门类配套协调的生物医药全产业链,攻克产业共性技术和关键技术难关,发挥好在构建自主可控现代化生物医药产业体系的核心作用,把自贸试验区生物医药产业打造成为国内一流、国际公认的高水平产业集群,在推动实体经济创新发展和产业转型升级方面更好地为全国探路。

### (二)战略策略

一是链条补全补强策略。科学厘定生物医药产业的分工环节和细分领域,围绕生物医药产业的短板和弱项,增强链条韧度、提升总体绩效,全面推动链条补全、补强工作,加快形成齐全完整、实力强劲的生物医药产业链条,奠定全产业链开放的产业基础。二是龙头企业培育策略。扫除生物医药企业并购的制度障碍,着力培育一批综合竞争实力强、链条联系效应强、市场控制能力强的龙头企业,引导龙头企业强化品牌运营,提高市场占有率,加快形成寡占的市场结构,以良性有序的竞合关系促进整个产业的稳定发展,维护产业链条稳定和可持续发展。三是产业规模扩张策略。生物医药全产业链开放的物质基础就是相当体量的产业规模。构建龙头企业与中小微企业之间和谐共生的关系格局,营造生物医药企业创新发展的良好环境,以不断生发的新企业数量促进生物医药产业规模的快速扩张。四是结构效益优化策略。优化生物医药产业的空间布局,引导相关药企在特定区域集聚,加快培育特色化的生物医药产业集群,以不断显现的集群效应带动生物医药产业生产效率的持续改进和经济社会效益的稳步提升。鼓励生物医药领域的创新创业,以不断派生新的细分产业形态促进生物医药产业结构的优化升级。五是技术质量提升策略。加大对生物医药基础理论、关键共性技术和核心技术的研发攻关力度,加快形成自主知识产权的重大创新成果,突破发达国家的技术封锁,有效缓解"卡脖子"和"卡毛细血管"的技术难关,保障技术层面的产业安全。

## 四　支持自贸试验区生物医药全产业链开放创新的具体路径

### (一)支持自贸试验区争取国务院或相关部委生物医药全产业链开放创新政策

参照浙江经验,争取国务院或相关部委出台支持江苏省自贸试验区生物医药全产业链开放创新发展的支持政策,围绕战略定位深入开展差别化探索,加强改革系统集成、协同高效,破除产业链发展中存在的痛点堵点,把自贸试验区生物医药产业打造成为国内一流、国际公认的高水平产业集群。

### (二)支持自贸试验区三大片区差别化发展,健全生物医药全产业链开放的集群支撑

确立全链条理念,把关注重点从个别分工环节和个别企业转向整个产业链条。推动生物医药生产设备、辅料、试剂包材、物流、销售和服务外包等上下游产业链同步发展,增强产业链自主可控能力。支持南京、苏州、连云港片区围绕各自的产业基础和特色,高标准制定生物医药产业发展目标和定位,实施

差别化发展战略,统筹优化生物医药产业空间布局和公共配套,聚焦重点,突出特色,提升集聚度和吸引力,加强相互之间的协调合作,满足生物医药全产业链发展需求。

### (三)支持自贸试验区建设生物医药国家级重大科技创新平台,提升源头创新能力

积极争取国家生命科学领域重大科技基础设施和创新平台在自贸试验区优先布局,构建和完善融入全球生物医药研发的创新体系。支持申报国家生物药技术创新中心、国家生物医药产业创新中心等国家级科创平台,支持建设大分子药物公共服务平台、动物实验分析测试平台、蛋白表达分析平台等公共技术服务平台和开放实验室,加快引进 CRO、CMO、CDMO 专业服务机构,强化生物医药研发、测试、生产全过程的科技支撑。

### (四)支持自贸试验区生物医药产业关键核心技术研发,提升产业核心竞争力

针对新药研发成本持续攀升的现实问题,进一步加大研发支持力度,对具有重大临床需求与市场需求的关键核心技术研发与产品突破进行专项重大支持,加快形成一批拥有自主知识产权的重大技术成果,加快新产品的研发速度,缩小在关键技术和新产品质量方面与发达国家和地区的差距,帮助生物医药企业化解技术瓶颈约束。

### (五)支持自贸试验区生物医药企业依托资本市场推动产业做大做强

加快推动各类生物医药投资基金在自贸试验区集聚,满足不同阶段企业的融资需求。支持省内各类产业基金设立生物医药子基金,构建多层次股权投资基金体系,支持重点产业化项目落地。鼓励符合条件的生物医药企业通过 IPO、发行债券、上市等方式开展融资,鼓励已经上市的生物医药企业通过增发等方式扩大再融资。支持发展知识产权质押融资,建立生物医药企业"白名单"制度,引导金融机构加大授信力度。

## （六）支持自贸试验区探索生物医药政策集成创新，做优发展生态

紧扣生物医药企业的紧迫需求和合理要求，加快制定支持生物医药产业全产业链开放的政策清单，包括以降费减税、增加优质要素供给等为代表的旨在降低产业发展成本的成本节约型政策；以建设检测平台、培育中介服务等为代表的旨在提高企业收益水平的服务优化型政策；以建立风险补偿基金、培育科技保险等为代表的旨在降低企业综合风险的风险规避型政策。处理好政策的稳定性与动态性的关系，保障相关政策的稳定性和公平性，根据内外环境的变化及时调整政策清单。

（省商务厅自由贸易试验区综合协调处）

# 提升江苏服务贸易产业竞争力对策研究

　　2020 年 9 月 4 日，习近平总书记在中国国际服务贸易交易会全球服务贸易峰会致辞中提出三点倡议和多项改革举措，对服务贸易工作指明了方向。9 月 11 日，省委常委会学习贯彻习近平总书记重要讲话精神，对全省服务贸易发展做出安排部署，提出明确要求。当前，服务贸易不仅是国际贸易的重要组成部分，而且已成为一国经济实力与国际竞争优势的重要体现。

## 一　江苏服务贸易发展现状

　　江苏服务贸易规模保持全国第二方阵首位。2019 年江苏服务贸易进出口规模 545 亿美元，位列全国第四，仅次于国家三个服务贸易核心区（上海、北京、广东）。结构得到不断优化。以电信计算机和信息服务、知识产权服务、商业咨询为代表的知识密集型服务贸易占比不断提升，2019 年全省知识密集型服务进出口占比 44.5%，高于全国 9.8 个百分点。创新示范载体建设全国领先。全省共有服务贸易创新发展试点、服务外包示范城市以及文化、中医药、数字服务出口基地等 11 个国家级服务贸易载体,数量和发展水平均位居全国前列。服务外包传统优势不断巩固。2019 年江苏离岸服务外包执行额 242.6 亿美元,连续 11 年居全国首位,软件及信息技术研发等领域集聚效应明显,离岸外包执行额超亿美元企业 33 家。服务贸易发展环境优良。在商务部研究院课题组近期发布的《全球服务贸易发展指数报告 2020》中,江苏服务贸易综合环境指数,位居全国第一。同时,江苏服务贸易发展还存在一些不足。江苏服务贸易规模较上海、北京、广东有较大差距,龙头型企业和行业总部较少,对产业发展的带动支撑作用不够强。

## 二 提升江苏服务贸易产业竞争力面临的形势

当前,世界正经历百年未有之大变局,经济全球化遭遇逆流,保护主义和单边主义上升,国际贸易和投资大幅萎缩,并且新冠肺炎疫情全球大流行使这个大变局加速演进,对服务贸易发展带来不利影响。然而,也应该看到,新一轮科技革命和产业变革孕育兴起,正带动数字技术强势崛起,极大地提高了服务的可贸易性;服务贸易在全球分工中的地位和作用进一步提升,服务贸易成为国际贸易中最具活力组成部分;新兴经济体和发展中国家进一步扩大服务贸易市场空间。江苏服务贸易发展虽然还存在一些不足,但总体而言,加快服务贸易发展和提升服务贸易产业竞争力,拥有以下突出的有利条件和有利因素。

### (一)进入新发展阶段和打造"双循环"新发展格局,为江苏服务贸易发展赋予更多新机遇

我国经济增长由高速增长阶段转向高质量发展阶段,一方面将提高服务贸易在对外贸易中的地位,另一方面实现高质量发展,特别是制造业服务化、服务数字化趋势日趋明显,为服务贸易发展提供更多新机遇。同时,构建"双循环"新发展格局,近年来我国消费需求重点和升级方向更多转向服务消费,使得服务贸易和服务业的重要性提升到新的高度。

### （二）现代产业体系的不断提质升级和服务业的创新发展，为江苏服务贸易发展奠定更坚实的产业基础

服务贸易发展的产业基础是服务业。近年来，江苏服务业对经济增长贡献份额显著提高，2019 年贡献率达到 64.3%，远超第二产业 33.3% 的贡献率。同时，江苏服务业创新能力明显提高，属于服务贸易产业基础的互联网及相关服务、商务服务、软件和信息技术服务等新兴行业快速发展。效率是衡量产业竞争力的关键，根据课题组测算，2019 年江苏服务业劳动生产率为 25.6 万元/人，是全国平均的 1.76 倍，这意味着江苏服务贸易发展具有更坚实的产业基础。

### （三）要素禀赋特征和开放型经济水平，为江苏服务贸易发展创造更强拉动力

江苏制造业发达，总量已连续多年居全国第一，产值约占全国 1/7。江苏科教资源丰富，区域创新能力在全国处于前列。随着江苏促进创新链、产业链深度双向融合和世界级产业集群建设，一方面存在潜力巨大的生产性服务贸易需求，另一方面具备科技和知识密集型服务贸易的强大供给能力，发展生产性服务贸易具有明显优势。同时，江苏经济开放程度高，利用外资和货物贸易分别居全国第一位、第二位，为服务贸易产业提升竞争力提供了有利条件。根据课题组实证计量分析，江苏货物贸易、利用外资对服务贸易发展产生显著的正向拉动效应。

### （四）改革开放持续深入，为江苏服务贸易发展营造更完善制度保障

随着我国服务贸易顶层制度设计加快完善，尤其是以区域全面经济伙伴关系（RCEP）为代表的高水平开放规制不断缔结，将从体制机制上为江苏服务贸易开拓新领域、新市场创造条件。江苏地处"一带一路"建设、长江经济带发展、长三角一体化发展三大国家战略叠加区域，加之自贸区获批建设和不断推进，将推进服务贸易高质量发展和竞争力提升。

# 三 提升江苏服务贸易产业竞争力的总体战略

## （一）总体思路

以习近平新时代中国特色社会主义思想为指导，顺应新一轮科技革命和产业变革影响下经济发展新趋势，借力服务业与制造业融合发展，抓住制造服务化、服务数字化、数字产业化机遇，充分依托我省产业基础和开放优势、创新优势，以数字化转型为主攻方向，以"扩量提质、创新争优"为目标，聚焦重点领域形成优势，不断扩大服务贸易规模，优化服务贸易结构，增强服务出口能力，壮大市场主体，加强载体平台建设，以小优势打造创新发展高地，以大优势形成创新发展高原，提升"江苏服务"国际竞争力，服务构建双循环新发展格局。

## （二）主要目标

规模持续扩大，服务贸易规模持续扩大，力保全国第四位，服务外包业务规模保持全国领先；结构持续优化，数字服务贸易占比不断提高，知识密集型服务比重稳步上升；主体持续壮大，在重点领域培育超百家省级服务贸易重点企业；集聚持续增强，国家服务外包示范城市和特色服务出口基地优势进一步增强，载体梯度培育机制更加完善，在重点领域培育一批省级服务贸易基地；品牌持续强化，江苏服务贸易在全球价值链地位不断提升，国际影响力不断扩大，创新贸易促进方式，打响"苏新服务·智惠全球"服务贸易品牌。

## （三）基本路径

**1. 聚焦创新驱动发展，培育服务贸易发展新业态、新模式**

进一步提升江苏服务贸易和服务业的产业创新活力和能力。一方面，积极运用新一代信息技术改造提升传统服务贸易和服务业产业，提升服务技术水平、企业专业化程度和服务可贸易性；另一方面，加大研发投入力度，激发和满足多样化、个性化市场需求，在数字经济、平台经济、创意经济、体验经济等新领域实现重点突破。促进服务贸易与货物贸易相互促进，推进服务业与制造业深度融合，大力发展"数字+""文化+""金融+""健康+"等融合型服务行业,实现服务贸易的业态模式创新和功能完善。

2. 聚焦开放优势提升,建设服务贸易产业竞争力新高地

支持以南京、苏州为核心,全面深化服务贸易创新发展试点,借力自贸开放平台,总结提炼服务贸易领域创新成果,不断拓展开放领域。进一步提高服务业利用外资水平,引导外资向高端服务业和新兴服务业领域集聚。探索全面提升服务贸易便利水平,包括实现国际贸易全链条服务,优化知识产权服务政策支持,为外籍高端人才居留、工作许可提供便利化等。以"一带一路"建设为重点,引导领军企业在全球范围配置资源、拓展市场,积极开拓新兴市场,全面融入服务贸易全球化发展格局。

3. 聚焦企业集群培育,增强服务贸易市场主体资源配置能力

企业是市场竞争主体,大力培育和支持服务贸易企业发展,支持有实力服务贸易企业实施跨行业、跨区域兼并重组,打造一批在国际资源配置中占主导地位的有影响力的服务贸易领军企业。鼓励企业在服务贸易不同领域、不同环节渗透融合,形成跨界融合的现代服务贸易产业集群。同时,培育一批"专、精、特、新"服务贸易中小企业,支持中小企业利用关键技术、数据资源、营销网络等独特优势在细分领域成长为"单打冠军"。

4. 聚焦载体平台建设,提升服务贸易产业辐射能级

大力推进服务贸易载体平台建设,依托国家服务贸易创新发展试点地区、服务外包示范城市和特色服务出口基地,形成江苏服务贸易发展的战略支点和示范亮点。加快南京自贸片区服务贸易发展,突出生命健康、科技服务、现代物流等服务贸易产业发展;鼓励苏州自贸片区结合自身优势,大力推动生物医药研发、数字内容服务等创新发展;支持连云港自贸片区大力发展医药研发技术、港口物流、能源供应等领域,形成服务贸易与货物贸易、生产性服务与先进制造业深度融合高地。全省聚焦数字服务、生物医药研发、中医药服务、文化服务等重点领域,培育一批产业集聚度高、示范带动强的服务贸易基地,不断提高服务贸易特色化、专业化、高端化发展水平。

## (四) 重点行业

1. 放大比较优势,培育主要服务贸易产业竞争力新动能

服务外包。继续支持信息技术外包业务保持优势地位,大力发展生物医

药研发服务外包,鼓励传统制造业企业释放工业设计服务等需求,同时依托新一代信息技术研发应用探索发展众包、云外包、平台分包等新模式。文化旅游服务。加快发展动漫游戏、创意设计、互联网新媒体等,扩大文化贸易规模;完善江苏旅游海外推广机制,打造特色旅游产品,优化提升文化旅游领域国际合作,促进入境游购物,缩小服务贸易逆差。物流运输服务。加快航运物流资源整合,推动港口、产业、园区、城市一体化协调发展,打造面向国际的江海转运综合枢纽。完善国际物流枢纽体系,提升航空物流能级,积极发展航空保税物流等新型物流业态,提升南京作为航空货物中心和快件集散中心的枢纽地位。

2. 挖掘潜在优势,打造特色服务贸易产业竞争力新引擎

中医药服务。提升中医药诊疗水平,支持江苏省中医院、南京中医药大学等机构发展境外中医药养生、保健、教育等服务,建设中医药服务贸易信息平台,推进中医药服务标准国际化,提高江苏中医药服务国际影响力。教育服务。发挥江苏高等教育资源优势,扩大教育开放合作,支持教育机构开发具有国际竞争优势的项目,鼓励省内教育机构境外办学,打造海外教育服务品牌,吸引更多外国留学生,积极发展线上远程教育,全力打造"留学江苏"品牌。知识产权服务。支持江苏国际知识产权运营交易中心充分发挥资源优势和市场优势,打造全链条一站式知识产权运营交易平台。提升知识产权国际交流合作水平,引进更多国际知名知识产权服务机构,促进成果转化和业态模式创新。

3. 瞄准未来趋势,构筑新兴服务贸易产业竞争力新高地

数字服务。探索研究加快数据跨境流动、技术共享和产业融合发展,构建数字服务出口企业孵化链。积极发展高附加值数字内容生产,加快构建数字化服务标准,推进数字服务出口基地建设,扩大数字服务贸易规模,优化产业梯度和集群化布局。积极引进跨国数字服务企业,着力支持数字服务行业对外开放。商务服务。大力发展研发、设计、咨询、检验检测、供应链管理、法律服务等知识密集型服务贸易,扩大关键技术服务进口。培育品牌展会,打造具有国际竞争力的会展企业。引导跨国公司在江苏更多设立区域总部、研发设计中心、物流分拨中心等服务机构。高端保税服务。重点发展医疗器械、船舶、航空等保税维修业务。吸引国际和国内融资租赁金融机构聚集,搭建全球高端装备融资租赁中心。在特殊监管区域、保税监管场所范围内打造更多保

税展示交易平台,探索扩大进口文化艺术品展示、交易业务。金融服务。大力培育和引进国内外大型金融机构总部入驻,集聚和发展一批总部金融机构或具有重要市场地位的功能性机构。全面实施"保险＋"战略,大力引进、新设各类保险机构。进一步丰富持牌金融机构,着力发展科技金融服务业等。

## (五) 保障体系

### 1. 加强顶层设计和服务保障

完善服务贸易发展的组织领导和运行体制,推动形成长三角服务贸易联动发展战略合作机制,强化管理服务,完善产业分类和统计方法等。

### 2. 强化服务贸易产业发展要素支撑

加快推进新型网络基础设施建设,加大财政支持力度,建立服务贸易企业信贷风险补偿机制,加强人才引培力度,优先支持解决服务贸易产业用地等。

### 3. 促进服务品牌标准化发展

健全服务贸易和服务业标准体系,加强江苏服务贸易和服务业的品牌培育,健全服务质量管理体系,积极参与数字贸易规则制定。

### 4. 加快突破新兴服务贸易产业发展制度瓶颈

立足科技和产业发展最新趋势,积极探索从商品和要素流动型开放向规则等制度型开放的拓展,在更深层次、更宽领域,以更大力度推进全方位高水平服务业开放,推动服务贸易产业发展取得新突破。

(省商务厅服务贸易和商贸服务业处)

# 化解"走出去"与产业空心化矛盾路径研究

作为制造业大省,江苏有越来越多的企业积极响应国家"走出去"战略,踊跃参与"一带一路"等海外区域投资布局,为全省产业转型升级拓展了新空间,但省内一些重点地区潜在的产业空心化风险也在逐步显现。本研究在梳理产业空心化概念内涵及特征等理论研究和"走出去"相关政策基础上,通过数据分析当前江苏企业"走出去"总体情况,对重点细分产业空心化风险进行研判,据此提出更好推动"走出去"、化解产业空心化风险的对策建议。

## 一 "走出去"与产业空心化相关理论与政策分析

通过对"走出去"概念内涵、理论研究和相关政策的梳理,结合"走出去"和产业空心化之间关系的学术观点,发现"走出去"的不同发展阶段对产业结构会产生不同的影响。

### (一)产业空心化的概念与内涵

学术界至今尚未对产业空心化达成统一的定义,目前大致分为广义的产业空心化与狭义的产业空心化两种界定。广义的产业空心化主要是指由于进行大规模的对外直接投资而引起第二产业在国民经济中的比重下降,第三产业比重则显著上升导致经济服务化的现象;狭义的产业空心化则主要是指制造业产业大量外移导致国内制造业的萎缩,新的产业发展较慢难以支撑经济的较快增长,而旧产业的主导力量已经衰退甚至进入停滞状态。

本研究在梳理总结国内外专家学者观点的基础上,将产业空心化定义为:由于某一制造业产业短期内从某一国家(或地区)向其他国家(或地区)大规模转移,导致本国(或地区)该产业丧失原有的主导力量,进而陷入萎缩甚至衰退的经济现象。

## (二)"走出去"政策效应

"走出去"战略是以中国的公司为主导,服务于中国公司战略的一种跨国整合模式,主要是经济的对外投资和合作,即把有效的经济资源和生产资源在国际范围内进行重新配置、优化组合。狭义的"走出去"战略是指企业以对外直接投资方式进入国际市场,参与国际竞争与合作,从而达到提高国际竞争力,促进本国经济快速、持续、协调发展的目标。广义的"走出去"战略包括货物与服务出口、劳务输出、国际融资、国际旅游以及对外投资等企业跨国经营的各个方面。

实施"走出去"是我国深化对外开放的重要举措。近年来,随着全球产业链、价值链重构趋势的演进和我国"一带一路"的深入推进,我国制造业已进入了包含产品、品牌、资本、产能、技术、服务在内的全面"走出去"新时代。通过"走出去"战略,企业可以规避贸易壁垒,获取相对稳定的市场份额;可以在全球范围内优化资源配置,直接或间接地融入全球产业分工的体系之中,不断扩大市场份额和影响力;开展海外并购整合海外资源,不断提升自身竞争力和产品(服务)附加值,并借助国际先进经验,打破各产业内部发展过程中遇到的诸多桎梏,进而推动国内产业的转型升级。

## (三)"走出去"与产业空心化之间关系分析

对外直接投资是企业"走出去"的主要形式,自从我国推进"一带一路"建设以来,对外直接投资与产业空心化的关系得到了学术界的广泛关注,不同专家对此持不同态度。有些专家认为"走出去"可能促进本国产业升级,有的学者则认为"走出去"在一定程度上可能会导致本国产业空心化,也有专家认为"走出去"与产业空心化并不存在显著关联。

通过梳理总结专家学者的看法,本研究认为,"走出去"的不同发展阶段对产业结构会产生不同的影响。具体而言:

在"走出去"初期阶段,企业可以在全球范围内优化资源配置,直接或间接地融入全球产业分工的体系之中,不断扩大市场份额和影响力,进而推动国内产业的转型升级。

进一步地,在资本"走出去"阶段,对外直接投资成为企业"走出去"的主要形式,可能会在一定程度上导致产业空心化,将导致部分产业资本、人才、技术的大规模跨国流动,从而出现本国的部分地区出现制造业核心资产转移、生产能力和产业规模增长滞缓甚至萎缩等现象。

## 二 江苏制造业企业"走出去"现状分析与产业空心化研判

基于近 3 年江苏省企业对外投资相关数据,结合投资主体所属行业、投资规模以及投资标的所在国家(地区)、所属行业等方面的综合梳理,对"走出去"现状和产业空心化进行了分析研判。

### (一) 样本说明

通过对近 3 年来(2017 年 1 月至 2020 年 1 月)江苏共 1 281 个对外投资项目相关数据进行全面整理和分析,其中剔除投资额小于或等于 0 项目共141 个,剩余 1 140 个项目被视为进行了实质的对外投资(即投资额大于 0),以此为本研究的样本数据。

### (二) 分析结论

通过样本数据分析判断,总体而言,目前江苏省"走出去"企业对外投资项目规模体量相对较小,多数项目海外布局是为了降低生产成本、扩充产能以及拓展海外市场,产业链关键环节外迁的可能性很小,暂时不会带来产业空心化风险。但部分细分产业也表现出了一些潜在的产业外迁倾向,未来可能会面

临产业空心化风险,需提高警惕。具体包括:

传统行业中的纺织服装、服饰业,纺织业,专用设备制造业,以及医药制造业 4 个细分产业,样本数据显示其对外投资额较大、项目数量增长较快,表现出一定的产业外迁潜在倾向,故推断未来产能有可能大规模外迁,需重点关注。

新兴行业中的前沿新材料、先进金属材料、智能电网纺织业 3 个细分产业,样本数据结果及分析显示,前 2 个产业如海外市场、国外政策优惠等因素刺激和国内环保等限制性政策压力持续加大,产业链关键环节和高端产品制造产能未来有可能成规模外迁;智能电网产业对外投资涉及产业链领域较多,且含部分高端产品,表现出一定的产业外迁潜在倾向。故推断未来产能有可能大规模外迁,需重点关注。

表 1   江苏未来可能面临产业空心化风险的重点产业研判

| 传统/新兴 | 细分产业 | 推断理由 |
|---|---|---|
| 传统行业 | 纺织服装、服饰业 | 对外投资额较大,项目数量增长较快,未来产能有可能大规模外迁 |
| | 纺织业 | 对外投资额较大,项目数量增长较快,未来产能有可能大规模外迁 |
| | 专用设备制造业 | 对外投资额较大,未来产能有大规模外迁的可能性 |
| | 医药制造业 | 对外投资额较大,未来产能有大规模外迁的可能性 |
| 新兴行业 | 前沿新材料 | 如海外市场、国外政策优惠等因素刺激和国内环保等限制性政策压力持续加大,产业链关键环节和高端产品制造产能未来有可能成规模外迁 |
| | 先进金属材料 | |
| | 智能电网 | 对外投资涉及产业链领域较多,且含部分高端产品,表现出一定的产业外迁潜在倾向 |

## 二 更好推动江苏省企业"走出去"、化解产业空心化风险的对策建议

分析表明,目前江苏省"走出去"企业对外投资规模体量占全省工业总量比重较小,暂时不会带来产业空心化风险,"走出去"与产业空心化之间尚不存在明显矛盾。但考虑到部分细分产业表现出的潜在产业外迁倾向,应提

前谋划应对策略,化解未来可能面临的风险和矛盾,推动江苏省企业更好地"走出去"。

## (一) 分类支持企业"走出去",防范产业空心化风险

对现阶段全省"走出去"企业进行系统梳理,建立常态化联络机制,针对不同"走出去动机",将企业进行合理分类并给予引导。一是针对"自发走出去"类的企业,如前沿新材料、先进金属材料等产业的企业,进一步鼓励支持该类企业"走出去",并通过企业"走出去"带动江苏标准和江苏品牌一同"走出去"。同时,鼓励企业以把关键核心环留在现有生产基地,培育以研发、设计、营销、服务为核心的新竞争优势,建立国际产业基地和国内总部的链接,进行更高效的国际分工。二是针对"迫于压力走出去"类的企业,如专用设备制造业、医药制造业、纺织业等产业的多数企业,应不断优化营商环境、提供相关扶持帮助企业应对逆全球化现象。同时,鼓励企业及时调转部分市场面向国内,并聚焦细分领域进行技术、产品升级,以不断提升企业竞争力,实现产业升级。三是针对"适合走出去"类的企业,如智能电网等产业的企业,可由政府先行赴海外考察探路,寻找政治稳定、市场有潜力、公共服务有保障的国家和地区,并建立相应的资源对接平台和沟通合作机制,引导这类企业"走出去"拓展海外市场。

## (二) 进一步细化落实国家出口和对外投资管制政策

在现有基础上,进一步细化落实国家出口和对外投资管制政策,在政策执行和管制层面对产业空心化形成更为有力的防范"闸门"。一是积极配合国家有关部委制定出口和对外投资管制行业指南。重点围绕专用设备制造业、医药制造业、前沿新材料、先进金属材料、智能电网等产业,主动配合国家商务部等部委分产业研究制定出口和对外投资管制指南相关工作,积极参与专项调研和专题研究,为行业指南出台做出江苏贡献。二是加强对"走出去"企业的监管。逐步落实商务、海关等部门对出口和对外投资的监管权责,探索建立一支专业化、国际化的监管队伍,加强对"走出去"企业的政策宣贯和培训,引导企业树立关键技术出口管制意识。三是探索建立出口和对外投资管制工作体系。探索建立一套涵盖咨询、申请、受理、审批、执法检查、违规处理等流程的

出口和对外投资管制工作制度,明确工作标准,加强与"走出去"企业的联动,积极听取企业的意见建议,不断提高工作水平。

### (三) 积极营造化解产业空心化风险的产业生态

面临日益复杂严峻的国际形势和外部环境,需进一步统筹谋划,形成合力积极营造良好产业生态,应对和化解产业空心化潜在风险。一是持续推进企业减负。按照国家统一部署,聚焦中小企业、民营企业,围绕减税降费、金融支持、降低制度性成本、控制劳动力成本过快增长等方面,建立为企业降本减负的长效机制,以低运营成本提高企业国际市场竞争力,降低企业因成本压力而外迁的意愿。二是进一步放宽市场准入。全面落实"外商投资准入负面清单"和"市场准入负面清单"管理制度,在有条件的领域逐步减少负面清单条款,提升外资企业融入国内产业链的深度和广度,激发民营企业立足国内发展的动力和活力。三是强化国内大循环的主体地位。鼓励和引导"走出去"企业积极利用国内外产业的关联效应,增强与国外子公司之间的经济联系,建立以国内市场为中心的国内外垂直型分工体系,将附加值高的关键零部件、关键材料的研发和制造基地布局在国内,将非核心的加工制造环节广泛布局于多个国家,削弱对外投资的技术外溢效应,促进国内产业更长久地保持技术优势。

### (四) 注重企业监管服务与防范产业空心化风险相结合

进一步优化完善企业常态化跟踪服务机制,加强防范产业空心化风险意识,探索建立对应的预警指标,加快形成高效的动态监测和预警处置办法。一是完善"走出去"企业数据库。加强对"走出去"企业的跟踪监管,全面掌握企业全球产能和技术布局情况,探索建立一套基于企业出口和对外投资数据的产业空心化风险评估和预警机制。二是进一步加强对外投资全程监管。加强对房地产、酒店、影城、娱乐业、体育俱乐部等领域非理性对外投资倾向的风险宣传,清理和整顿异常大额现金交易、地下钱庄等资本外逃现象,加大对国内实体经济投资的政策支持力度,引导社会资本更多进入国内实体经济领域。三是设置风险警示线。结合对外投资的主要目的、投资项目所属领域以及行业特性等,有针对性地设置具体细分产业的"产业空心化"风险预警线,如将对外投资额占该产业规上工业企业资产总额的比重作为指标,研究设定警戒值,当接近该值时表明该产业存在一定的产业外迁风险，可能会导致一定程度的产业空心化，需提高警惕、及时应对。四是分级实施政策引导。按照企业"走出去"带来产业空心化风险的程度对企业进行分级，实施差别化的融资、税收、用工、保险等保障制度，加大对低风险企业及项目的政策倾斜力度。

### （五）适时适当引导企业大力拓展国内市场

在国内国际双循环新发展格局的背景下，江苏在鼓励企业走出去的同时，也应适时适当引导企业注重扩展国内市场，形成"深耕本土、伸展海外"发展态势。一是抢抓"新基建"带来的市场机遇。聚焦物联网、5G、大数据、特高压、人工智能等产业升级相关配套设施和教育、医疗、养老、社保等民生发展相关配套领域，鼓励和引导企业瞄准"新基建"带来的市场新需求进行研发和产能投资布局，产出更多符合国内市场需求的产品和服务。二是挖掘居民消费升级内需潜力。鼓励企业立足国内，深入挖掘中低收入群体的消费升级需求，以"智能化、个性化、绿色化"的理念开发更多适销对路的新产品、创造更多受市场青睐的新业态新模式。三是抢抓新型城镇化带来的市场机遇。围绕农业转移人口市民化发展的需求，重点聚焦城镇供水、污水处理、垃圾处理、公共交通基础设施、公共停车场等市政公用领域，鼓励企业研制更高效、更智能的配套设备和产品。

（省商务厅对外投资和经济合作处）

# "十四五"江苏省消费提质升级对策研究

## 一 研究背景及意义

近年来,江苏省消费品市场保持平稳较快增长,消费市场发展动力加快转换,消费对经济增长的基础性作用明显增强。然而消费领域发展仍然存在一些问题,居民消费基础良好、结构优化空间广阔,但是重点领域消费市场未能有效满足居民多层次多样化消费需求;质量和标准体系仍滞后于消费提质扩容需要,消费政策体系尚难以有效支撑居民消费能力和预期改善等。

在出口面临较大不确定性,投资增长持续承压的情况下,江苏要以消费提质升级为引领,激发市场经济活力,加速供需两端变革正向循环,增强最终需求对供给侧的牵引作用,实现供需两侧的螺旋式良性互动,推动经济转型升级。尤其是在"双循环"的背景下,江苏要牢牢抓紧内需市场这一宝贵稀缺资源,并充分发挥经济体量大、发展韧性好、产业链条较为完备、企业应对市场变化能力强的独特发展优势,持续深挖消费市场潜力,培育壮大消费市场,进一步巩固消费对经济发展的强力引领和支撑地位,继续释放经济平稳运行的"压舱石"功能。

## 二 "十三五"江苏省消费提质升级面临的问题

### (一)消费结构升级稳中有升,但品质消费拉动作用不强

近年来,江苏消费结构升级指数虽然稳中有升,但对三类分项指标测算发现:江苏消费结构升级指数的提升主要是由于基本生活消费占比下降和居住消费占比上升所导致的,品质消费对江苏省消费结构升级的拉动作用不明显。

### (二)消费品工业竞争力亟待加强

江苏是经济大省,然而供需错配、优质产品供给不足等制约着消费升级。通过对江苏与广东、浙江和山东以及欧美日韩等国代表性消费品工业的对比发现,江苏省消费品工业存在以下几个方面问题:其一,江苏消费品工业总产值和增加值占工业总产值和增加值比重相对偏低,消费品工业企业数量和就业人数不具备数量优势,从而导致江苏消费品工业在整个工业生产中不具备规模优势;其二,劳动生产率虽然具备一定优势,但行业利润率水平和单个企业利润总额相对偏低,从而在全国市场中不具备竞争优势;其三,江苏虽然是制造强省,但是生产制造结构与消费市场结构适配性有待提高。

### (三)江苏居民消费潜力有待于进一步释放

整体上看,江苏省人均 GDP 和人均可支配收入在对标省份中均处于前列,但从人均消费绝对量、人均消费占可支配收入比重以及边际消费倾向三个细分指标来看,"不敢消费"现象在江苏居民中体现较为明显。在可支配收入构成中,江苏居民工资性收入占比相对偏低,但转移性净收入占比最高。

### (四)实物消费结构有待优化

"十三五"江苏居民食物类消费总体保持平稳,基本生活保障类、牛羊肉、

禽类和水产类、蛋奶类和瓜果糕点类消费占比未发生明显变化;耐用品消费结构有待于进一步优化,尤其是江苏居民家用电器消费偏好尚未向智能家用电器大规模转移。

### (五) 网上销售活力有待加强

从居民购买力角度来看,江苏居民购买力较强,具有良好的网络消费基础,在对标省份乃至全国范围内均位居前列,但是江苏本土的电商品牌商业模式创新不活跃,手段较为单一,导致本省居民的购买转移到外省电商品牌的现象较为严重。

### (六) 中间消费需求占比偏高,居民消费需求有待提升

江苏作为全国制造强省,在产业链上游的相关领域,产业规模较大;但在产业链下游,特别是面向终端消费的相关领域,江苏与广东、浙江及山东等省份存在较大差距,通过对江苏省投入产出表中的中间消费需求和居民消费需求对比发现①,江苏批发和零售业中间消费需求占比较大,生产的很多产品未能以最终产品形式转化到消费者手中,生产制造结构与消费市场结构适配性不强成为制约江苏消费升级的一个重要因素。

## 三 江苏省消费提质升级的对策建议

### (一) "十四五"亟待加强品质消费对消费结构升级拉动作用

要紧密围绕消费者将"消费者至上"的理念深入各个消费环节,尤其在品质消费领域,破除制约消费升级的机制体制障碍,尽可能地节省消费过程中的隐性成本,使消费活动能够更为便捷地发生。在需求侧要坚持消费引领,倡导消费者优先;供给侧要坚持市场主导,实现生产者平等;在中高端消费等领域培育新增长点、形成经济增长新动能。

---

① 由于大多数行业政府消费需求为0,故未考虑政府消费需求。

## （二）积极发展江苏消费品工业

### 1. 开展重点消费领域领军企业遴选活动

以新一代信息技术、高端装备制造、新能源汽车、生物与新医药、节能环保、新能源、新材料等战略新兴产业领域为重点,遴选具有较强创新能力、良好发展潜力和后劲、良好市场前景,在江苏范围内有代表性和领头示范作用的高成长科技型中小企业。

### 2. 满足消费者方便快捷、服务到家的新要求

大力发展"生鲜超市＋网络零售＋门店餐饮＋物流配送"的商业模式,重构"人—货—场"的关系;利用大数据精准定位销售人群和消费偏好,打造"千店千面"式供货和"无界式"消费体验的商业模式,重构"门店销售—消费体验"的关系;大力发展连锁社区店,重构"门店销售—送货上门—服务到家"的底层商业模式,解决好快捷购物、服务到家的"最后一公里"问题。

### 3. 着力提升消费品工业设计创新能力和协调发展能力

依托国家重大专项,加快建设全国性和区域性创新中心。围绕医药、家电、食品等重点领域,积极开展前沿技术研究、关键技术研究和共性技术研究。面向家电、纺织、五金、钟表等领域,培育一批专业化、开放型的工业设计企业,建设一批工业设计中心,强化微创新,开展创新设计示范,全面推广应用以绿色、智能、协同为特征的先进设计技术,全面提升工业设计和创新水平。

## （三）进一步释放江苏居民消费潜能

### 1. 着力提高中等收入群体收入,扩大中等收入群体

积极响应党的十九届五中全会会议精神,"十四五"时期着力提高低收入群体收入,扩大中等收入群体,统筹相对落后居民消费能力,通过扶持地方产业,减少全省城乡收入差距,提高整体居民的边际消费倾向;推进"数字货币"在全省试点,重点围绕中等收入群体,推进"数字人民币"和指定线上电商开展,全面涵盖到商场超市、日用零售、餐饮消费、生活服务等与居民消费息息相关的领域。同时,除了"数字货币"的开立银行在国有银行的基础上,加强"数字货币"与商业银行的合作,方便居民便捷消费。严格控制房价在一定的合理范围内,适当提高保障房的比例,减少房价过高造成的对其他高质量消费的挤

压;完善社会保障制度,尤其是就业医疗养老等制度,减少居民应对未来的储蓄动机,从而增加当前消费。

2. 持续提高居民工资收入,稳定并扩大就业

增加居民的财产性收入,加强市场和政府力量连接,在大力稳定资本市场财产性收入预期的基础上,继续丰富和规范居民的投资理财产品,适度扩大国债及地方政府债券面向个人投资者的发行额度,为普通居民提供更多、更安全的投资工具和增收选项。

3. 积极推动消费信贷发展

鼓励引导消费金融公司拓展新兴消费市场业务,适应消费升级趋势的发展变化,推动消费信贷渗透到各个消费领域。做好消费信贷风控工作,确保消费信贷健康良好发展,降低消费金融服务费用,提升消费金融服务效率。

4. 拓宽"夜经济"形式,开启夜间消费模式

发展"夜经济"不能靠政府定义,政府部门不能用政策和条例把"夜经济"管死了,更不能以罚代管,甚至出了问题一关了之。政府要起到放活和管好的双重作用。硬件要配套,提供灯光电资源、合理延长公共交通运营时间等;软件要管好,充分研究"夜经济"的特点,有针对性地解决城市环境、治安巡逻等随之而来的隐性问题。选择"夜经济"发展模式要百花齐放,留足政策空间,发挥市场力量。

## (四) 积极引导居民消费需求结构转变

1. 促进方便食品发展和产品的多样化

随着居民收入水平的提高、生活方式的改变以及生活节奏的加快,简便、营养、卫生、经济、即开即食的方便食品市场潜力巨大。各种方便主食品,肉类、鱼类、蔬菜等制成品和半成品,快餐配餐,谷物早餐,方便甜食以及休闲食品等和针对不同消费人群需求的个性化食品,在相当长的一段时间内都将大有文章可做。

2. 引导居民耐用消费品结构转变

转变汽车促销思路,"十四五"在加快制定新的汽车销售管理办法促进新车销售的基础上,应着力拓展汽车消费新空间,打破品牌授权单一模式,鼓励发展能源型、共享型、节约型、社会化的汽车流通体系,着力拓展汽车后市场。

同时,用好汽车消费金融,鼓励金融机构积极开展汽车消费信贷等金融业务。

其次,新冠疫情对我国经济产生了一定的冲击,尤其是对餐饮服务业造成了非常大的冲击,全国人民在家积极展开自我隔离的同时,也慢慢培养了"自己动手,丰衣足食"的本领。同时随着生活水平的提高,"富贵病"在居民日常生活中越来越常见,越来越多的人用"在家吃饭"取代了"在外就餐"的习惯。为此,家庭厨具类电器,尤其是那些能够提升生活品质、适应城市快节奏的智能家用厨具有望成为"十四五"时期江苏消费升级的发力点。

最后,尽管从国家到地方大力倡导节能减排,提高节能环保消费意识,但从江苏居民的购买实践来看,还是以传统能源电器为主,其主要原因可能是相比于新能源电器,传统电器往往不受天气等外部环境的干扰。为此,"十四五"时期应该不断进行新能源家电的技术创新,克服气候等因素对居民使用的影响,让居民"买得放心,用得舒心"。

### (五) 依托新一代信息技术促进我省消费模式创新

1. 发展"互联网+社会服务"消费模式

利用"互联网+社会服务"发展壮大更好地惠及人民群众,有效培育新业态、激发新动能。以技术创新驱动应用创新和产品创新,促进教育、医养、家政、体育、文旅等服务消费线上线下融合发展,拓展智能化、便捷化、个性化的社会服务消费新空间。统筹规划建设一批行业垂直平台项目,加大对市场化机制缺位的公共服务领域的支持力度,积极支持"互联网+社会服务"公共平台建设。

2. 构建"智慧消费"生态体系

加强数字化和移动化消费水平提升,推动传统企业积极转型,与电商平台深度融合,促进线上线下协同互动,推动商品数据和顾客数据的共享,促进精准营销,升级消费者体验。积极融合智能元素,建设"智慧商店""智慧街区""智慧商圈",促进消费新业态、新模式、新场景的普及应用,使"智能+"消费生态体系更加贴合人们的消费需求,推动消费扩容提质。与此同时,积极打造工业互联网平台,拓展"智能+",为制造业转型升级赋能。

3. 积极培育网络平台和运营主体

积极利用网络平台释放消费便捷红利,通过做好宣传引导居民强化对基本消费品以外的享受型消费品的购买,促进消费结构不断优化,进而推动消费升级，尤其是针对当前服务型消费升级较弱的特点，要进一步引导网络消费模式渗透到服务型消费领域，进一步激发民众对于新型服务产品消费的积极性。

### （六）疫情后促进消费需求回补

新冠疫情对传统消费方式带来冲击，同时也催生了新型消费、升级消费，如线上协同办公、远程诊疗、网络教育、微信商城等线上消费。疫情后应大力发展居家型健康消费，广泛宣传健康消费知识，包括正确饮食养生、科学体育锻炼、基本医疗保健等方面的知识；体育类企业可以大力发展互"联网＋体育"，发展线上培训、直播健身等新业态新模式，培育线上健康消费习惯；鼓励商业企业利用网络和微信大力发展线上影院、商城、游戏、视频和直播等消费业态，为消费者提供优质的居家生活服务；大力发展新型消费服务模式，生鲜配送需求的高涨催生了"非接触型"的消费场景需求，在智能技术和信息技术的强力支撑下，服务型机器人、无人超市、AR 试衣、无人机配送等场景开始探索商用可能，大力发展这些新型消费服务模式，可以更好地满足人们的居家消费需求。

（省商务厅市场运行和消费促进处）

# 长三角创新共建省际产业合作园区路径和对策

中共中央国务院印发的《长三角区域一体化发展规划纲要》明确提出要推进共建省际产业合作园区（以下简称省际共建园区）建设。长三角地区经过近 20 年的园区共建政策引导和各类市场主体的自发探索，共建园区形成多种合作模式，正经历从高速度发展向高质量发展的跨越。促进共建省际园区高质量发展，正是推动长三角一体化的一个重要载体。本文采取系统化分析方法，回顾长三角共建园区发展历程，总结共建园区的经验和不足，以及对省际共建园区建设的启示，提出了省际共建园区要推动"四个转变"，实现"四个高质量"发展的路径和对策建议。

## 一 创新合作共建模式，推动实现"四个转变"

### （一）从政府主导向市场导向转变

无论是江苏的南北挂钩共建园区、浙江的山海协作产业园，还是安徽的南北帮扶共建园区，均由省政府出台支持政策、省财政拨付支持、奖励资金，发达地区出人、出力、出

268

钱、出园区建设方案和经验,加速了欠发达地区发展,同时也出现"一头热一头冷"的现象,大多共建园区没有达到预期理想效果,而以市场为导向的省际共建园区,如上海市北(南通)科技城、中新苏滁产业园等,都取得了成功。必须把握省际共建园区是一个市场主体的属性,按市场经济规律办事。充分发挥投资主体在共建省际产业园的主导作用,主要依靠市场来配置土地、资金、资产、劳动力、技术、人才等资源。同时结合开发区去行政化改革,规范政府和开发区经济监管和为各类市场主体服务的职能,完善监管和服务体制机制,制定法律法规和政策,营造有竞争力的投资、创业、创新和产业发展的良好环境。

### (二) 从产业梯度转移向区域产业协同发展转变

产业梯度转移是经济全球化和区域经济一体化的必然结果。在长三角区域内,由于各地分处不同的发展阶段,上海、苏南、杭嘉湖等地区层级较高的开发区,有大量的劳动密集型、资源密集型、环境损耗型产业,通过开发区共建等形式大量转移到欠发达地区,既为发达地区腾出了容纳高端产业的空间,也有力促进了欠发达地区的经济发展,增加就业,为长三角一体化奠定了产业合作基础。随着经济的发展,人工成本上升,土地等资源紧缺和生态保护的标准和要求提高,各地开发区都提出了高质量发展的要求,原先一些传统产业的项目,在区域内转移动能减弱,更多仍向成本更低、资源更充裕的中西部地区,甚至东南亚、非洲等地转移。在当今经济全球化严重受阻而区域经济一体化加速推进的新形势下,要推动长三角产业一体化的重构——由企业整体转移向产业链部分环节转移和优化转变,推动以产业链为联结,共建省际合作园区。产业链的头部企业所在开发区,主要集中企业总部、研发中心、运行管理和财务结算中心,在配套能力强的地区,建立生产基地,形成特色产业集群,推动省际共建园区发展,形成长三角开发区产业链、供应链、创新链和价值链的融通和合理分工。

### (三) 从帮扶式共建园区向共享式共建园区转变

多数帮扶式共建园区没有建立合理的园区成本分担、长期投资和收益、绩效共享机制,支持方没有获得感而将其作为一项政治任务,这种共建园区发展不可持续,由于行政管辖权的分设,帮扶式的共建形式,在省际共建园区中是走不通的。要建立共建省际园区的高效管理体系和利益、风险共担机制,包括双方协调机制,建立由三省一市高层之间、合作双方、市县(市、区)政府之间定期会商制度。合作双方真正按市场化原则企业化运作经营管理省际共建园区,共享项目信息,共建投资公司,共用双创人才,共享合作成果。坚持以按投资比例进行税收、经济利益和各项考核指标分配的机制,真正做到共建共享。

### (四) 从单纯进驻资金、项目向经营园区品牌转变

投资方的大量资金投入是启动共建园区建设的基础,而项目则是园区发展的生命。日前,长三角地区共建园区存在"重数量、轻质量"的情况,"飞出地"开发区本身实力不强,影响力不大,靠行政推动、和"飞入地"地方政府或开发区签订协议,为"飞入地"获得地方政府补贴和支持。这样的共建园区虽然数量众多,但真正健康、可持续发展的较少,这是共建省际园区应避免走的路。投资园区是长线投资,只有自身实力强、专业化程度高、品牌影响力大的开发区和企业才能做到。苏州工业园区、上海临港集团以及下属漕河泾经济技术开发区是典型代表。优秀的省际共建园区,不仅有"飞出地"的大量投资,更有其品牌优势为共建园区开展招商引资、招才引智助力。"飞出地"品牌园区或企业,一定要把共建园区作为其整体的组成部分、一个分部园区或子公司,派遣专业团队进行共建园区建设、运行和管理。对共建园区当地管理人员、招商人员进行传帮带,逐步突现管理人员、招商人才的本土化。突现"飞入地""飞出地"全方位、多层次的紧密结合,实现省际共建园区健康、可持续发展。

## 二 强化政府协调、服务功能,推动省际共建园区高质量发展

在新形势、新格局下,推进省际共建园区建设要做到"四个高质量"。

### (一) 制定高质量的规划,形成有利于省际共建园区健康发展的科学布局

将共建省际园区纳入区域发展战略。一是建议三省一市将若干重点省际共建园区纳入三省一市"十四五"规划,这些园区不仅包括列入《长江三角洲区域一体化发展规划纲要》的沪苏大丰产业联动集聚区、上海漕河泾新兴技术开发区海宁分区、中新苏滁现代产业合作区、中新嘉善现代产业合作园,并且增

加南京顶山—滁州汊河跨界一体化发展示范区等跨省、市共建园区。在整体规划布局上,形成以上海青浦、江苏吴江、浙江嘉善生态绿色一体化发展示范区为引领,长三角省际共建园区和三省一市各跨界共建园区的"三位一体"同时推进的空间共建布局。二是在正在编制的国土空间规划中,充分预留重点共建省际园区发展空间。按照《自然资源部关于 2020 年土地利用计划管理的通知》(自然资发〔2020〕91 号)规定的土地利用计划管理新方式,坚持土地要素跟着项目走,将重点省际共建园区整合为长三角区域一体化项目,集中向自然资源部申请单列用地指标,解决深化合作的土地要素瓶颈。

## (二) 建设高质量的全区域产业链,夯实省际共建园区的发展基础

长三角共建园区普遍存在"重企业轻产业"的现象。一些地方政府为增设行政区域而设立共建园区,一些企业投资策略以当地园区的政策支持及其税收、土地出让金减免力度来选择。使园区走向同质化,区域内开发区竞争大于合作,甚至出现恶性竞争现象。解决这一难题首先要确立"开发区的一体化本质是产业链、创新链的一体化"的理念。省际共建园区要充分利用"飞出地""飞入地"以及整个长三角地区的优势产业、头部企业,从细分领域和行业中确定自己的主攻方向。一是以产业链为依托共建省际合作园区,"飞出地"品牌开发区,产业链的头部企业充分利用自身产业链的配套企业在低成本、有配套能力的"飞入地"共建省际合作园区,进而吸引更多的相关项目和服务商跟进,由合作双(多)方构建整体产业链和供应链。二是围绕品牌园区,大财团、大企业等市场主体共建省际合作园区。"飞入地"政府推出一批欠发达且有发展前景的中、小园区或区中园,招引像苏州工业园区、上海漕河泾等急于向外拓展的品牌园区,兼并整合这些小而散的开发区,共建省际合作园区。像招引产业项目一样招引如中新集团、胜科集团、红豆集团等国内外著名园区投资运营商共建省际合作园区。

建议江苏开发区在总结南京市实施的"链长制"基础上,制定并实施全省开发区的"强链工程"。以省际共建园区和国际合作园区为一个重要载体,立足长三角,面向东亚,连接全球。围绕全区域内龙头型、基地型、总部型项目,进行整体产业链的建链、补链、延链、强链。围绕产业链构建创新链。围绕产业链的各环节,加快集聚创新资源,推动特色创新所需的各类服务平台建设,

用特色产业引进相关人才，用人才引领相关产业，用特色平台引进相关人才，用人才打造特色平台和创新链，进而优化、提升产业链和价值链，使省际共建园区（包括国际合作园区）成为江苏打造百亿级、千亿级乃至万亿级产业链的一个重要载体。

建议以区域内重大产业链设立各链条的产业发展合作公募基金，以原有政府设立专项园区补助资金带动，吸引金融机构、社会资本等各类资金参与，解决省际共建园区建设和产业链构建中的资金困难问题。

### （三）构建高质量的现代治理结构，打造合作双（多）方利益共同体

通过对政府主导、国企主导、中外合资企业主导和民企主导的园区治理结构四种模式的优劣分析，在长三角共建园区的实践中，政府主导的共建园区治理结构在省际共建园区中是行不通的，但在共建省际园区治理中，双方政府强有力的协调机制和服务能力值得借鉴。民企主导型省际共建园区的治理结构，只有愿意长期投资，有实力、有品牌的大财团、大企业才能做到，但要坚持防止以投资运行园区为名，搞房地产开发。国企主导型的共建省际园区治理结构，其企业本身多是企业化运行的优质开发区，有丰富的园区建设和管理及招商引资的经验，以及产业转移实力。这种实现现代企业制度治理的省际共建园区已显示出强大生命力，是本文力推的治理结构。中外合资企业主导的省际共建园区的治理结构，由境内外有建设、运行园区经验的中外合资企业投资、运行园区。既是省际共建园区，也是国际合作园区，更有利于构建高质量的国际化治理结构，扩大对外开放，形成"双循环"的支点，是长三角开发区一体化进程省际共建园区的一个重点力推的治理结构。

从具体单个省际共建园区角度，应借鉴和推广上海临港集团、苏州工业园等先进治理结构，形成市场主导、政府与市场协调的园区合作机制。不断优化"小管委会＋大开发集团"的建设和治理方式，合作双方按股权成立董事会，决定共建园区的重大事项，开发公司统筹负责园区建设、开发和招商引资，管委会负责社会事业管理，形成权责明确的治理体系。

要有效发挥非政府组织作用，依托长三角区域内高校、科研院所，长三角开发区协同发展联盟以及开发区协会、企业家协会、外资企业协会，发挥智库和促进作用。

## （四）营造高质量的营商环境，形成省际共建园区的比较优势

改善营商环境说到底就是通过改革开放创造政策和制度的比较优势。省际共建园区要建设、发展、提升，必须有一个比周围地区更高质量的政策和制度要素供给，更高质量的市场化、国际化、法制化的营商环境来吸引跨省、市和国际投资者。按国际通常建设园区的标准，这种特殊制度安排，其少要赋予投资者几方面的特权。一是建设用地、厂房和公共设施等基础设施提供比周围地区更有保障、成本更低。二是通过设立海关特殊监管区等制度安排，海关管理更高效，降税免费条件更优惠。三是通过行政管理体制改革，公司设立、许可证和业务流程更简化。四是改革财税制度，包括所得税、增值税、社保资金达到发达国家、地区的标准，增加职工培训、资金和人才特殊奖励。这些构成优越的投资环境。

建议探索建立政策自动适应体系，形成比较政策和制度优势。对于跨界合作园区，合作一方所享受的优惠政策能够自动适用于跨行政区的省际共建园区。"飞出地"和"飞入地"政府制定的鼓励开发区高质量发展的建设用地指标、税收返还、金融支持、区域环评等优惠政策，省际共建园区同时适用。探索创新区域内各种生产经营资质、标准的互通性，扫除省际共建园区的行政壁垒。

建议由长三角合作办公室牵头，联合三省一市政府，对标国际高标准营商环境，参照自贸试验区的做法，制定共建省际园区的支持政策，推动省际共建园区健康、快速发展，发挥省际共建园区在长三角一体化中重要支撑点的作用。

（省商务厅开发区处）

# RCEP 对江苏开放型经济影响及对策研究

2020 年 11 月 15 日,我国与各成员国顺利签署《区域全面经济伙伴关系协定》(简称 RCEP)。这不仅为我国加速构建双循环新发展格局提供了非常关键的机制性合作平台,也有效提升了我国参与国际经贸规则制定的话语权,为推进中欧全面投资协定、中日韩自贸区、亚太自贸区进程提供了实现路径。

根据省领导工作部署,省商务厅迅速组织力量加紧研究 RCEP 对江苏开放型经济的影响及对策建议。厅主要负责同志 2 次召集专题研讨,调研组通过研究协定文本内容、分析江苏与 RCEP 成员国经贸关系、对 62 家企业开展问卷调查,结合地市调研情况及专家研究分析,形成以下分析。

## 一 RCEP 主要特点

从规则看,作为现代、全面、高质量、互惠的大型区域自贸协定,RCEP 原产地规则更具包容性:采用统一的区域累积原产地规则;降低原产地标准适用门槛;允许使用背对背原产地证明,提高企业销售策略及物流安排的灵活性;丰富原产地证书的类型,允许经核准的出口商声明以及出口商的自主声明。

从作用看,RCEP是我国企业深度融入区域乃至全球产业链、供应链、价值链的重要平台。在中日韩之间新建了自贸关系,为推动东亚小循环提供了制度保障,一定程度上也为我国企业借道融入欧美自贸区网络提供了跳板。

## 二 江苏与 RCEP 成员国经贸合作密切

RCEP成员国是江苏重要的经贸伙伴。"十二五"以来,全省与RCEP成员国的货物贸易额占全省的比重保持在1/3以上、服务贸易额占比约24%,全省对RCEP成员国协议投资额占比提升近20个百分点,RCEP成员国对全省实际投资额占比下降3.3%。

## 三 RCEP 对江苏开放型经济可能产生的影响

RCEP对江苏开放型经济产生影响总体利大于弊:对外贸近期温和、中长期利好,对利用外资喜忧参半,对对外投资和服务贸易利好,对制度型开放和中小企业机遇与挑战并存。

### (一) 对外贸易方面:近期温和,中长期利好

近期看,中日间关税减免以渐进式为主,且日本市场占全省的比重不足10%,RCEP虽将刺激全省扩大对日进出口,但对全省外贸总量影响温和。除日本外,我国与其他成员国多数已接近零关税安排,对全省外贸刺激作用有限。

中长期看,RCEP有利于激发全省企业深入挖掘区域市场潜力,减少对美国市场的依赖。根据问卷调查结果,九成以上企业计划提高向RCEP成员国的出口比例。并将有利于全省纺织服装等企业整合越南、澳大利亚、日本等CPTPP、RCEP双成员国资源进入CPTPP生产网络,一定程度上抵消CPTPP对全省造成的不利影响。

### （二）利用外资方面：喜忧参半

一是对全省吸引制造业外资和稳定存量外资造成不利影响。区域一体化大市场带来的各种便利将促使越南等国进一步削弱江苏对制造业外资的吸引力，部分存量外资企业或将转移，对全省稳外资、稳链产生负面影响。

二是有利于全省引进域内外发达国家服务业外资和外智。我国在 RCEP 中的服务贸易开放承诺达到已有自贸协定最高水平，叠加江苏自身优势，有利于招引区域内外发达国家服务业特别是生产性服务业。RCEP 对自然人流动范围的扩展有利于江苏对外引进高层次、高技能人才。

三是有利于全省抢抓新一轮对台招商引资机遇。中国台湾与 RCEP 成员国经贸关系密切，RCEP 生效后势必对中国台湾部分产业出口造成严重负面影响，加速中国台湾新一轮产业转移。江苏对台合作具有先天优势，有助于吸引优质台资。

### （三）对外投资方面：助推江苏企业加快"走出去"

一是有利于全省优势产业迈向全球价值链中高端，如半导体等产业可通过投资日韩新获取品牌、技术、渠道等高位资源，迈向全球价值链中高端。

二是有利于全省在 RCEP 区域内的境外经贸合作区加快发展。RCEP 是对东盟多个"10＋1"自贸协定的整合和升级，将进一步降低入园企业进出口成本，有利于园区发展。有利于全省在 RCEP 区域继续布局境外经贸合作区，对外输出开发园区管理经验。

### （四）服务贸易方面：前景广阔

一是有利于全省扩大服务贸易规模。与 RCEP 成员国货物贸易的增长将带动全省与货物贸易紧密相关的服务贸易行业发展。全省企业参与区域产业链、供应链融合的过程将带动生产性服务贸易快速发展。服务业开放将提升全省对日韩新等国生活性服务业领域贸易的需求。

二是将刺激全省加快发展跨境电商、数字贸易等新经济。RCEP 电子商务章节和知识产权章节为电子商务、数字经济发展提供了制度保障，将促进跨境电商加速发展，推动贸易数字化发展，刺激全省相关新经济快速发展。

### （五）对中小企业：是机遇更是考验

一是有利于全省中小企业充分参与区域竞争与合作。RCEP 原产地规则便于中小企业利用，并提出建立中小企业信息共享平台等针对中小企业的友好性安排，有利于全省中小企业灵活高效地嵌入区域产业链、供应链和价值链。

二是将全省中小企业置于更具挑战性的竞争环境。全省中小企业"走出去"参与区域竞合的意愿和能力还不强。参与问卷调查的 54 家中小企业中，45 家主要关注进出口关税优惠，37 家未来 5 年没有投资计划。全省中小企业部分以价格取胜的产品将面临日韩等国以质取胜的同类产品的激烈竞争。

## 四　几个重点关注的问题

### （一）全省"十四五"改革的关键在于加大制度型开放

RCEP 将刺激成员国间的相互投资以及来自区域外跨国公司的投资，加剧全省在利用外资方面遭遇"两头挤压"、两类优势（传统要素优势和高端要素优势）均不突出的现状，迫切要求江苏加大制度型开放。

### （二）中日韩经贸竞争与合作将更加充分

RCEP 为中日韩经贸合作提供了制度保障，有利于深化产业链、供应链合作，随着关税减让安排的实施，合作将更具黏性，但也将对国内化工品、光学产品、橡胶制品、钢铁制品、发动机零件以及汽车零部件等行业形成竞争压力。

### （三）制造业产能外迁趋势或将加速

RCEP 将显著提升区域内经贸合作一体化水平，未来制造业将更加受成本优势的驱动，纺织服装、消费电子、机械设备等全省部分产业生产制造环节或将加速外迁，倒逼全省企业加快向高附加值环节转型。

### （四）全省本土企业与外资企业竞争或将加剧

外资企业特别是跨国公司将率先享受 RCEP 区域累积原产地规则这一"制度红利"，除了产品质量、生产技术、品牌渠道等方面外，未来全省本土企业与外资企业在国际化经营能力方面也将存在激烈竞争。

## 五　对策建议

### （一）驰而不息深入研究 RCEP

一是深入研究 RCEP 规则，探索 RCEP 新议题、新规则、新业态、新模式在全省的实施路径。二是持续关注 RCEP 进展，分析 RCEP 市场和产业，面向企业特别是中小企业进行政策宣介，助力全省企业开拓深耕区域市场。

### （二）不遗余力推动制度型开放

一是加快构建国际一流营商环境。更加注重各项政策法规与国际通行规则的有机衔接，与国际高标准经贸规则的对标对表，加强事中事后监管体系和监管能力建设。二是打造制度型开放高地。积极在全省自贸试验区聚焦生物医药、集成电路、数字经济、离岸贸易、金融开放、科技体制等重点领域，率先探索开展规则、规制、管理、标准等制度型开放。

### （三）不失时机推动东亚小循环

一是更高水平"引进来"。围绕 13 个先进制造业集群建设，大力引进日韩和中国台湾高端制造业和生产性服务业。二是更大力度"走出去"。支持企业在日韩并购营销网络、研发中心等，并适时加以本土化。三是与日韩建立常态化合作机制，在涉及产业链、供应链循环畅通的各领域加强协作和监管。

### （四）下大力气培育本土跨国企业

一是健全政策体系。优化江苏省本土跨国企业培育实施方案，配套出台扶持政策。二是加强分类指导。鼓励传统优势产业企业深化"一带一路"产能合作,鼓励资本和技术密集型企业"走出去"建立自主可控的国际化现代产业体系。三是完善服务保障。建立专业服务平台,构建跨国经营集成服务体系。

**(五) 蹄疾步稳推动服务贸易创新发展。**

一是争取服务业扩大开放综合试点,在开放、统计、监管上谋求新突破。在全省自贸试验区率先围绕服务贸易负面清单主动开展探索。二是推动新兴服务贸易发展。在南京、苏州两个全面深化服务贸易创新发展试点城市大力发展新兴服务贸易。三是推动服务贸易数字化发展。争取 RCEP 有关数字贸易安排在全省先行先试。提升跨境电商、市场采购、外贸综合服务数字化水平,构建数字服务出口企业孵化链。

综上,近期拟开展工作:一是广泛开展 RCEP 专题宣传培训。二是积极争取服务业扩大开放综合试点。三是加快培育跨境电商等外贸新业态新模式。四是筹备东亚企业家太湖论坛,探索建设中日韩(江苏)产业合作示范区。五是建立健全"走出去"综合服务平台。

(江苏省国际经济贸易研究所)

# 第五部分

# "十三五"江苏商务发展总结

江苏商务发展2020

JiangSu Commerce Development Report

"十三五"以来,面对错综复杂的国际形势和艰难繁重的改革发展稳定任务,全省商务系统认真贯彻落实党中央、国务院决策部署,在省委省政府坚强领导下,以"一带一路"建设为统领,深入实施流通现代化和经济国际化战略,稳规模、优结构、转动力,深化改革开放,商务高质量发展态势加快形成、走在前列。

　　截至 2020 年年底,江苏全省利用外资规模保持全国第一、外贸进出口规模保持全国第二、社零总额上升至全国第二;一般贸易进出口占比、知识密集型服务贸易进出口占比、网上零售额占比大幅提升,制造业利用外资占比大幅领先全国平均水平;中国(江苏)自由贸易试验区获批,苏州工业园区、柬埔寨西港特区、中阿(联酋)产能合作示范园、中韩盐城产业园等重大开放载体建设成效明显。"十三五"期间,商务工作为江苏经济持续健康发展和转型升级做出了重要贡献。

# 消费规模不断扩大

"十三五"期间,江苏省消费规模不断扩大。全省实现社会消费品零售总额从 2015 年的 25 876.8 亿元增长到 2020 年 37 086.1 亿元,年均增长 6.8%,占全国比重为 9.5%,较"十二五"期末提升 0.9 个百分点,规模上升至全国第二位。2016 年、2017 年、2018 年、2019 年和 2020 年江苏消费贡献率分别为 54.2%、58.1%、65.8%、59.5% 和 60%,领先于投资和出口,发挥经济增长"稳定器"和"压舱石"作用。

表 1 "十三五"期间全省社会消费品市场运行情况

| 年　份 | 社会消费品零售总额（亿元） | 同比(%) | 占全国总量比重(%) | 限额以上社会消费品零售总额（亿元） | 同比(%) |
|---|---|---|---|---|---|
| 2016 | 28 707.1 | 10.9 | 9.6 | 14 408.2 | 9.9 |
| 2017 | 31 737.4 | 10.6 | 8.7 | 15 329.9 | 9.2 |
| 2018 | 33 230.4 | 7.9 | 8.7 | 13 833.2 | 3.6 |
| 2019 | 35 291.2 | 6.2 | 8.6 | 13 428.2 | −1.2 |
| 2020 | 37 086.1 | −1.6 | 9.5 | 13 701.8 | 0.3 |

# 一 企业竞争力快速提升

传统商贸流通企业通过"互联网＋流通"创新，实现线上线下融合发展，涌现出以苏宁智慧零售、五星控股"汇通达"为代表的"新零售"模式。12 家企业进入 2019 年中国零售连锁百强，其中苏宁易购以 3 787 亿元销售额位居首位。截至 2019 年年底，全省亿元以上市场 447 个，实现成交额 21 259 亿元；全省成交额超千亿市场 5 家，超百亿市场 40 家。省内农产品流通企业探索新型流通模式，整合供应链水平明显提高，2019—2020 年累计 75 家企业获评农商互联项目。

# 二 消费促进工作拉动有力

一是开展消费促进专项活动。以开展节庆活动为抓手，以各大企业为主体，创新形式开展"消费促进月"活动，全省举办各类促消费活动年均超 500 场。开展"江苏产品网上行"、全省商务领域消费升级"520 行动计划""146 消费提振行动"等活动。二是通过展会扩大品牌影响力。支持省酒类行业协会举办"2017 第二届中国国际糖酒食品交易会"，开展"消费者喜爱的十大江苏品牌酒"评选表彰活动。举办第二届中国国际糖酒食品交易会、江苏国际餐饮博览会、首届中国(江苏)老字号博览会、2018 中国(淮安)国际食品博览会和第六届老年产业暨康复福祉博览会等。三是推动新模式新业态加快发展。总结推广 11 个新模式新业态经典案例和 32 条典型做法，形成示范联动效应。推动夜经济品牌化，涌现出南京"夜之金陵"、苏州"姑苏八点半"等一批具有浓郁地方特色的夜经济品牌。

# 三 应急保供工作进一步强化

做好元旦、春节、五一、端午，以及国庆长假等节日货源组织、产销衔接、商品储备、监测监管等工作，确保节日期间货丰价稳、消费安全。各地依托省级大型保供企业、大型农批市场、大型农副产品基地，以及 72 家应急保供企业，434 家生活必需品监测企业，共同组成市场保供体系。

## 四 监测分析和商贸统计工作稳步推进

与统计部门开展合作,积极完善限上企业统计,探索服务消费统计,建立联合分析制度。目前,全省生活必需品、生产资料、重点流通企业三大直报系统共有样本企业 2 000 余家,及时报送率达到 90% 以上,23 个行业报表级商贸流通业发展总体分析报告的报送率达 100%。"十三五"期间,累计通过"江苏省商务预报"网站向社会公布各类信息 25 000 余条,其中原创并推荐给商务部 13 000 余条。

## 五 成品油、茧丝绸行业管理和服务不断强化

积极开展成品油市场集中专项整治行动。对连云港东海县 6 家和徐州新沂 72 家非法加油点进行查处和取缔。大力开展成品油市场无证无照经营行为打击整治"百日行动",拆除取缔无证无照加油站(点)3 200 多个。每年开展全面排查,截至 2020 年年底,全省检查加油站 15 163 站次,排查隐患 26 897 条,完成整改 26 426 条,整改率达 98.2%。开展"对标帮扶"活动。截至 2020 年年底,全省在营的 2 408 座民营站(点),都与国有加油站开展了"对标帮扶"活动。会同省成品油流通行业协会,成立安全管理、工程勘验、计质量检定等三个方面的专家库。运用大数据和互联网技术,全方位监控成品油"进口"和"出口",建立一站式成品油智慧监测云平台。

为传承丝绸发展历史,谋划建设了苏州东方丝绸文化创意产业园。创意产业园位于苏州震泽镇震丰缫丝厂原址,占地 60 亩,总投资 4 亿元,实现文化展示、电子商务、创意设计、会议策展、公共服务等五大功能,建成省内最有内涵的丝绸资源汇聚平台、最具权威的丝绸行业交流平台、最富专业的丝绸产业发展平台。2016 年 2 月,震泽镇被评为全国首批特色丝绸小镇。2017 年,支持建设南京江南丝绸博物馆,成为展示丝绸技艺与工艺的平台。连续两年开展创建"茧丝产业提升发展示范镇"工作。2018 年,推动建设规模化集约化蚕桑基地,在全省建立了 12 个规模化集约化蚕桑基地。逐步形成了"蚕茧生产基地+关联企业+第三方服务企业"的茧丝绸区域经济。

# 商贸流通现代化进一步发展

2020 年,江苏省限额以上批发和零售业实现零售额 12 860.4 亿元,同比增长 0.8%,"十三五"期间,年均增长率为 0.5%,占全省总额比重为 34.7%,较"十二五"期末下降 18.8 个百分点。

表1 "十三五"期间全省限额以上批发零售业运行情况

| 年 份 | 限额以上批发和零售业(亿元) | 同比(%) |
|---|---|---|
| 2016 | 14 408.2 | 9.9 |
| 2017 | 14 396.3 | 9.3 |
| 2018 | 12 915.7 | 3.5 |
| 2019 | 12 544.3 | −1.6 |
| 2020 | 12 860.4 | 0.8 |

截至 2020 年年底,全省共有拍卖企业 602 家,正常申报经营报表的企业有 460 家,142 家处于关停休眠或不作为状态。有注册拍卖师 825 人。460 家申报企业中,有 156 家零申报,实际有业绩的企业 304 家。

## 一　零售业创新转型进一步发展

一是高品位步行街建设发展。根据商务部关于高品位步行街建设工作的部署要求,夫子庙步行街被确定为首批"全国示范步行街"。同时,制定省级高品位步行街评价指标,确定南京门东历史文化街区等8个街区为省级高品位步行街试点街区,南京1912历史文化街区等13个街区为省级高品位步行街培育街区。二是南京、苏锡常、徐州等现代商圈建设,培育一批示范商圈、智慧商圈,加快名品名店名街名区联动和品牌消费集聚区创建。三是品牌连锁便利店和小店经济加快发展。优化品牌连锁便利店发展环境,探索实行总部办理许可、门店登记备案制度,对品牌连锁便利店食品药品、出版物、音像制品、烟草等经营进一步放宽条件。以南京、无锡为重点,加快推进品牌连锁便利店发展。支持苏宁小店、苏果、便利蜂、罗森等品牌连锁企业运用新技术发展新模式,提升消费供给水平。四是绿色商场创建。目前,全省持证绿色商场评审员已有53名,累计获评国家级绿色商场66家,数量居全国前列。认定南京宜家家居有限公司等17家企业门店为2020年绿色商场创建单位,同时创建经验在全国推广。

## 二　老字号传承保护与创新进一步发展

一是由江苏"中华老字号"和"江苏老字号"企业共同发起,成立江苏省老字号企业协会。二是认定95家老字号企业(品牌)为第二批江苏老字号,目前,全省共有272家"江苏老字号"。其中,有96家"中华老字号"。三是公开发布"江苏老字号"标识,完善《"江苏老字号"标识使用及管理办法(试行)》,规范老字号标识使用。对首批"江苏老字号"企业授牌,统一展示江苏老字号品牌形象。四是成立全国首个区域性老字号企业联盟——长三角老字号企业联盟,进一步推动长三角老字号企业相互支持、共同发展。五是举办第二届、第三届中国(江苏)老字号博览会,组织老字号企业参加全国性的老字号博览会、食餐会、港澳台有关展会和宣传活动,扩大老字号影响力。六是推进老字号集聚区建设,促进商文旅融合发展。出台《江苏省老字号集聚街区建设规范(试行)》,确定苏州市观前商业街、扬州东关街—国庆路街区、南京门东历史文化街区为首批江苏省老字号集聚街区。

## 三 商贸物流进一步发展

一是创建智慧物流配送示范单位。无锡入选智慧物流示范城市(全国共5个),南京龙潭物流基地、苏南快递产业园入选智慧物流示范基地(全国共20个),江苏苏宁物流有限公司、惠龙易通国际物流股份有限公司、江苏华商物流服务有限公司、中储发展股份有限公司南京滨江物流中心入选智慧物流示范企业(全国共60个)。二是认定商贸物流示范企业。制定《江苏省商贸物流示范企业创建办法(试行)》,审核评定26家商贸物流示范企业。三是开展国家物流标准化试点工作。南京、徐州物流标准化试点工作取得良好效果,经验被推广;无锡市物流标准化试点工作完成,物流标准化水平明显提升。四是现代供应链体系试点建设加快发展。南京、徐州流通领域现代供应链体系建设试点加快推进,各项工作走在全国前列,受到商务部中期评估调研组的肯定;苏州市完成国家供应链体系建设试点,首批40个建设项目中,物流标准化引领项目18个,供应链平台引领项目22个;城乡高效配送进一步发展,确定南京、无锡、徐州为城乡高效配送省级试点城市,苏宁物流有限公司等30个企业为骨干企业;南京、无锡、徐州和南通开展城市绿色配送示范工程创建工作。

## 四 商务监管进一步加强

一是商务诚信体系建设加快。开展商务诚信公众服务平台二期建设,完成商务诚信"一中心两平台"二期功能和 App 开发。建立信用红黑名单制度,实施跨部门联合惩戒。肉类蔬菜等重要产品追溯体系覆盖全省9个城市的4 000余家生产经营企业,3万余个生产经营户。二是商务领域"互联网＋监管"有序推进。召开厅机关"互联网＋监管"暨打击侵权假冒工作会议,建立信息报送机制和信息报送审核机制。编制商务部门"互联网＋监管"清单并分解落实任务,梳理调整监管事项11大项、28子项。三是商务执法监管工作有序推进。制定《江苏省商务厅全面推行行政执法公示制度执法全过程记录制度实施办法（试行）》。研究制定厅机关"双随机、一公开"监管工作方案和实施细则。目前，在省市场监管平台上建立检查人员名录库，包括 2 个子库和 11 个人员信息，建立检查对象名录库，包括 4 个子库和 40 658 条企业信息；编制包括单用商业预付卡、汽车销售、报废车和外资年报 4 个检查计划和 13 项抽查事项清单。四是加强单用途预付卡规范管理。拟定《江苏省预付卡管理办法》；推动建立单用途预付卡监管联席会议制度；加强对单用途商业预付卡发卡企业的抽查；严格核对企业备案信息，仔细审核备案资料的合规性和完备性；认真审核企业业务报告，认真核查系统中规模以上备案企业的季度业务报告；加大执法检查和处罚力度。五是直销行业监管进一步加强。组织全省直销企业直销产品、直销培训员和直销员的复核工作；开展直销企业及分支机构复核工作。按照企业自查、市局初查、省厅复核的工作程序，组织开展对直销企业及其分支机构、服务网点信息复核和企业信用建档工作。

# 商务系统市场体系建设发展良好

"十三五"期间,江苏省商务系统市场体系建设发展良好,积极推进供应链创新与应用,稳步推进农产品流通,深入开展汽车促消费,协调推进长三角区域一体化,取得明显成效。

## 一　农产品流通体系建设成效明显

一是开展农贸市场(菜市场)公益性改革试点。先后支持南京、无锡、徐州、常州、苏州、连云港、盐城、扬州、宿迁等9个市进行试点工作,各市共建成设施功能完善、公益性机制规范的农贸市场138家。在商务部公示的2019年全国公益性农产品示范市场名单中江苏有8家企业,数量全国最多。二是完成鲜活农产品直供社区示范工程。"十三五"期间,支持近40个农产品流通企业建设2 200多个社区直供店(点),该项工作也被列为商务部"加快内贸流通创新推动供给侧结构性改革扩大消费行动典型经验"之一。三是积极开展农产品产销对接。每年组织农产品流通企业参加全国农商互联暨精准扶贫产销对接大会、农产品产销对接行以及长三角地区的产销对接会等活动；组织省内大型农批市场、电商企业与新疆克州、青海省海南州、宁夏等地开展农产品产销对接。四是实施社区商业"三进三提升"。"十三五"期间，共建设改造农贸市场 206 个，新建社区便利网点建设超过 1 739 家。

## 二　供应链创新与应用成效明显

2018 年，江苏省 2 个城市 33 家企业成为全国供应链创新与应用试点，居全国第二。2019 年，在 33 家企业入列全国试点名单的基础上，新确定 156 家供应链重点企业和 18 条地方产业链条，试点和重点企业覆盖全省 13 个市和各重点行业。在全国率先成立 24 个省级部门组成的供应链创新与应用部门联席会议，并成立以江苏汇鸿集团为会长单位成立江苏省现代供应链协会。编印发布全国省级层面首部《供应链创新与应用白皮书》。2019 年、2020 年，江苏累计支持 75 个企业项目，开展农商互联完善农产品供应链建设。加强供应链重点项目融资支持，目前有 6 个项目融资成功。

## 三　商品交易市场转型升级成效明显

"十三五"期间，累计认定 26 家省级转型升级示范市场，江苏商品交易市场发展水平整体提升；督促、指导徐州市云龙区落实"江苏省商品交易市场转型升级创新示范区"创建工作，从政府层面、区域层面探索总结了七个方面整体推动市场转型升级的做法、经验，向全省复制推广；"加强顶层设计，全面引导商品交易市场转型升级"做法，被商务部作为扩大消费专项行动的典型经验和做法，向全国推广。

## 四　汽车流通管理成效明显

在全国率先出台规范性文件《江苏省关于贯彻〈汽车销售管理办法〉的实施细则（试行）》；提请省人大修订了制约江苏二手车省内限迁的《江苏省机动车排气污染防治条例》相关条款，从政策层面解决二手车省内迁移问题；稳步推进汽车平行进口试点工作,张家港市申报并获批开展试点;全面了解各地商务执法移交情况,梳理出监管职责 4 项、执法职责 15 项,并根据执法权是否移交提出相应工作要求;强化汽车流通业管控,督促各地严格执行"报废汽车回收证明"发放制度和二手车交易"实物、实名、实情、实地"登记制度。引进第三方检测机构和二手车质量延保体系,促进交易车辆信息透明公开和放心消费,全省有 14 家市场引进 TUV 车辆检测技术。引导企业升级改造,提升回收拆解和资源利用水平,江苏苏物再生、无锡新三洲、宜兴再生、常州常联、常熟再生、苏北公司、扬州广发、宿迁淮海等 8 家企业完成升级改造。

## 五 长三角区域市场一体化建设成效明显

2014 年年底,上海、江苏、浙江、安徽三省一市商务部门(2016 年江西加入)共同建立起长三角区域市场一体化发展合作机制。"十三五"期间,在这个合作机制之下,在推动农产品产销对接、电子商务交流和合作、老字号协同保护、共同办好上海进口博览会等方面,取得明显合作成效。目前已经初步建立起紧密配合、运转顺畅、常态化稳固化的合作工作机制。

# 对外贸易跃上新台阶

"十三五"期间,江苏省外贸逐步跃上 6 000 亿美元台阶,并保持稳定。全省货物进出口由 2015 年年末的 5 456.1 亿美元,发展到"十三五"期末的 6 427.7 亿美元(按人民币计,为 44 500.5 亿元),年均增长 3.3%,规模连续 18 年稳居全国第二,2020 年全省货物进出口占全国比重 13.8%。其中,2020 年货物出口 3 962.8 亿美元(按人民币计,为 27 444.3 亿元),年均增长 3.2%,占全国比重较"十二五"期末提升 0.4 个百分点;进口 2 464.9 亿美元(按人民币计,为 17 056.2 亿元),年均增长 3.6%。

表 1 "十三五"期间全省货物贸易情况

| 年 份 | 出口(亿美元) | 出口同比(%) | 进口(亿美元) | 进口同比(%) |
|---|---|---|---|---|
| 2016 | 3 193.4 | −5.7 | 1 902.7 | 8.0 |
| 2017 | 3 633.0 | 13.9 | 2 278.4 | 19.8 |
| 2018 | 4 040.4 | 11.3 | 2 600.0 | 14.2 |
| 2019 | 3 947.8 | −2.3 | 2 346.9 | −9.7 |
| 2020 | 3 962.8 | 0.4 | 2 464.9 | 5.0 |

# 一　外贸结构不断优化

一是民营企业贸易量占比提升。2020年,民营企业进出口为15 675.4亿元,同比增加14.8%,占比达到35.2%,较"十二五"期末提升5.7个百分点。其中出口为11 341.3亿元,同比13.6%,占比41.3%,较"十二五"期末提升7.9个百分点;进口为4 334.1亿元,同比17.9%,占比25.4%,较"十二五"期末提升2.3个百分点。二是新兴市场出口占比提升。2020年,全省对新兴市场出口12 985.9亿元,占比达到47.3%,较"十二五"期末提升5.3个百分点。对"一带一路"沿线出口7 393.4亿元,占比26.9%,较"十二五"期末提升4个百分点,其中,对东盟出口3 820.3亿元,占比达到13.9%,较"十二五"期末提升3.5个百分点。三是2020年一般贸易进出口占全省比重达53.4%,较"十二五"期末提升9.6个百分点。四是2020年苏北五市进出口占比7.2%,较"十二五"期末提升2个百分点。2020年,全省有进出口实绩的企业同比增加4 415家,外贸主体数量增加,机电、高新技术产品出口始终居主导地位,2020年占出口比重分别为66.8%和37.2%,分别高于全国7.4、7.3个百分点。

# 二　外贸改革创新不断深化

一是跨境电子商务快速发展。稳步推进苏州等跨境电商综试区建设;积极推动南京等市获批国家级跨境电商综试区,全省跨境电商综试区达到10个;继续支持扬州等市申报新一批综试区,力争实现设区市全覆盖。截至2020年年底,全省具备一定规模的跨境电商产业园区和孵化基地超过90个,"十三五"期间,累计培育省级公共海外仓21家,面积合计超过30万平方米。二是市场采购贸易持续推进。推动海门叠石桥国际家纺城市场采购贸易方式试点扩大规模;常熟服装城获批第三批国家市场采购贸易方式试点,创建"市采通"平台,服务企业1 200余家;支持扬州、徐州申报国家市场采购贸易试点。三是着力培育外贸综合服务企业。"十三五"期间,新认定第二批共6家省级外综服试点企业,省级外综服企业达到11家,服务中小微企业超万家。四是加工贸易创新发展。深化综合保税区增值税一般纳税人资格试点和内销选择性征收关税试点。飞利浦医疗（苏州）等多家企业获批保税检测维修业务。

## 三　市场开拓水平不断提升

一是展会影响力持续扩大。"十三五"期间，组织境内外重点展会超700个，广交会、华交会等境内展会组展规模逐年扩大；疫情期间，引导企业利用网上广交会、华交会等线上展示平台拓市场，并举办"江苏优品·畅行全球"系列线上展会，2020年共举办77场，累计组织约1.6万家江苏企业参展。二是推动中欧班列优化整合。贯彻实施《江苏省中欧班列建设发展规划实施方案（2017—2020）》，配合推进组建省级国际货运班列公司，引导回程班列发展。三是出口品牌战略深入推进。完善省级出口名牌评选办法，组织开展两轮"江苏省重点培育和发展的国际知名品牌"培育工作，培育选定421个省级出口品牌。品牌企业占全省出口的10%左右，在国际市场的影响力不断提高。

## 四　载体建设不断强化

一是进口促进载体建设加强。2020年，昆山市获批国家进口贸易促进创新示范区。举办2016年、2017年、2018年中国（昆山）品牌产品进口交易会，三年累计吸引近1933家企业参展；积极参与中国国际进口博览会，成交规模在全国领先；推进14家省级进口交易中心试点发展；注重张家港汽车整车进口口岸发展，促进海安、扬州等地申报进口肉类指定口岸。二是出口基地建设加强。全省国家外贸转型升级基地达到38家，截至2020年年底，全省共有省级以上各类基地77个。开展"出口基地线上拓展行动"，推动产业集群和跨境电商联动发展；推动张家港塑饮机械等三个出口基地与电商平台深度合作，引导123家出口基地企业数字化转型。南京市获批开展二手车出口业务。三是机电产品国际招标平台成效显著。"十三五"期间，累计完成超万个机电产品国际招标项目，中标金额超120亿美元；新增94家招标机构，目前全省共有116家机电产品国际招标代理机构，自2017年起，对国际招标投标代理机构、招标项目开展"双随机、一公开"监管工作。

# 服务贸易保持稳步增长

"十三五"期间，江苏省服务贸易保持稳步增长。2020年，全省服务贸易进出口778.4亿美元，占全省对外贸易比重10.8%，较"十二五"期末提升1.8个百分点。

全省服务外包业务合同额由2015年的445.9亿美元增长到2020年的723.5亿美元，年均增长10.2%。全省服务业务执行额由2015年的214.1亿美元增长到2020年的556.2亿美元，年均增长21%。其中，离岸执行额从2015年的214.1亿美元增长到2020年的274.8亿美元，年均增长5.1%。截至2020年年底，全省系统登记服务外包企业15 838家，从业人数约232万人。全省离岸业务执行额占全国1/4，占长三角地区1/2，连续12年居全国首位。

表1 "十三五"期间全省服务外包产业发展情况

| 年 份 | 服务外包业务合同额（亿美元） | 同比（%） | 服务外包执行额（亿美元） | 同比（%） |
|---|---|---|---|---|
| 2016 | 484.4 | 3.6 | 407.9 | 23.9 |
| 2017 | 541.1 | 11.7 | 463.8 | 13.7 |
| 2018 | 600.8 | 11 | 501.1 | 8.0 |
| 2019 | 623 | 3.7 | 512.6 | 2.3 |
| 2020 | 723.5 | 16.1 | 556.2 | 8.5 |

# 一 服贸结构持续优化

一是知识密集型服务贸易增长。2020年,知识密集型服务贸易进出口383.3亿美元,逆势增长6.8%,占全省服务贸易比重达49.2%,较2016年提升25.3个百分点。二是区域布局更趋均衡。2020年,南通、宿迁、盐城、扬州等市服务进出口增速超过10%,苏中、苏北占比提高1.7个百分点,占比达16.6%,较"十二五"期末提升2个百分点。三是出口市场更趋多元。出口市场集中度较高但市场多元化趋势明显。美国、中国香港、日本等前10大市场占比达80.5%,同比下降3个百分点。但对东盟市场出口增长15.2%,占比提高1.1个百分点,达到11.6%。

# 二 服务外包提档升级加快

一是内部结构优化。2020年,信息技术外包(ITO)业务、知识流程外包(KPO)业务、商业流程外包(BPO)业务的离岸执行额分别为146.7、101.7、27.5亿美元,约占全省比重分别为53%、37%、10%,较"十二五"期末基本保持稳定。其中,以云计算、人工智能等为代表的新一代信息技术离岸业务执行额近2亿美元,占ITO业务比重达到1.4%(2019年新增统计项,无法对比"十二五");生物医药企业实现离岸执行额24.8亿美元,占KPO业务比重达到24.4%,较"十二五"期末提升5.9个百分点;工业设计服务离岸执行额29.3亿美元,占KPO业务比重达到28.8%,较"十二五"期末提升2.6个百分点;数字化程度和附加值更高的维修维护服务离岸执行额8.1亿美元,占BPO业务比重达到30.6%。二是区域布局优化。2020年,苏中、苏北地区抓住数字化机遇,完成离岸执行额59.4亿美元,同比增长46.1%,占比达到21.4%,较"十二五"期末提升20.3个百分点。其中,新兴国家级示范城市南通离岸执行额超过30亿美元,与第一方阵的南京、无锡、苏州差距进一步缩小。三是"一带一路"业务呈向好趋势。美国、欧盟、日本、中国香港、中国台湾、韩国为江苏省离岸外包主要市场。承接"一带一路"沿线国家(地区)业务执行额从2015年的33.5亿美元增长到2020年的42.7亿美元,年均增长5%。

## 三 载体建设全国领先

一是示范城市支撑和拉动效应明显。2020 年,老牌国家级示范城市南京、无锡、苏州离岸执行额合计占全省比重约八成。新申请国家级示范城市徐州、常州、泰州等离岸执行额合计 27.9 亿美元,占比较"十二五"期末提升 9.4 个百分点。其中新兴国家级示范城市南通离岸执行额超过 30 亿美元,与第一方阵的南京、无锡、苏州差距进一步缩小。南京在国家级示范城市综合评价中位列第二,徐州在新申报示范城市综合评价中位居第一。二是省级基地和重点企业带动作用明显。据不完全统计,江苏省首批服务贸易重点企业及省级服务贸易基地出口占比近 20%,出口增速普遍好于全省平均水平。入选 2019—2020 年度国家文化出口重点企业和重点项目目录数量达到 42 个,无锡国家文化出口基地建设经验做法受到国家部委肯定及推广。中国(南京)软件谷作为全国首批、江苏唯一的国家数字服务出口基地,已集聚数字服务出口企业 152 家。江苏省成为具有国家级服务贸易载体最多的省份。2020 年,聚焦十大细分领域,认定首批 14 家省级服务贸易基地和 75 家省级服务贸易重点企业。

## 四 发展创新环境优化

《全球服务贸易发展指数报告 2020》显示,江苏省服务贸易综合发展环境指数排名全国首位。大力培育服务贸易新业态新模式,在检测维修、特殊物品通关便利化、知识产权等方面取得一批可复制可推广经验。南京、苏州圆满完成二轮深化服务贸易创新发展试点任务,7 个试点经验案例在全国推广,江苏成为贡献试点经验案例最多的省份,并获批开展新一轮全面深化试点。落实国家"放管服"和省财政专项转移支付改革要求,优化贸易促进政策、完善贸促计划制定方式和资质服务商管理,联合 7 个相关省级部门出台江苏省推动服务外包加快转型升级的实施意见,服务外包政策体系进一步完善。

# 电子商务发展取得显著成效

"十三五"期间,全省电商保持平稳增长态势,结构进一步优化,新业态新模式不断涌现,取得显著成效,网络销售额突破万亿元大关,占全国 9.1%,排名全国第 5 位,网络销售额从 2015 年的 4 200 亿元增长到 2020 年的 10 678 亿元,年均增长 20.5%。

表 1 "十三五"期间全省电子商务发展情况

| 年　份 | 网络零售额(亿元) | 同比(%) |
|---|---|---|
| 2016 | 5 413 | 30.0 |
| 2017 | 6 893 | 29.3 |
| 2018 | 8 567 | 24.3 |
| 2019 | 9 690 | 13.1 |
| 2020 | 10 678 | 10.2 |

## 一　农村电商深入发展

2020 年全省农村网络零售额 2 358.1 亿元,同比增长

7.6%,仅次于浙江,居全国第2位。一是推进农村电商示范体系建设。目前,全省已创建26个国家级电子商务进农村综合示范县、32个省级农村电商示范县、125个省级电商镇和410个省级电商村。宿迁市沭阳县获得2020年国务院办公厅"积极发展农村电商"督查激励表彰。二是推进农村电商集聚发展,确认了103个乡镇电商特色产业园(街)区,支持鼓励特色产业园(街)区集聚和共享信息、人才、仓储物流、代运营等各类服务资源,促进地方特色产业集聚和提档升级。三是推动农商互联互动。推动阿里、京东等平台企业"渠道下沉",引导农产品生产、加工企业对接电商平台。推动汇通达等省内重点企业整合传统乡镇夫妻店,促进农村流通体系转型升级。目前,汇通达在全省有会员店20 000多家,覆盖所有乡镇,年销售规模超100亿元,形成一套以"智慧门店＋乡亲粉丝群＋全方位贴身服务"为特色的农村电商模式。四是推进电商精准扶贫。省级农村电商示范县实现对省重点帮扶县(市、区)全覆盖。支持苏北经济薄弱县市申报国家电子商务进农村综合示范县,2020年全省新批的12个国家电商进农村综合示范县中,苏北地区占8个。积极开展电商扶贫东西部协作,东海、沭阳分别与国家级贫困县甘肃省临夏州东乡族自治县和云南省红河州屏边县建立对接帮扶机制。面向省重点帮扶县和"6＋2"扶贫开发片区人员、农村电商带头人等,分类别集中组织开展电商培训。

## 二 电商新模式加快应用

一是数字商务转型加快。成立江苏省现代商务大数据研究院,以推动全省电子商务大数据方面的研究与发展。参与商务部电商大数据共建共享工作方案,推进数据资源共建共享;加强与北京欧特欧等大数据公司的合作,探索以政府购买服务的形式开展电商大数据统计、分析和应用。组织开展省级数字商务企业确认标准工作研究。按照新技术新模式转型升级型、线上线下融合应用型、供应链优化整合型、全渠道创新发展型等4种类型开展数字商务企业确认工作,首批确认48家。国家数字商务企业总数达到8家。二是社区电商创新发展。确认30个社区为省级电子商务示范社区创建试点单位。在示范社区创建试点的基础上,确认21个省级电商示范社区。徐州市依托"马上到家"等企业加快社区电商布点,采用"政务＋电商＋物业＋综治"模式,为社区居民提供家政、装修等 102 项服务内容，目前已有 800 多个小区的居民受益。无锡市打造线上"一站式"服务、线下多元化配套的社区商业体系，以 O2O 模式促进电子商务与社区商业深度融合。无锡社区电商营业总额突破 100 亿元，社区电商服务平台应用覆盖面超过 80%，各类社区服务电商网点超过 10 000 个。社区传统商业实现"互联网＋"改造。苏宁旗下全自营的便利店品牌苏宁小店深度渗透社区，发展线上线下精确化运营和智能化物流运营的智慧零售模式，截至 2020 年年底，苏宁小店已覆盖全省所有地级市，共开设门店 900 多家。镇江市"互联网＋社区商业"倍全模式被商务部向全国推广。三是直播电商引领新型消费。提升流量、降低获客成本等方面效果突出的直播电商，成为各大平台角逐的核心战场。据监测数据显示，2020 年，全省各地组织淘宝直播累计 247.7 万场，观看者达 62 亿人次。

## 三 园区建设水平进一步提升

一是跨境电商综试区建设。苏州跨境电子商务综合试验区学习借鉴杭州综试区"两平台六体系"的经验，结合苏州实际形成"两平台六体系四中心"的发展思路，促进跨境电商服务、应用、物流、仓储等产业集聚，2017 年以来，已初步形成虎丘婚纱、昆山跨贸小镇等跨境电商产业集群。积极推动政策创新和落地，结合实际制定的 64 条创新政策，目前已有 20 多条落地，全力构建跨境电商发展软环境。南京、无锡、连云港、宿迁等 4 个省级跨境电子商务试点城市借鉴苏州、杭州等综试区的经验做法，在信息化建设、统计监测、主体培育等方面先行先试，取得积极成效。南京等市开展电商产业园业孵化基地和公共海外仓培育工作。目前，省级跨境总建设面积近 1 400 万平方米，引进跨电主体及配套企业近千家，拥有 21 家省级公共海外仓。二是各类电商示范载体建设。10 家电商园区参加 2020 年国家综合考评，2020 年 8 月商务部新批了 15 家，江苏获批 3 家。截至 2020 年年底，江苏省国家电子商务示范基地已达 12 家，位居全国第一（广东排名第二，为 10 家），国家级示范企业 20 家。在省级示范层面，对江苏省电子商务示范基地、示范企业两个创建规范进行修订，并经遴选确认 79 家园区、174 家企业为 2017—2018 年度省级电子商务示范基地（园区）、示范企业；中国（南京）软件谷南京软件园等 95 个园区为 2019—

2020 年度江苏省电子商务示范基地（其中,南京雨润菜篮子电商产业园等 15 个园区为电子商务与快递物流协同发展示范基地）,江苏满运软件科技有限公司等 205 家企业为电子商务示范企业。

## 四　电商平台经济进一步发展

一是与电商巨头紧密合作。2016 年年底省政府与阿里巴巴、京东集团签订战略合作框架协议以来,全省各地更多地融入主流电商企业的发展战略之中,发挥阿里巴巴等在科技、电子商务、大数据等领域的优势。阿里巴巴集团与南京市就集团江苏总部选址建邺区形成合作框架。徐州积极构建京东徐州馆,筹建京东淮海馆。与苏宁易购、雨润生鲜平台签订战略合作协议,构建三级营销体系,推动地产品上行。与蚂蚁金服签订战略合作协议,为商家收款、电子商务政务、智慧城市引入接口。京东集团与宿迁市开展全面合作,先后落户全国客户服务中心、华东云数据处理中心、智慧物流全国运营调度中心,同时携手宿迁共同打造物联网智能制造产业园,相关项目总投资超百亿元。二是本土电商平台茁壮成长。2017 年,全国的 160 家"独角兽"企业中,江苏占 5 席,其中南京拥有的 3 家"独角兽"企业运满满、汇通达和孩子王均为电商企业。还有一批在发展道路上的"准独角兽"电子商务企业,如年轻潮人们的聚集平台有货（YOHO）,服务于 18 到 35 岁的"互联网＋"新零售便利超市八天在线,专注线上轻卡货运的福佑卡车等。南通"中国家纺网""91 家纺"等行业性电商平台,营销网络已覆盖全国主要城市,"菜菜网""菓速网"等生鲜配送平台为市民提供便捷的农副产品消费体验,"寿都密码网""花木大世界网""文钱网"等平台正在逐渐发展壮大。

# 利用外资水平质量保持全国领先

"十三五"期间,江苏省利用外资保持全国领先。2020年,按商务部统计口径,全省实际使用外资 235.2 亿美元,占全国比重 16.3%,规模居全国第一。按江苏省统计口径,"十三五"期间,全省累计新增外商投资企业 16 444 个,累计实际使用外资 1 297.7 亿美元。

表 1 "十三五"期间全省利用外资情况

| 年　份 | 本期外商投资企业（个） | 同比（%） | 本期新批及净增资 3 000万美元以上企业（个） | 同比（%） | 实际利用外资（亿美元） | 同比（%） |
|---|---|---|---|---|---|---|
| 2016 | 2 859 | 10.8 | 804 | 32.9 | 245.4 | 1.1 |
| 2017 | 3 254 | 13.9 | 991 | 23.3 | 251.4 | 2.4 |
| 2018 | 3 348 | 2.9 | 1 074 | 8.4 | 255.9 | 1.8 |
| 2019 | 3 410 | 1.9 | 941 | —12.4 | 261.2 | 2.1 |
| 2020 | 3 573 | 4.8 | 1 116 | 18.6 | 283.8 | 8.6 |

## 一　利用外资质量持续提升

一是重点行业到资保持增长。2020 年,战略性新兴产业实际使用外资 155 亿美元,占比 54.6％,较"十二五"期末提升 7.9 个百分点;服务业实际使用外资为 164.7 亿美元,占比 58.0％,较"十二五"期末提升 11.4 个百分点。二是外资大项目增长较快。2020 年,全省实际到资 3 000 万美元以上外资大项目 1 116 个,同比增长 18.6％,较"十二五"期末多 511 个;实际到资额 169.3 亿美元,同比增长 18.8％。三是外资总部集聚加快。2020 年,新认定跨国公司地区总部和功能性机构 36 家;其中地区总部 22 家、功能性机构 14 家。"十三五"期间共认定外资总部企业 154 家,其中地区总部 103 家、功能性机构 51 家。全省累计认定跨国企业地区总部与功能性机构 295 家,其中 47 家由世界 500 强企业投资。

## 二　服务业扩大开放持续推进

一是探索建设服务业扩大开放试点。为借鉴自贸试验区和北京市服务业扩大开放综合试点经验,完成《江苏省服务业扩大开放试点方案研究报告》《江苏省服务业扩大开放综合试点总体方案》,并在江苏率先复制北京市服务业扩大开放综合试点经验。二是推动全省融资租赁行业健康发展。印发《省政府办公厅关于加快融资租赁业发展的实施意见》,做好融资租赁行业风险排查工作,并开展全省外资融资租赁企业经营情况核查,探索建立融资租赁信用服务体系。三是鼓励跨国公司设立地区总部和功能性机构。开展地区总部和功能性机构认定工作;支持省外商投资企业协会成立跨国公司地区总部和功能性机构服务中心,构建总部机构点对点联系机制。四是加大对外资研发机构的政策支持。执行国家对外资研发中心免退税政策,会同有关部门做好符合免退税资格的外资研发中心认定及复审工作。

## 三　重点产业和项目招引合作持续加强

一是组织境外重大招商引资活动。举办"江苏·韩国""江苏·日本""江苏·加拿大""江苏·美国"等经贸交流会,充分利用进口博览会、世界智能制造大会等会展平台开展招商引资工作。二是重视重点国别产业合作。印发《江苏省深化与韩国产业合作重点领域》《省商务厅 省发展改革委关于进一步深化与韩国产业合作的工作意见》等文件,启动"中日韩(江苏)产业合作示范园区"认定工作,印发《中日韩(江苏)产业合作示范园区认定与管理暂行办法(试行)》。三是加强与 SK 集团等的合作。在半导体、新能源电池、医疗、基金、论坛、电池即服务、人工智能、社会价值等 8 个领域开展深度战略合作,探索合作模式。建立省委省政府领导同志挂钩联系推进省重大项目建设制度,开展无锡 SK 海力士半导体二工厂项目、LG 三元锂电池项目推进工作。建立稳外贸稳外资工作协调机制,成立重点外资项目工作专班,对总投资 10 亿美元以上重大外资项目重点推进。

## 四 外资营商环境持续优化

一是开展全省外资企业联合年报。全省参加 2020 年外商投资企业联合年报的企业为 40 829 家,与 2015 年度参报企业数 33 323 家相比,增加 7 506 家。二是完善外商投资企业投诉和纠纷调解机制。印发《江苏省外商投资企业投诉工作办法》,进一步完善全省外商投诉工作机制和网络,积极研究建立更加紧密的部门协作联动制度,探索完善外资企业知识产权保护机制。完善重点企业联系制度及"一事一议"制度,为重大项目提供"直通车"服务。三是建立外资备案监督检查制度。全面实施外商投资准入前国民待遇加负面清单管理模式,深入推进外资备案管理改革,江苏省外商投资企业设立备案与工商登记在全国率先实现"一口办理"。印发《江苏省外商投资企业设立及变更备案监督检查指引》,在徐州和张家港进行试点后,全省全面推行。四是运用"互联网+政务"平台,服务基层和企业。每周通过"江苏外资"微信公众服务号平台,进行政策发布、信息交流。五是加强重点外资企业运行监测服务。选定 6 个产业 166 家外资重点龙头企业和关键环节企业,"部门协同、省市联动、属地管理、快速响应",做好动态监测和跟踪服务。

# 对外经济技术合作提质增效

"十三五"期间，江苏省对外投资合作增长较快。2020年，全省中方协议投资额57.4亿美元，同比增长57.4%，比全国高57.8个百分点，占全国总量的5.2%，"十三五"期间全省累计协议对外投资额476.6亿美元，比"十二五"期间累计额增加153.5亿美元。2020年，全省核准对外投资项目696个，"十三五"期间累计全省核准对外投资项目4 007个，比"十二五"期间累计项目数增加710个。2020年，全省对外承包工程业务62.4亿美元，"十三五"期间全省累计对外承包工程业务409.9亿美元，比"十二五"期间累计额增加7.2亿美元。2020年，全省对外劳务合作业务5.7亿美元，"十三五"期间全省累计对外劳务合作业务36.6亿美元，比"十二五"期间累计额减少4.2亿美元。

表1 "十三五"期间全省对外经济技术合作情况

| 年 份 | 核准对外投资项目（个） | 同比（%） | 中方协议投资额（亿美元） | 同比（%） | 对外承包工程业务（亿美元） | 同比（%） | 对外劳务合作业务（亿美元） | 同比（%） |
|---|---|---|---|---|---|---|---|---|
| 2016 | 1 067 | 21.3 | 142.2 | 38.0 | 91.1 | 4.0 | 7 | 7.1 |
| 2017 | 631 | −40.9 | 92.7 | −34.8 | 95.3 | 4.6 | 7.2 | 3.7 |

| 年　份 | 核准对外投资项目（个） | 同比（％） | 中方协议投资额（亿美元） | 同比（％） | 对外承包工程业务（亿美元） | 同比（％） | 对外劳务合作业务（亿美元） | 同比（％） |
|---|---|---|---|---|---|---|---|---|
| 2018 | 786 | 24.4 | 94.8 | 1.7 | 83.3 | −12.6 | 8 | 10.4 |
| 2019 | 827 | 5.2 | 89.5 | −6.1 | 77.8 | −6.5 | 8.7 | 9.1 |
| 2020 | 696 | −13 | 57.4 | −33.7 | 62.4 | −19.8 | 5.7 | −34.4 |

## 一　对外投资提质增效明显

　　一是第二产业对外投资占比提升。2020 年对外投资流向第二产业 34.3 亿美元，占全省总量的 59.7％，比去年同期上升 2.6 个百分点，较"十二五"期末增长 22 个百分点。第二产业中，流向制造业 33.1 亿美元，占全省总量的 57.8％，比去年同期上升 5.7 个百分点，较"十二五"期末提升 32.9 个百分点，说明以制造业为主的国际产能合作取得新发展。二是海外并购占比提升。形成《江苏省上市公司海外并购五年（2016—2020 年）行动方案》。2020 年，全省对外投资中海外并购新批项目数为 129 个，中方协议投资为 18.9 亿美元，占全省比重为 32.9％，较"十二五"期末提升 13.5 个百分点。其中，2017 年海外并购占比达到 53％的峰值。海外并购成为江苏省对外投资的主要方式，境外投资逐步向高端要素集聚。三是苏南地区稳步领跑。2020 年，苏南地区对外投资新批项目数 502 个，中方协议投资 39.5 亿美元，占全省的 68.8％，较"十二五"期末提升 2.5 个百分点，苏中地区对外投资 8.6 亿美元，占全省的 15.1％。苏北地区对外投资 9.3 亿美元，占全省的 16.1％。

## 二　"一带一路"沿线国家市场不断拓展

　　一是"一带一路"沿线国家投资占比提升。2020 年，全省企业对"一带一路"沿线国家投资项目 247 个，协议投资额 23.6 亿美元，占全省总量 41.1％，较"十二五"期末提升 19.4 个百分点，表明"一带一路"沿线国家（地区）的投资吸引力稳步增长。二是"一带一路"沿线国家投资对外承包工程占比提升。2020 年，全省对外承包工程在"一带一路"完成营业额 33 亿美元，占全省总额比重为 52.9%，较"十二五"期末提升 4.2 个百分点。截至 2020 年 12 月，全省对外承包工程覆盖沿线 50 个国家。说明国家"一带一路"倡议实施以来，江苏企业深耕"一带一路"市场的能力不断加强。

## 三　境外经贸合作区建设成效良好

江苏省在 6 个国家建有 7 个境外园区，包括 3 家国家级园区：柬埔寨西哈努克港经济特区、埃塞俄比亚东方工业园、中阿（联酋）产能合作示范园；4 家省级园区：印尼加里曼丹岛农工贸经济合作区、江苏—新阳嘎农工贸现代产业园、印尼吉打邦农林生态产业园、徐工巴西工业园。"十三五"期间，新培育了 1 家国家经贸合作区和 2 家省级境外产业集聚区，并积极做好各园区招商宣传工作，取得良好成效。截至 2020 年年底，7 家园区累计占地面积 1 220 平方公里，投资 26.8 亿美元，入区企业 325 家，总产值 48.3 亿美元，上缴东道国税费 1.6 亿美元，为当地创造就业岗位 5 万余个。同时，进一步优化升级境外经贸合作区考核办法，引导企业建设境外园区。

## 四　龙头企业作用不断增强

在美国《工程新闻记录》评选的 2020 年度全球 250 强国际承包商中，全省中国中材国际工程股份有限公司等 8 家对外承包工程企业榜上有名，较"十二五"期末上榜企业数量同比增长 33%（"十二五"期末上榜企业为 6 家）。其中，"十三五"期末跻身前 50 位的对外承包工程企业为 4 家，较"十二五"期末同比增长 33%。

## 五　对外劳务转型升级加快

2016 年，根据国家商务部拟定对以色列劳务合作试点企业选定标准，在全省范围内进行公开评选推荐江苏中澜境外就业服务有限公司、中国江苏国际经济技术合作集团有限公司作为江苏参与对以色列劳务合作试点企业，推荐南京高等职业技术学校和苏州建设交通高等职业技术学校作为试点考试单位,推荐东南大学附属中大医院和苏州市中医医院作为试点体检医院。鼓励外派劳务企业充分发挥各自优势,积极开拓高端劳务市场。在全国4家对以色列国劳务试点企业中,江苏省争取到2家企业参加试点,截至2020年年底,两家试点企业向以色列派出劳务人员2 352人;累计新签劳务人员合同工资总额6 370万美元;累计劳务人员实际收入总额超过12 585万美元。以色列建筑劳务的外派成为江苏省对外劳务合作新的增长点。

## 六 服务方式不断优化

一是建设服务平台。打造"全程相伴"走出去综合服务平台,平台整合现有全部服务于走出去企业的行政资源和服务资源,现已进入试运行状态;推动建设商务部"境外企业和对外投资联络服务平台江苏分平台"项目,并与厅视频会议系统联合打造,已开始运行;实施"走出去优投服务促进项目",全年走进3 000多家"走出去"企业,提供专业服务。二是首创留学生"人才地图"工程。会同教育厅在全国率先建设"走出去"企业留学生"人才地图"工程,构建面向全省"走出去"企业、来华留学生、留学生就读母校的国际留学生人才信息平台。截至2020年年底,已纳入1 300余家企业和11 000余名外国留学生信息。三是完善风险保障体系。"十三五"期间,打造全国首创的"江苏省出国外派境外工作人员人身意外伤害保险全覆盖"项目;联合中信保打造的"江苏省走出去企业统保平台";启动全国首创的"江苏省企业人员海外安全防卫保险",发挥"走出去"统保平台对企业非经营风险的保障作用;与省司法厅签订协议,共同推动建设江苏驻埃塞俄比亚、驻阿联酋、驻俄罗斯等9家海外法律服务中心。

# 开发区经济社会贡献持续增强

　　江苏开发区建设经过近40年的建设,成为经济发展的主阵地。"十三五"期间,开发区对全省经济社会贡献持续增强,已成为推动全省双向开放、高质量发展的主力军。

　　截至2020年,江苏省现有省级及以上开发区158个,其中,国家级46个,省级112个。全国218家参评经开区中,江苏省国家级经开区建设发展总体水平在全国处于相对领先地位,有4家经开区进入前10。苏州工业园区连续5年位居第一,昆山、江宁和南京经开区分别位居第5、第6和第9位。前50位中江苏经开区占12家,前100位中江苏经开区有21家。

## 一　建设一批优质平台

　　以"一特三提升"为抓手,聚焦省级特色创新(产业)示范园区、智慧园区、国际合作园区三大品牌创建,推动开发区向现代产业园区转型。一是54家省级特色创新(产业)示范园区实现全省13个设区市全覆盖,聚焦新能源、新材料、生物医药、节能环保、高端装备制造等新兴产业,持续推动产业层次向高端迈进。苏州工业园区纳米产业园跻身全球八大纳米产业集聚区,昆山经济技术开发区光电产业园在国内产业规模最大、技术水平最高。二是22家省级智慧园区平均硬件投入超2 000万元,信息化、数字化、智能化建设步伐加快,信息基础设施日趋完善,智慧政务服务应用不断加强,促进产业提升效能逐步显现。三是13家国际合作园区累计占地面积约1 500平方公里,集聚德国、日本、新加坡、韩国等特定国别企业964家,吸纳特定国别投资57.5亿美元。

## 二 共建一批合作园区

落实习近平总书记关于东西部扶贫协作和对口支援讲话精神,根据省对口办统一部署,推动10家苏陕共建"区中园"、苏州工业园区与辽宁沈抚新区对口合作、贵州铜仁苏州产业园、8家国家级经开区与边合区合作共建等一批省际共建园区建设。其中,苏陕共建"区中园"目前已引进投资项目53个,到位资金超过55亿元,累计直接就业帮扶建档立卡贫困户733人,累计通过利益联结机制帮扶建档立卡贫困户2 980户8 964人。省际共建园区的对口帮扶支援合作,在助力全国脱贫攻坚中贡献出江苏开发区力量。

## 三 推动一批改革事项

一是深入推进区域评估工作。在全省开发区深入推行8个事项区域评估改革,变"单个项目评"为"区域整体评",变"企业付费"为"政府买单",变"申请后审批"为"申请前服务",为区域内企业投资项目审批减事项、减环节、减时间、减材料、减费用。改革经验经商务部在全国推广。二是推动全省开发区去行政化改革,赴南京、苏州、南通等地开展专项调研,梳理总结开发区体制机制创新举措,推动开发区整体性、系统性职能重构。三是着力推进苏州工业园区开放创新综合试验。积极推广苏州工业园区5大示范平台建设方面的经验成效,11项改革经验经商务部发文在全国复制推广,开放型经济新体制综合试点试验顺利通过国家发改委、商务部的评估验收。

# 四 制定一批法规文件

2017 年 7 月,21 世纪以来首次以省委、省政府名义召开全省开发区改革创新大会,专题研究部署开发区工作。2017 年,《江苏省开发区条例》颁布实施,将开发区建设发展所涉及的有关政策措施上升为法律规范,为开发区建设发展提供法制保障、营造良好营商环境,是全国第一部统筹经开区和高新区等各类开发区的地方性法规。《关于进一步加快全省开发区转型升级创新发展的意见》(苏发〔2016〕19 号)、《省委省政府关于促进全省开发区改革和创新发展的实施意见》(苏发〔2017〕19 号)、《关于推进全省经济开发区创新提升打造改革开放新高地的实施意见》(苏政发〔2020〕79 号)等三部文件相继出台。

# 口岸运行和开放取得新进展

　　"十三五"期间,江苏省口岸管理工作以"一带一路"和长江经济带等国家战略为引领,着力推动全省口岸健康可持续发展,口岸建设运行和开放等取得新进展。

　　全省拥有海岸线 954 公里,分布在连云港、盐城和南通 3 市,约占全国海岸线的 1/10;长江江苏段全长 418 公里。全省拥有 26 个口岸,其中空运口岸 9 个,海港口岸 5 个,河港口岸 12 个,全省形成全方位、立体式口岸对外开放格局。

表1　2018—2020 年全省口岸运行情况

| 年　份 | 水运口岸外贸货运量(万吨) | 同比(%) | 外贸集装箱运量(标箱) | 同比(%) | 空运口岸出入境旅客(人次) | 同比(%) | 货运量(吨) | 同比(%) |
|---|---|---|---|---|---|---|---|---|
| 2018 | 47 181 | 0.4 | 7 990 206 | 0.4 | 5 755 690 | 22.1 | 75 644 | 47.0 |
| 2019 | 50 662 | 7.38 | 8 245 727 | 3.2 | 6 526 313 | 13.4 | 95 768 | 26.6 |
| 2020 | 55 234 | 8.7 | 7 906 156 | 3.2 | 756 331 | −88.4 | 89 728 | −6.3 |

注:因部分水运口岸统计口径调整,2020 年相关数据均按新统计数据计算。

## 一 进一步扩大口岸开放

江苏通过实施沿海开发战略,全面扩大口岸开放,提升完善口岸功能。全省 9 个机场实现对外国籍飞机开放,沿海沿江 17 个港口实现对外国籍船舶开放。全省水运、空运口岸数量位居全国前列。2018—2020 年,累计新获批对外扩大开放的口岸 1 个,外开放的码头(泊位)30 个。无锡空运口岸、江阴港口岸增设为药品进口口岸。支持苏州国际铁路物流中心申报临时对外开放,支持地方申报各类型海关进境指定监管场地,加快推进江苏口岸个性化错位发展。推动滨海港口岸完成对外开放国家验收,推进连云港空港口岸、通州湾扩大开放,争取国口办对苏州、徐州、连云港等铁路口岸建设的支持,认真指导地方合理规划口岸开放发展,积极探索区域联动发展。

## 二 进一步强化口岸开放管理

一是创新模式。苏州市口岸办积极支持工业园区申报海关监管作业场所,推动内河国际物流提质增效。支持太仓拓展"沪太通"新型通关模式。鼓励连云港片区充分发挥海港水运口岸功能和自贸区政策优势,创新口岸海铁联运发展模式。二是探索新形势下口岸运行达标评估标准。疫情期间,报送关于口岸准入退出管理办法(暂行)等三个文件的修订意见,提出调整降低评估标准,增加"如受不可抗力影响,可综合评估考虑"条款的合理建议。以《口岸准入退出管理办法(暂行)》为抓手,密切关注全省口岸客货运量情况,督促提醒相关口岸高度重视口岸运行达标评估工作。三是加强监测。持续关注各水运口岸疫情期间工作开展情况,坚持每日整理上报相关数据,并及时了解各水运口岸在管理工作中所遇如外船靠泊、船员入境等实际问题及诉求。

## 三 进一步优化口岸营商环境

进出口整体通关时间较 2017 年压缩一半以上,国际贸易"单一窗口"主要业务(货物、运输工具、舱单申报)应用率保持 100%,新增原产地证应用率达到 80％以上。长三角国际贸易"单一窗口"服务专区于 2020 年 11 月正式上线试运行,项目一期包含 3 大功能板块,实现包括用户贯通、数据共享、功能复用等功能。组织省电子口岸公司开展"单一窗口"安全检查,制定专项工作方案,确保"单一窗口"安全稳定运行。印发《关于贯彻落实〈两部门:积极发挥行业协会商会作用支持民营中小企业复工复产〉几点建议》。转发并落实好江苏省四部委《关于开设受疫情影响小微企业融资绿色通道的通知》,为省口岸协会会员企业提供法律援助和政策咨询平台。

# 进出口公平贸易工作扎实有效推进

"十三五"期间，世界经济复苏分化，各国对本国贸易的保护力度加大。主要经济体纷纷修改贸易保护政策；部分经济体频繁动用贸易救济、技术性贸易措施、关税措施等贸易保护手段。近年来，江苏遭遇国外新发起的贸易救济调查案件数和涉案金额占全国八成和三成左右。

## 一 江苏遭遇贸易摩擦主要特点

### （一）涉案金额大，受影响企业覆盖面广

2016—2020年，全省遭遇国外发起的贸易救济原审调查案件（"两反一保"，即反倾销、反补贴和保障措施调查）462起，涉案金额242.2亿美元。

### （二）摩擦国家多，美国印度为主要发起国

"十三五"期间，江苏共遭遇来自34个国家/地区发起的贸易救济调查。前五大来源地分别为美国、印度、阿根廷、欧盟及澳大利亚，发起的涉及江苏的贸易摩擦占全省遭

遇案件总数的 57.3%。

### （三）涉案产品杂，传统优势行业是调查重点

"十三五"期间，钢铁、化工、金属制品和纺织服装等行业是国外对我国贸易救济调查的高发领域，案件类型以反倾销、反补贴、保障措施调查为主。其中，钢铁行业是江苏遭遇贸易摩擦的"重灾区"。

### （四）摩擦形式多样，政治倾向性突出

从江苏遭遇贸易摩擦的实施手段中，可以看出贸易摩擦呈多层次化的发展态势。针对中低端产品，大量使用常规贸易救济措施，通过价格或数量等限制手段进行排挤；针对中高端产品，使用技术性贸易壁垒，通过立法或制定技术法规、卫生标准、合格评定程序、检验检疫措施等来设置障碍。除此之外，越来越多的国家，由单纯的反倾销调查，发展为反倾销、反补贴合并调查，江苏政府的土地政策、产业政策、电力政策、信贷政策均受到挑战。

## 二　贸易摩擦应对工作成效

"十三五"期间，在商务部和省委省政府的正确领导下，江苏妥善处理一批情况复杂、金额巨大、影响广泛的重大案件，成效明显。有效维护市场份额，每年成功维护海外市场均超过 10 亿美元；促进企业转型升级，一批企业加大科技投入，技术进步步伐加快，产品逐步由低端走向中高端；助力行业发展壮大，部分产业通过应对国外贸易摩擦，化危为机，优胜劣汰，推动全产业链健康发展。

### （一）贸易摩擦应对体系完善

一是机制建设优化。依托国家"四体联动"贸易摩擦应对工作机制，紧密结合本地实际，形成部门协同机制和预警监测机制，为公平贸易各项工作顺利开展提供保障。二是工作站设置优化。目前，江苏省级公平贸易工作站，分布在光伏、化工、钢铁、机械、纺织服装、医药等省内重点行业，通过考核实现动态调整。同时为贸易摩擦应对、贸易救济调查、产业安全与进出口管制、WTO

事务等公平贸易工作服务。"江苏省应对美国 337 调查工作站"作为唯一一家地方工作站升格为国家级工作站,并依托全球专利大数据资源和专家团队,服务全国应对"337 调查"。三是服务措施优化。联合国内知名律所,赴基层开展专业服务;针对涉案金额在 1 亿美元以上以及强制应诉企业在江苏的案件,强化"一案一策",服务更精准化;建立从预警到立案调查、行业抗辩、实地核查、终裁结案、产业评估的全过程指导服务工作机制。

### (二)贸易摩擦应对能力提升

一是应对人才队伍素质提高。利用集中培训、分片培训、以会代训等方式,打造高素质贸易救济人才队伍;完善涵盖产业专家、法律和财务顾问以及来自科研机构、高等院校的教授学者的公平贸易专家库,为应对工作提供人力支持和智力保障。二是风险防范水平提高。运用工作站信息平台和信息交流机制,及时进行风险提示。指导企业建立健全内部合规和风险防控机制,依法合规开展外贸业务。三是产业竞争力提高。针对省内产业因进口受到损害,协助做好贸易救济申诉,维护产业安全。以应对摩擦为契机,倒逼企业加快创新,掌握自主可控关键核心技术,有效规避风险。

# 高水平开放平台载体建设成效明显

　　2019 年 8 月成立以来,江苏自贸试验区认真贯彻落实党中央、国务院决策部署,持续深化制度创新,着力打造开放新高地,建设发展取得重要阶段性成效。截至 2020 年 12 月,江苏自贸试验区实际利用外资 29.3 亿美元、进出口总额 7 366.5 亿元,截至 2020 年 12 月底,新增注册企业 4.1 万家,其中外资企业 471 家。主要经济指标在新设一批自贸试验区中均位居前列。

## 一　体制机制更加完善

　　印发《关于支持中国(江苏)自由贸易试验区高质量发展的若干意见》,形成"1＋3＋N"政策支撑体系和"1＋3"滚动清单任务体系。

## 二　改革动力更加强劲

　　一次性赋予自贸试验区 273 项省级管理事项,出台《中国(江苏)自由贸易试验区条例》。在全国和全省先后探索实施首创改革举措 87 余项,总结形成 151 项制度创新实践案例,其中 4 项经验在全国面上复制推广,4 项成果在国家有关部门完成备案。72 项改革试点经验案例在省内复制推广。

## 三 创新特色更加鲜明

推动制度创新与产业发展深度融合,聚焦"研发—制造—流通—使用—保障—安全"6 个环节,在全国率先研究推动生物医药全产业链开放创新,得到省主要领导和商务部领导批示肯定,正积极争取国家支持。

## 四 联动发展更加有力

依托国家级开发区、国际合作园区等开放平台,着力建设联动创新发展区,更好发挥自贸试验区辐射带动作用和溢出效应,努力打造全域自贸试验区。

# 附　录

## 2020 年江苏商务重要文件索引

| 文　号 | 标　题 |
|---|---|
| 苏发〔2020〕26 号 | 《中共江苏省委　江苏省人民政府关于推进贸易高质量发展的实施意见》 |
| 苏政发〔2020〕43 号 | 《省政府关于促进利用外资稳中提质做好招商安商稳商工作的若干意见》 |
| 苏政发〔2020〕56 号 | 《省政府关于赋予中国（江苏）自由贸易试验区第一批省级管理事项的决定》 |
| 苏政发〔2020〕79 号 | 《省政府关于推进全省经济开发区创新提升打造改革开放新高地的实施意见》 |
| 苏政办发〔2020〕16 号 | 《省政府办公厅印发关于支持商贸服务企业积极应对疫情影响保持平稳健康发展政策措施的通知》 |
| 苏政办发〔2020〕36 号 | 《省政府办公厅印发关于进一步做好当前稳外贸工作若干措施的通知》 |
| 苏政办发〔2020〕59 号 | 《省政府办公厅关于加快促进流通扩大商业消费的实施意见》 |

续 表

| 文 号 | 标 题 |
| --- | --- |
| 苏政办发〔2020〕62 号 | 《省政府办公厅印发关于支持出口产品转内销促进内外贸融合发展若干措施的通知》 |
| 苏商服〔2020〕312 号 | 《江苏省商务厅等 8 部门关于推动服务外包加快转型升级的实施意见》 |
| 苏商开发〔2020〕384 号 | 《省商务厅　省水利厅　省自然资源厅等七部门关于印发江苏省开发区水资源论证区域评估工作方案(试行)和实施细则的函》 |
| 苏商流通函〔2020〕162 号 | 《江苏省商务厅　江苏省发展和改革委员会关于印发绿色商场创建工作实施方案(2020－2022 年度)的通知》 |
| 苏商流通函〔2020〕681 号 | 《江苏省商务厅　江苏省财政厅　江苏省人力资源和社会保障厅　江苏省住房和城乡建设厅　国家税务总局江苏省税务局　江苏省市场监督管理局　中国银行保险监督管理委员会江苏监管局关于转发商务部等 7 部门开展小店经济推进行动的通知》 |
| 苏商流通函〔2020〕791 号 | 《省商务厅　省委宣传部　省发展改革委等 13 部门关于印发江苏省开展便利店品牌化连锁化三年行动工作方案的通知》 |
| 苏商资〔2020〕365 号 | 《省商务厅　省发展改革委关于进一步深化与韩国产业合作的工作意见》 |
| 苏商规〔2020〕1 号 | 《省商务厅　省发展改革委　省工业和信息化厅　省公安厅　省生态环境厅　省交通运输厅　省市场监管局关于印发江苏省报废机动车回收管理实施办法的通知》 |
| 苏商规〔2020〕2 号 | 《省商务厅关于印发江苏省外商投资企业投诉工作办法的通知》 |
| 苏商法〔2020〕85 号 | 《省商务厅关于印发 2020 年全省商务系统法治政府建设工作要点的通知》 |
| 苏自贸办〔2020〕3 号 | 《省自贸办　省科技厅　省市场监督管理局等 8 部门关于印发支持中国(江苏)自由贸易试验区高质量发展若干意见第一批配套实施细则的通知》 |
| 苏自贸组发〔2020〕2 号 | 《关于印发支持中国(江苏)自由贸易试验区高质量发展若干意见的通知》 |
| 苏开放组发〔2020〕2 号 | 《江苏省外贸外资协调机制深入开展"保主体促两稳"行动工作方案》 |

# 2020 年江苏商务发展大事记

1月2日,省委、省政府在苏州召开外商投资企业座谈会。娄勤俭书记、吴政隆省长出席会议并讲话。

1月2日,省商务厅召开"互联网＋监管"暨打击侵权假冒会议,王存二级巡视员出席会议并讲话。

1月6日至7日,王存二级巡视员率省第六核查组,对南通、泰州、扬州市政府猪肉储备情况进行核查。

1月6日,姜昕副厅长赴北京参加商务部服务贸易部际联席会议联络员会议,并代表省商务厅在大会做交流发言。

1月6日,中韩(盐城)产业园建设工作联席会议第五次会议在省商务厅召开。马明龙厅长与盐城市曹路宝市长共同主持会议,孙津副厅长参加会议。

1月7日,省商务厅召开出口信用保险工作座谈会,周常青副厅长出席会议并讲话。

1月7日,孙津副厅长率厅驻海外经贸代表赴常州高新区、武进高新区调研考察,并召开江苏省驻海外经贸代表工作交流会。

1月8日,西哈努克港经济特区董事长陈坚刚一行赴省商务厅,交流2019年西港特区建设和发展情况及2020年工作打算。陈晓梅副厅长及厅机关相关负责同志参加座谈。

1月9日至10日,商务部电子商务和信息化司骞芳莉司长率队赴江苏调研线上线下融合发展、"互联网＋政务服务""互联网＋监管"工作情况,郁冰滢二级巡视员陪同调研。

1月9日,2020—2022年度江苏省对外投资和经济合作外派人员境外人身意外伤害及安全防卫保险项目签约仪式暨新闻发布会在南京举办。陈晓梅副厅长出席会议并致辞。

1月9日,朱益民副厅长主持召开工作座谈会,听取江苏省自贸试验区领导小组各专题工作组和南京、苏州、连云港片区工作情况汇报,研究部署2020年相关重点工作。

1月9日,省纪委常委、省监委委员李圣华一行到省商务厅开展安全生产专项整治工作调研督导并召开座谈会,马明龙厅长、周常青副厅长、高成祥纪检监察组长参加会议。

1月9日,孙津副厅长在厅机关会见芬欧汇川特种纸纸业执行副总裁倪亚科一行。

1月9日,由中国欧盟商会主办,省商务厅协办的2020欧盟企业与江苏省政府交流会在南京召开,孙津副厅长出席并致辞。

1月14日,全省商务工作会议暨全省商务系统先进表彰大会在宁召开,马明龙厅长在会上做工作报告,表彰了商务系统先进集体和先进工作者,认定了江苏省第一批国际合作园区。

1月14日,省商务厅召开年度海外工作会议,孙津副厅长主持会议,马明龙厅长对海外工作进行部署并提出明确要求。

1月15日,周常青副厅长带队赴徐州检查节日期间市场保供和安全生产专项整治工作。

1月15日,驻厅纪检监察组与厅驻海外经贸代表召开党风廉政建设专题座谈会,高成祥纪检监察组长出席会议。

1月15日,由省商务厅主办,南京市商务局、江北新区管委会承办的"江苏省驻海外经贸代表和境外驻苏机构代表江北新区交流会"在南京江北新区举办,周晓阳副厅长出席并致辞。

1月15日、17日,王存二级巡视员带队分别赴淮安、南通市开展节日期间商务领域安全生产和专项整治工作检查,驻厅纪检监察组派员对检查工作全程督导。

1月16日至17日,姜昕副厅长带队赴常州开展节日期间商务领域安全生产和专项整治工作情况检查。

1月16日,马明龙厅长带队赴江苏斑马软件技术有限公司调研家政服务平台建设情况。

1月16日,省商务厅召开离退休干部2019年度商务工作情况通报会。周晓阳副厅长主持会议,马明龙厅长出席会议并讲话。

1月16日,韩国SK海力士和无锡高新区在南京签署投资合作协议,共同建设集成电路产业园。马明龙厅长和孙津副厅长参加相关活动。

1月16日,高成祥纪检监察组长赴泰州督导节日期间商务领域安全生产和专项整治工作。

1月20日，朱益民副厅长带队赴南京片区调研自贸试验区建设工作。

1月21日，厅党组书记马明龙主持召开党组中心组学习扩大会议，深入学习习近平总书记在"不忘初心、牢记使命"主题教育总结大会上的重要讲话和全省"不忘初心、牢记使命"主题教育总结大会精神。

1月21日，省商务厅召开2019年度总结表彰大会，全体厅领导、厅机关和事业单位人员参加。

1月21日，省商务厅召开"苏贸贷"工作座谈会，周常青副厅长出席会议并讲话。

1月21日，孙津副厅长赴中国欧盟商会南京分会调研，与董事会主席魏博进行工作交流。

1月27日，省商务厅成立新型冠状病毒感染的肺炎疫情防控工作领导小组，马明龙厅长任组长，其他厅领导为副组长，机关各处室主要负责同志为成员，为全力做好全省商务领域新冠肺炎疫情应对工作提供组织保证。

1月28日，马明龙厅长和周常青副厅长采取"四不两直"的方式到南京金润发超市、进香河农贸市场调研，了解市场供应的具体情况和存在问题。

1月28日，厅党组书记马明龙主持召开厅党组（扩大）会议暨厅新型冠状病毒感染的肺炎疫情防控工作领导小组会议。

1月31日，省委常委、常务副省长樊金龙到南京苏果超市瞻园路店和进香河农贸市场，了解经营场所消毒、通风换气、入场戴口罩和体温测量情况，省政府副秘书长黄澜、省政府副秘书长赵建军，马明龙厅长、周常青副厅长和省有关部门负责同志陪同检查。

2月2日，厅党组书记马明龙主持召开厅党组（扩大）会议暨厅新型冠状病毒感染的肺炎疫情防控工作领导小组第二次会议，进一步研究部署全省商务领域疫情防控工作。

2月6日，厅党组书记马明龙主持召开厅党组（扩大）会议暨厅新型冠状病毒感染的肺炎疫情防控工作领导小组第三次会议。

2月7日，孙津副厅长应约与韩国产业通商资源部通商协力局局长严璨旺通话，围绕新型冠状病毒感染的肺炎疫情期间在苏韩企复工、共同举办相关活动推动苏韩双方经贸合作等事项进行交流。

2月10日,省委常委、常务副省长樊金龙专门听取生活物资保障情况汇报。马明龙厅长汇报了近期全省生活物资保障工作情况、具体举措、存在困难问题和下一步工作打算。

2月10日,马明龙厅长主持召开厅疫情防控医疗物资进口专题会,贯彻落实省政府疫情防控医疗物资保障工作专题会议精神。

2月11日,省商务厅召开全省疫情防控生活物资保障工作视频会议。马明龙厅长对前一阶段生活必需品市场供应及生活物资保障工作进行总结并对下一步生活物资保障工作提出明确要求。周常青副厅长及省生活物资保障组成员单位联络员参加会议。

2月12日,省商务厅利用学习强国视频会议平台召开苏南片区外资条线会,苏南五市商务局分管外资副局长、外资(外企)处长参加会议。孙津副厅长出席会议并讲话。

2月13日,厅党组书记马明龙主持召开党组中心组学习扩大会议,学习贯彻习近平总书记在北京调研指导新冠肺炎疫情防控工作时的重要讲话精神。

2月14日,省商务厅利用学习强国视频会议平台召开苏中苏北片区外资条线会,苏中苏北8市商务局分管外资副局长、外资处长参加会议。孙津副厅长出席会议并讲话。

2月17日,省委决定:马明龙同志任镇江市委委员、常委、书记,免去马明龙同志的省商务厅党组书记职务,不再担任省商务厅厅长职务。

2月18日、20日,郁冰滢二级巡视员、法规处王雷一级调研员先后赴湖北黄石,进驻省支援湖北疫情防控前方指挥部生活保障组,统筹协调江苏省援鄂医疗队的后勤保障工作。

2月20日,上海、江苏、浙江、安徽等省市共同召开长三角新冠肺炎疫情联防联控协同事项重要物资互济互帮工作电视电话会议。周常青副厅长参加会议并发言。

2月28日,厅机关党委书记陈晓梅副厅长主持召开厅党组中心组学习扩大会议,传达学习习近平总书记2月23日在统筹推进新冠肺炎疫情防控和经济社会发展工作部署会议上的重要讲话精神。

3月上旬,为支持新冠肺炎疫情防控工作,打赢疫情防控阻击战,省商务厅组织广大党员开展自愿捐款活动,厅机关及离退休党员共捐款391人,合计金额达195 900元。

3月6日,朱益民副厅长赴南京江宁滨江经济开发区调研检查疫情防控和企业复工复产情况。

3月10日,姜昕副厅长赴南京调研餐饮企业复工复产情况并开展安全生产检查。

3月11日,孙津副厅长在苏州相城区出席中日(苏州)智能制造产业合作示范区建设启动仪式暨2020年义务植树活动并致辞。

3月13日,孙津副厅长与香港贸发局华东华中首席代表钟永喜以视频连线方式通话,双方就苏港合作联席会议2020年度工作进行交流。

3月16日,朱益民副厅长参加国务院工作组复工复产调研座谈会。

3月17日,姜昕副厅长带队赴南京软件谷调研服务外包企业疫情防控及复工复产情况,了解当地服务贸易发展工作。

3月18日,省商务厅召开省级经贸摩擦应对工作专班会议。通报2019年外经贸运行和应对工作开展情况,交流疫情对江苏省应对工作的叠加影响,研究2020年重点工作任务。周晓阳副厅长出席会议并讲话。

3月24日,商务部召开专项视频会议,协调呼吸机对外援助和商业出口有关事宜。周晓阳副厅长在江苏分会场参加会议。

3月25日,朱益民副厅长主持召开自贸试验区立法工作座谈会。

3月25日,孙津副厅长赴金坛调研中德(常州)创新产业园复工复产情况,并在金坛经济开发区召开对德经贸合作座谈会。

3月25日,省商务厅召开全省应对疫情稳外贸工作视频会议。分析当前外贸形势,部署重点工作任务。周晓阳副厅长出席会议并讲话。

3月27日,朱益民副厅长主持召开自贸试验区立法工作专家咨询会。

3月27日,孙津副厅长召开涉外疫情防控工作会议。

4月2日,周晓阳副厅长带队调研南京外贸企业,了解企业医疗物资出口情况及疫情对企业的影响。

4月3日,省商务厅召开全省外资工作视频会议,孙津副厅长主持会议并讲话。

4月14日,陈晓梅副厅长主持召开厅党组中心组学习扩大会议,学习《党委(党组)落实全面从严治党主体责任规定》和《省级机关部门单位党组(党委)落实机关党建领导责任实施办法(试行)》。

4月16日,孙津副厅长在南京会见来访的德国赢创工业集团中国区公共与政府事务高级顾问王玲玲女士,双方就德国赢创工业集团在江苏最新业务进展情况及未来发展计划进行了交流。

4月17日,省商务厅召开安全生产工作情况汇报会,向省安全生产第八督导组汇报商务领域安全生产情况和安全生产专项整治等工作开展情况。

4月17日,朱益民副厅长在厅机关会见来访的宁夏回族自治区商务厅副厅长肖立卫一行。

4月17日,孙津副厅长在厅机关会见韩国驻上海总领馆金汉圭副总领事一行,双方就推动江苏与韩国经贸合作进行交流。

4月21日,省商务厅召开2020年全省服务贸易和商贸服务业工作视频会,姜昕副厅长出席会议并讲话。

4月22日至24日,省安全生产第八督导组派员赴南京、苏州、常州、泰州等地下沉督导商务领域安全生产工作。

4月22日,省委举行年轻干部赴市县工作集体谈话会议,周常青副厅长挂职任无锡市副市长。

4月22日,孙津副厅长出席驻德国经贸代表处支持中德(常州)创新产业园对德招商工作机制视频会议并讲话。

4月23日,朱益民副厅长参加《中国(江苏)自由贸易试验区条例》立法说明会,并汇报相关工作开展情况。

4月25日至26日,孙津副厅长率在宁海外经贸代表赴扬州调研考察。

4月28日,省商务厅与上海美国商会共同举办上海美国商会与江苏省政府部门企业扶持政策线上交流会,孙津副厅长出席会议并讲话。

4月28日,孙津副厅长在厅机关会见来访的俄罗斯联邦出口中心驻华代表处首席代表措克托·巴卢苏纳叶夫,双方就推进江苏和俄罗斯贸易合作进行交流。

5月1日,姜昕副厅长出席2020年中国南京(春季)美食节开幕式。

5月8日,惠建林副省长在南京走访调研汇鸿、苏美达等外经贸企业,并就稳外贸相关举措和问题进行了座谈交流,周晓阳副厅长参加调研。

5月9日,惠建林副省长召集自贸试验区工作专题会议,赵建军厅长、朱益民副厅长参会并汇报相关工作开展情况。

5月11日至12日,朱益民副厅长赴泰兴参加全省产业园区生态环境政策集成改革试点现场推进会。

5月11日,赵建军厅长参加省疫情防控领导小组会议,研究新冠肺炎疫情常态化防控机制和策略。

5月12日,赵建军厅长会见阿里巴巴副总裁陶雪飞一行,双方就电商领域有关工作进行交流。

5月12日,王存二级巡视员在省农业农村厅分会场参加全国非洲猪瘟联防联控机制视频会议。

5月13日,惠建林副省长来省商务厅调研全省商务工作并召开座谈会。

5月14日,孙津副厅长在南京会见日本贸易振兴机构上海代表处小栗道明首席代表一行。

5月14日,孙津副厅长在厅机关会见瑞典斯堪尼亚中国区执行总裁何墨池先生一行,双方就斯堪尼亚在江苏的合作发展进行了交流。

5月14日,周晓阳副厅长在厅机关会见上海市商务委调研组一行,双方就长三角产业安全预警工作部署、经贸摩擦应对、公平贸易工作站管理及贸易政策合规等问题进行交流。

5月15日,省十三届人大常委会第十六次会议通过决定任命事项:任命赵建军为省商务厅厅长。

5月15日,省地方金融监管局、省商务厅、江苏证监局举办自贸试验区企业赴科创板上市培训会,朱益民副厅长出席会议并致辞。

5月15日,孙津副厅长主持召开内贸工作碰头会。

5月15日,周晓阳副厅长召开全省稳外贸工作推进会。

5月18日至20日,孙津副厅长陪同商务部亚洲司杨伟群副司长在江苏省就做好对亚洲国家稳外资稳外贸工作进行调研。

5月18日,孙津副厅长在厅机关会见香港特区政府驻上海经济贸易办事处新任主任蔡亮一行,双方就推动江苏与香港经贸合作进行交流。

5月18日,以"链接新未来、壮大新经济"为主题的中国·连云港电商发展大会暨首届5.18网络购物节正式开幕,郁冰滢二级巡视员参加活动。

5月18日，2020运河品牌电商大会在宿迁开幕，王存二级巡视员参加活动。

5月19日，王存二级巡视员主持召开厅安委办第一次全体成员会议。

5月20日，赵建军厅长在厅机关会见来访的中国进出口银行江苏分行张邵辉行长一行，双方就合力推动抗疫情、保企业、稳外贸工作进行座谈交流。

5月20日，孙津副厅长陪同省委常委、省委组织部部长郭文奇赴常州现场调研中以产业技术创新中心项目。

5月21日，赵建军厅长赴江北新区调研自贸试验区工作。

5月21日，姜昕副厅长参加商务"十四五"发展规划研究工作推进会。

5月22日，审计署驻南京副特派员钱夫中一行来省商务厅召开审计进点会。姜昕副厅长、周晓阳副厅长出席会议并讲话。

5月24日至25日，赵建军厅长、姜昕副厅长陪同省委常委、省委秘书长郭元强赴徐州调研徐州淮海国际陆港核心区项目。

5月25日至26日，省人大常委会副主任曲福田带队赴自贸试验区南京、苏州片区开展专题调研，朱益民副厅长参加。

5月25日，孙津副厅长主持召开省商务厅促流通扩消费工作专班成立会议。

5月26日，省委常委、南京市委书记张敬华专题调研省商务厅挂钩联系的LG三元锂电池项目。赵建军厅长及有关单位负责人参加调研。

5月26日，山东省商务厅张义英副厅长一行来江苏省调研稳外资稳外贸、自贸区建设等工作。

5月26日，江苏省—北威州合作联委会召开视频会议，孙津副厅长主持会议，并与德国北威州方面签署江苏省—北威州合作联委会第一次会议纪要。

5月26日，惠建林副省长在徐州经开区调研重大项目建设情况。

5月27日，赵建军厅长、孙津副厅长出席省政府促进利用外资稳中提质全力做好招商安商稳商工作新闻发布会。

5月27日，赵建军厅长陪同惠建林副省长赴淮安调研维龙源刚性气体绝缘输电线项目。

5月28日，赵建军厅长陪同省委副书记任振鹤调研阿里巴巴江苏总部项目。

5月28日,省商务厅邀请省级机关纪监工委胥艳华副书记来省商务厅做《中国共产党问责条例》辅导授课。

5月29日,惠建林副省长与中国进出口银行行长吴富林通过"屏对屏、云签约"方式,签署"抗疫情 保企业 稳外贸"联合工作方案。赵建军厅长及相关省级部门负责同志出席了仪式。

5月29日,省政府召开省自贸试验区领导小组第2次全体会议筹备会,惠建林副省长出席会议并讲话。

5月30日,江苏省"品质生活·苏新消费"系列活动暨南京市"销售竞赛月"活动启动仪式在南京市桥北滨江生态公园举行。

5月30日,青海省商务厅党组书记朱龙翔一行来江苏省调研,赵建军厅长、周晓阳副厅长与朱龙翔书记就自贸试验区、外贸等工作进行座谈交流。

6月1日,赵建军厅长与厅驻海外经贸代表进行座谈交流,孙津副厅长主持会议。

6月1日,王存二级巡视员率队赴中石化江苏石油分公司就政协委员提案和成品油市场整顿等工作开展调研。

6月2日至3日,赵建军厅长召开省级外经贸集团工作座谈会,并赴汇鸿、苏美达以及中国出口信用保险公司江苏分公司就外经贸发展相关工作开展调研。

6月2日,省商务厅召开厅机关党风廉政建设暨商务工作会议。

6月2日,王存二级巡视员参加"品质生活·苏新消费"南京都市圈消费联盟揭牌仪式。

6月3日,厅直属机关党委书记、副厅长陈晓梅主持召开省商务厅党组2020年巡察工作部署会。

6月3日,姜昕副厅长主持召开徐州淮海国际陆港核心区项目建设服务推进工作专题会。

6月4日至5日,赵建军厅长陪同惠建林副省长赴南通调研。

6月4日,陈晓梅副厅长在厅机关会见了来访的中江集团董事长宋勤波一行。双方就境外企业疫情防控、中阿产能合作示范园建设等进行了交流。

6月5日至6日,赵建军厅长赴浙江湖州参加长三角一体化发展重大合作事项签约仪式。

6月5日，朱益民副厅长在南京参加长江经济带生态文化公益活动。

6月8日，商务部消费促进司王斌副司长一行到江苏开展稳外贸稳外资促消费工作专项调研。

6月8日，由省商务厅主办的"江苏优品·畅行全球"线上展会启动仪式在南京举行。

6月9日，赵建军厅长在厅机关会见香港贸易发展局候任中国内地总代表钟永喜一行。

6月9日，朱益民副厅长参加省人大外事委重点建议办理督办协调会和省人大《中国（江苏）自由贸易试验区条例》立法对接会。

6月9日，新加坡—江苏合作理事会双方秘书长及相关人员召开电话会议，孙津副厅长与新方就理事会第十四次会议时间、地点、形式、会议主题等相关事项交换意见，达成初步共识。

6月9日，郁冰滢二级巡视员率队赴溧水调研南京农高区建设规划情况。

6月10日至12日，赵建军厅长率队赴北京拜会商务部领导和相关司局负责人，并会见韩国SK集团中国区总裁。

6月10日，省委常委、省委秘书长郭元强主持召开徐州淮海国际陆港建设专题推进会。赵建军厅长、姜昕副厅长参加会议。

6月11日至12日，姜昕副厅长带队赴南通海门东灶港、启东吕四港区和通海港区开展实地调研。

6月11日，陈晓梅副厅长主持召开省境外企业防控组第一次工作会议。

6月11日，朱益民副厅长在厅机关会见来访的省司法厅张武林副厅长一行，双方就自贸区立法工作进行座谈交流。

6月11日，孙津副厅长出席省商务厅与中国欧盟商会在南京共同举办的江苏—欧洲企业交流会并致辞。

6月12日，孙津副厅长在厅机关会见美国驻沪总领事谭森一行，双方就进一步加强省商务厅与美国驻沪总领馆联系，推动江苏与美国贸易投资合作进行了交流。

6月12日，省商务厅邀请省市场监管局副局长陈琪宏做《竞争政策实施与公平竞争审查》专题讲座。周晓阳副厅长主持并明确相关工作要求。

6月15日,汇鸿集团举办"大美江苏　星耀汇鸿"第127届广交会网上直播启动仪式,周晓阳副厅长、省农业农村厅徐惠中副厅长出席启动仪式。

6月16日,省自贸办召开生物医药产业创新发展专题座谈会,赵建军厅长主持会议并讲话,朱益民副厅长通报相关工作情况,省有关部门负责同志以及3个片区的部分生物医药重点企业代表参加会议。

6月16日,由省商务厅和江苏省贸促会、南京江北新区共同主办的2020国际知识产权应用暨项目合作大会在线上举办。

6月16日,孙津副厅长在厅机关会见德国百菲萨(中国)投资有限公司总经理付晓先生一行,双方就百菲萨江苏项目进展情况和下一步发展计划进行交流。

6月17日,赵建军厅长带队调研江苏省电子口岸有限公司。

6月17日,赵建军厅长带队赴省司法厅与柳玉祥厅长、高建新书记对接交流工作,王存二级巡视员陪同。

6月17日,省级机关工委周效东二级巡视员一行来省商务厅就上半年开展"五抓五促"、创建"三个表率"模范机关等情况进行调研。厅直属机关党委书记、副厅长陈晓梅参加调研并就相关情况进行汇报。

6月17日,姜昕副厅长参加《打造江苏安全高效国际物流供应链研究》课题开题会。

6月17日,孙津副厅长在厅机关会见日本丸红株式会社中国副总代表、丸红(上海)有限公司董事长兼总经理篠田聪夫先生一行。

6月17日,省商务厅邀请省卫生健康委、省药品监管局相关处室负责同志与阿斯利康全球执行副总裁、国际业务及中国总裁王磊等高管举行视频会议,孙津副厅长参加会议。

6月18日,省委书记娄勤俭在南京会见新加坡金鹰集团主席陈江和一行,并共同见证有关合作项目签约。赵建军厅长参加会见和项目签约活动。

6月18日,赵建军厅长在厅机关会见中国欧盟商会南京分会主席魏博一行,双方就推动江苏与欧盟经贸合作进行交流。

6月18日,姜昕副厅长出席2020年第四届中国系统门窗全屋定制博览会暨第七届中国(南京)移门博览会开幕式。

6月18日,朱益民副厅长带队在南京开展开发区"去行政化"改革专题调研。

6月19日，赵建军厅长参加全省经开区三年专项整治动员会。

6月19日，江苏省政协副主席、致公党江苏省委主委麻建国一行来省商务厅，就致公党省委加强与商务厅对口联系工作以及"疫情对江苏开放型经济的影响"进行调研。姜昕副厅长主持调研座谈会。

6月20日，省委常委、常务副省长樊金龙主持召开保障首都生活物资供应紧急会议。

6月22日至24日，朱益民副厅长带队赴南通开展开发区"去行政化"改革专题调研。

6月22日，省政府召开全省经济开发区安全生产专项整治动员部署电视电话会议，赵建军厅长参加会议并汇报全省经济开发区专项整治三年行动实施方案有关情况。

6月22日，省商务厅召开省商务厅党组2020年巡察工作动员会。

6月22日，孙津副厅长率部分驻海外经贸代表赴镇江考察调研，并召开省商务厅驻海外代表新区行暨国际研发社区建设座谈会。

6月23日，赵建军厅长在厅机关会见新加坡驻沪总领事蔡簦合一行，双方就推动江苏与新加坡深入合作进行交流。

6月23日，陈晓梅副厅长在厅机关会见了来访的香港贸发局新任江苏代表张厦一行。双方就深化合作、发挥苏港合作联席会议机制等进行交流。

6月23日，姜昕副厅长主持召开中欧班列铁路场站海关监管制度比较研究专题座谈会。

6月23日，马欣副省长专题调研挂钩联系的苏州太仓舍弗勒项目。

6月24日，赵建军厅长参加省清理和规范庆典研讨会论坛活动工作领导小组会议，并在会上介绍了江苏省展会活动管理工作情况。

6月24日，姜昕副厅长率队赴江苏省中医院就国家中医药服务出口基地建设情况等开展调研。

6月24日，姜昕副厅长在省政府参加省全面推进长江流域禁捕退捕办公室专题会议。

6月24日，孙津副厅长带队赴昆山富士康、三一重工开展实地调研，并与企业就中美贸易摩擦及新冠疫情对企业经营、投资的影响开展交流。

6月29日，赵建军厅长、周晓阳副厅长赴南京海关对接交流工作。

6月29日，姜昕副厅长在省政府参加省全面推进长江流域禁捕退捕工作领导小组成员会议。

6月29日，朱益民副厅长参加省人大创新驱动发展战略和科技进步法实施情况座谈会。

6月29日，马欣副省长专题调研挂钩联系的泰州安诺维他项目。

6月30日，赵建军厅长在厅机关开展安全生产宣讲。

6月30日，姜昕副厅长参加省全面推进长江流域禁捕退捕执法整治专项组第一次会议和省全面推进长江流域禁捕退捕工作领导小组会议。

6月30日，朱益民副厅长主持召开自贸试验区与苏南国家自主创新示范区"双自联动"座谈会。

6月30日，省地方金融监管局、省商务厅、人民银行南京分行举办江苏自贸试验区金融开放创新业务培训会，朱益民副厅长出席会议并致辞。

6月30日，根据厅促流通扩消费工作专班方案，孙津副厅长主持召开专班月度工作会议，研究下一步促流通扩消费重点工作。

6月30日，周晓阳副厅长出席省级经贸摩擦应对工作专班会议。

7月1日，赵建军厅长带队赴无锡，就上半年"两稳一促"工作进行调研，并召开重点外贸、外资和商贸流通企业家座谈会。

7月1日，王存二级巡视员带队赴上海，与上海博览局刘福学副局长及相关部门负责人，就第三届进博会相关问题进行对接沟通。

7月2日，姜昕副厅长带队赴省统计局，参加消费品市场形势及行业增加值测算座谈会。

7月2日，孙津副厅长会见美中贸易全国委员会上海代表处政府事务负责人许子兰及会员企业代表一行，就进一步加强省商务厅与美中贸易全国委员会联系、推动会员企业在江苏发展运营进行交流。

7月3日，姜昕副厅长参加长江流域禁捕退捕工作市场监管专项组第一次工作会议。

7月5日，孙津副厅长出席中日（苏州）地方发展合作示范区揭牌仪式，并为江苏自贸区苏州片区相城联动创新区揭牌。

7月7日，国家发改委、商务部联合召开全国促进家政服务业提质扩容

"领跑者"视频工作座谈会,姜昕副厅长在江苏分会场参加会议。

7月10日上午,省政府召开全省外贸外资协调机制会议,传达全国稳外贸稳外资工作电视电话会议精神,分析研判当前形势,部署下一步稳外贸稳外资重点工作。

7月10日下午,省委、省政府召开中国(江苏)自由贸易试验区工作领导小组第二次全体会议,认真学习贯彻习近平总书记对自贸试验区系列重要批示指示精神,研究部署江苏自贸试验区重点工作。

7月10日,赵建军厅长会见来访的日本瑞穗银行东亚区总裁菅原正幸一行,就进一步加强双方合作进行交流。

7月10日,朱益民副厅长主持召开全省经济开发区安全专项整治省级部门工作专班第一次会议。

7月10日,省商务厅举办跨境电子商务政策宣讲会。

7月11日,2020中国昆山创业周开幕式和人才科创招商大会在昆山隆重举行,孙津副厅长出席开幕式并致辞。

7月13日,周晓阳副厅长出席"抗疫情、稳外贸"党建四方共建平台启动仪式并致辞。

7月13日,第30届线上华交会启动仪式在上海世博展览馆举行,江苏交易团团长周晓阳线上预祝第30届华交会成功举办。

7月13日至17日,郁冰滢二级巡视员带队赴苏州、南通,督查疫情常态化精准化防控措施落实情况。

7月13日,江苏省加油站(点)安全工作"对标帮扶"活动现场推进会在盐城举行,省商务厅二级巡视员王存参加会议。

7月14日,部分重点省市稳外贸稳外资形势座谈会在浙江义乌召开,中共中央政治局委员、国务院副总理胡春华主持会议并讲话。惠建林副省长出席会议,赵建军厅长参加会议。

7月14日,孙津副厅长率商务厅、财政厅联合调研组赴南京,开展跨国公司地区总部和功能性机构专题调研。

7月15日,省人大召开2020年省人大代表重点建议督办会,赵建军厅长参加会议并介绍相关情况。

7月15日,赵建军厅长通过视频连线方式,出席江苏省与莫吉廖夫州工商界经贸合作(线上)交流会并致辞。

7月15日,省政府召开中韩(盐城)产业园发展工作协调小组第三次会议。赵建军厅长汇报中韩(盐城)产业园建设工作情况及下一步推进举措,孙津副厅长参加会议。

7月15日至17日,姜昕副厅长率队赴徐州、连云港和淮安,就"三港联动加快建设苏北物流金三角政策研究"课题开展调研。

7月17日,朱益民副厅长主持召开全省经济开发区安全专项整治商务条线工作专班会议。

7月17日,朱益民副厅长会见美国西比曼生物科技集团首席执行官刘必佐先生一行,就该集团在江苏投资发展情况进行交流。

7月20日,2020江苏服务贸易云上对接交流大会在南京启幕。赵建军厅长为大会致辞,姜昕副厅长出席启动仪式。

7月20日,姜昕副厅长参加商务部2020年中国国际服务贸易交易会省区市工作电视电话会议。

7月21日,朱益民副厅长会见来访的重庆市中新示范项目管理局彭志明副局长一行,双方就中新(重庆)战略性互联互通示范项目、苏州工业园区、海外经贸代表处等工作进行交流。

7月22日,朱益民副厅长组织召开江苏自贸试验区工作座谈会,研究中央领导同志对江苏重要批示精神及《关于印发支持中国(江苏)自由贸易试验区高质量发展若干意见的通知》贯彻落实情况。

7月22日,浙江省商务厅张曙明副厅长一行5人,来江苏省调研汽车流通和消费促进工作,郁冰滢二级巡视员参加座谈。

7月23日至24日,全国步行街改造提升工作现场会在南京召开,省商务厅赵建军厅长、王存二级巡视员,南京市沈剑荣副市长出席相关会议和活动。

7月23日,"后疫情时期侨企发展沙龙"在南京举行,孙津副厅长出席活动并做主题演讲。

7月24日,商务部王受文副部长赴江苏自贸试验区连云港片区开展专题调研,赵建军厅长陪同调研。

7月24日,省商务厅召开2020年上半年全省外经工作视频会议,陈晓梅副厅长出席会议并讲话。

7月24日,省商务厅在南京召开自贸试验区赋权对接座谈会,率先推动自贸试验区精准赋权工作,朱益民副厅长主持会议并讲话。

7月28日,上半年全省商务局长座谈会在南京召开,会议回顾总结上半年全省商务工作,分析研判当前商务发展特别是稳外贸、稳外资、促消费形势,研究部署下半年全省商务发展各项任务。赵建军厅长主持会议并讲话。

7月29日,姜昕副厅长参加省餐饮业商协会负责人工作会议,就开展餐饮业安全生产进行宣讲,并带队赴南京市江宁区开展餐饮企业燃气安全联合督查。

7月29日,孙津副厅长会见德国博途新能源中国区总裁布鲁斯·艾莫斯(Bruce Emmerth)一行,就博途新能源徐州项目运营情况和下一步发展计划进行交流。

7月30日,全省"稳外贸稳外资"工作电视电话会议在南京召开,赵建军厅长在主会场参加会议。

7月30日,赵建军厅长会见法国阿科玛集团大中华区总裁戴仁威先生一行,就阿科玛江苏项目运营情况和下一步发展计划进行交流。

7月30日至31日,郁冰滢二级巡视员在徐州参加苏北地区群众住房条件改善暨特色田园乡村面上创建工作现场推进会。

7月31日,陈晓梅副厅长与无锡市商务局就推进江苏贝德服装有限公司在缅甸、江苏通用科技有限公司在泰国设立境外园区工作事项进行研究。

8月4日至5日,陈晓梅副厅长带队赴海企集团、寒锐钴业、省建集团等"走出去"企业开展调研,了解当前疫情影响下江苏省"走出去"企业存在的现实困难与需求。

8月4日,朱益民副厅长参加江苏自贸试验区挂牌一周年"强国有我"专题访谈。

8月4日,商务部召开全国引资重点省份稳外资工作视频会议,北京、上海、江苏、浙江、山东、广东等六省市在各自分会场参加会议。孙津副厅长参加会议并做交流发言。

8月4日,省商务厅召开全省外贸工作座谈会暨跨境电商工作推进会,周晓阳副厅长出席会议并讲话。

8月5日至6日,朱益民副厅长带队赴盐城市,就经济开发区安全专项整治进行督查。

8月5日,广东省商务厅马桦副厅长带队来江苏省开展稳外贸工作调研。

8月5日,省商务厅召集省财政厅、省人社厅、省住建厅、省税务局、省银保监局召开"小店经济推进行动"工作协调会,王存二级巡视员出席会议。

8月6日下午,省商务厅召开老干部年中商务情况通报会和座谈会。

8月6日至7日,省商务厅在苏州市召开全省外资重大项目推进现场会暨外资工作座谈会。孙津副厅长出席会议并讲话。

8月6日至7日,郁冰滢二级巡视员在盐城主持召开"全省农贸市场改造升级"工作推进会暨安全生产专题宣讲会。

8月7日,赵建军厅长带队赴苏州,调研"稳外贸稳外资、保市场主体保产业链供应链稳定"工作,就苏州全市及各板块的稳外贸稳外资工作、江苏自贸试验区苏州片区工作推进情况进行深入讨论交流。

8月7日,朱益民副厅长在盐城主持召开苏北片区安全生产专题宣讲会。

8月7日,孙津副厅长在苏州主持召开外资企业安全生产专题宣讲会。

8月7日,王存二级巡视员在南京调研"商务诚信公众服务平台"建设情况。

8月7日下午,省商务厅举办2020年商务发展专项资金管理工作视频会议。

8月10日,省政府杨琦副秘书长在省委研究室主持召开开发区体制机制改革专题会,赵建军厅长、朱益民副厅长参加会议,并就开发区去行政化改革提出意见建议。

8月10日至14日,姜昕副厅长率队赴青海、西藏开展对口支援活动,并看望援青援藏干部。

8月13日,赵建军厅长带队在南京调研"稳外贸稳外资、保市场主体保产业链供应链稳定"工作。

8月12日上午,省委反腐败协调小组国际追逃追赃工作联席会议在南京召开,陈晓梅副厅长出席会议并介绍了商务部门开展对外投资合作监管的主要途径。

8月12日,朱益民副厅长出席《中国(江苏)自由贸易试验区条例(草案)》立法协调会。

8 月 13 日,省政府召开第三届中国国际进口博览会江苏交易团工作会议,全面部署各项筹备工作。赵建军厅长出席会议,王存二级巡视员参加会议。

8 月 13 日上午,省境外企业防控组在省商务厅召开工作会议,研究部署进一步做好江苏省对外投资合作企业境外人员疫情防控工作,统筹推进江苏省企业境外疫情防控和复工复产。

8 月 13 日,孙津副厅长在省商务厅会见香港贸发局华东华中首席代表吕剑、江苏代表张厦一行。

8 月 13 日,郁冰滢二级巡视员带队调研南京市部分重点电商企业,并主持召开阿里巴巴江苏总部重大项目工作推进会。

8 月 14 日,孙津副厅长参加合作处(海外办)党支部与南京市商务局合作处党支部联合组织的"赴新四军驻高淳办事处旧址、新四军一支队司令部旧址学习教育"主题党日活动,并带领全体党员重温入党誓词。

8 月 14 日,郁冰滢二级巡视员组织召开"十三五"国内贸易流通发展规划总结评估报告编写座谈会。

8 月 17 日,省委决定:免去周常青同志的省商务厅副厅长、党组成员职务。

8 月 17 日,经省委组织部研究,笪家祥同志退休。

8 月 18 日,省政府举行江苏自贸试验区设立一周年新闻发布会,赵建军厅长介绍江苏自贸试验区设立一年来建设发展重要阶段性成效,并解读相关文件。朱益民副厅长参加活动并回答记者提问。

8 月 18 日,姜昕副厅长参加整治长江流域非法捕捞工作督导组汇报会。

8 月 18 日,省商务厅组织召开《江苏省预付卡管理办法(草案)》专家咨询论证会,王存二级巡视员出席会议并讲话。

8 月 19 日上午,贵州省党政代表团在江苏考察,娄勤俭书记、吴政隆省长在苏州会见贵州孙志刚书记、谌怡琴省长一行。赵建军厅长参加相关活动。

8 月 19 日,省商务厅、常州市人民政府、武进高新技术产业开发区在常州签署共建江苏省驻以色列经贸代表处协议。省商务厅赵建军厅长,常州市陈金虎市长、李林副市长共同签署协议。

8 月 19 日,赵建军厅长带队赴常州,深入考察中以常州创新园,实地走访今创集团等企业,主持召开重点外贸外资企业座谈会,听取意见建议。

8月19日至20日,郁冰滢二级巡视员出席由省商务厅指导,睢宁县人民政府主办,徐州市商务局、江苏省蔬菜协会协办的产销对接(徐州地区)活动。

8月19日,王存二级巡视员率队赴浙江省商务厅,调研"双随机、一公开"监管工作。

8月20日,省政府召开省农村乱占耕地建房问题专项整治工作联席会议第一次会议。

8月20日,朱益民副厅长在南京参加苏陕扶贫协作共建"区中园"第五次联席会议。

8月20日,朱益民副厅长出席江苏自贸试验区南京片区发展研讨会,并为南京片区供应链发展创新中心和中国服贸数字产业基地揭牌。

8月20日,由陕西省政府主办的陕苏先进制造业合作交流恳谈会在苏州隆重举行,孙津副厅长出席并交流。

8月21日,陕苏绿色高端能化产业合作交流恳谈会在南京举行,赵建军厅长出席会议并致辞。

8月21日至25日,全省商务系统综合文字骨干培训班在杭州举办,姜昕副厅长出席开班仪式并讲话。

8月25日至27日,娄勤俭书记、吴政隆省长率江苏省党政代表团,赴陕西榆林学习考察。赵建军厅长参加相关考察活动。

8月25日至26日,省商务厅召开省医疗物资出口工作机制专题会和医疗物资出口企业座谈会,周晓阳副厅长出席会议。

8月26日,姜昕副厅长出席无锡国家文化出口基地云对接大会。

8月26日,朱益民副厅长主持召开全省经济开发区安全专项整治省级部门工作专班第二次会议。

8月26日至27日,商务部自贸区港司袁园副司长在苏州开展离岸贸易专题调研,朱益民副厅长陪同调研。

8月26日,中国欧盟商会南京分会与江苏省外商投资企业协会,在南京联合主办外资新政策宣讲会暨中国欧盟商会《商业信心调查2020》发布会。孙津副厅长出席会议并讲话。

8月27日,赵建军厅长在南京会见韩国SK集团中国区总裁吴作义,双方就推动江苏省与 SK 集团合作进行交流。

8 月 27 日,惠建林副省长主持召开"十四五"时期推进中国(江苏)自由贸易试验区高质量发展专题调研筹备会,朱益民副厅长参加会议并发言。

8 月 27 日,孙津副厅长赴太仓出席中国德国商会(上海)"商会之夜"活动并致辞。

8 月 28 日,赵建军厅长在南京会见英国阿斯利康全球执行副总裁王磊一行,双方就推动江苏省与英国阿斯利康公司的合作进行交流。

8 月 28 日,江苏省与韩国 SK 集团战略合作机制第三次会议在无锡举行。赵建军厅长主持会议并致辞,孙津副厅长参加会议并做交流发言。

8 月 28 日,朱益民副厅长出席第十一届"中国大学生服务外包创新创业大赛"总结颁奖活动。

8 月 28 日,姜昕副厅长出席江苏省国际服务外包企业协会第三届会员大会。

8 月 28 日,根据省专治办统一安排,省商务厅党组成员、驻厅纪检监察组组长郝建祥赴扬州市,进行安全生产集中宣讲并检查安全生产工作。

8 月 29 日,江苏自贸试验区苏州片区召开一周年建设情况汇报会,赵建军厅长出席活动并致辞。

8 月 29 日,朱益民副厅长赴省委党校,为 2020 年省委组织部选调生做专题授课。

8 月 31 日上午,江苏省国际货运班列有限公司正式挂牌成立。赵建军厅长出席成立大会并发表致辞。周晓阳副厅长一同出席,并与江苏省海外企业集团签订《支持江苏国际货运班列高质量发展合作备忘录》。

9 月 1 日,商务部合作司王胜文司长率工作组赴苏州,就境外经贸合作区发展问题开展调研。王存二级巡视员陪同调研。

9 月 2 日,赵建军厅长带队赴镇江,就"两稳一促"工作进行调研,召开重点外贸外资企业座谈会,听取镇江市商务工作情况汇报,并赴省重点产业项目现场实地考察。周晓阳副厅长参加调研。

9 月 2 日,商务部召开专题新闻发布会,介绍新设自贸试验区建设一周年有关情况。朱益民副厅长出席发布会,并介绍江苏省自贸试验区相关建设发展情况。

9月2日，省商务厅联合省委宣传部、省发改委、省工信厅、省公安厅、省自然资源厅、省住建厅、省交通运输厅、省文旅厅、省国资委、省市场监管局、省烟草局、省药监局召开品牌连锁便利店三年行动工作座谈会，王存二级巡视员出席会议。

9月3日，惠建林副省长率队赴南京自贸片区考察，赵建军厅长、朱益民副厅长陪同考察。

9月3日至6日，姜昕副厅长率团赴北京参加2020年中国国际服务贸易交易会，并出席中国（南京）软件谷专题推介会。

9月3日，孙津副厅长与韩国产业通商资源部通商协力局田允钟局长通话，双方就推动江苏与韩国合作、江苏—韩国企业家合作交流会筹备工作进行交流。

9月4日，中央网信办组织开展"行走自贸区"江苏专场访谈，朱益民副厅长接受媒体采访。

9月4日，孙津副厅长在苏州出席"风月同天、中日协同"中日（苏州）地方发展合作示范区—东京云对接会并见证签约。

9月4日，孙津副厅长赴上海拜会韩国驻沪副总领事金汉圭，双方就推动江苏与韩国合作、江苏—韩国企业家合作交流会筹备工作进行交流。

9月4日，经厅党组研究决定：马明龙同志不再兼任江苏进出口商会会长（法定代表人）职务，朱卫东同志不再兼任省电子商务协会副会长、秘书长（法定代表人）职务。

9月8日，2020年"全国消费促进月"暨江苏"品质生活·苏新消费"第二季系列促进活动启动仪式，在南京市新街口苏宁广场举行，王存二级巡视员出席。

9月9日至10日，省政协黄莉新主席率调研组赴连云港，就"推动江苏企业积极参与'一带一路'交汇点建设"进行专题调研，赵建军厅长陪同调研。

9月9日，姜昕副厅长出席全省"餐饮场所推广安装燃气预警系统工作"视频推进会。

9月10日，赵建军厅长带队赴盐城，实地调研中韩（盐城）产业园建设情况，听取盐城市商务发展情况介绍，研究会商举办江苏—韩国企业家合作交流会等重大活动事宜。

9月10日至11日,朱益民副厅长带队赴泰州,开展经济开发区安全专项整治督查,并召开苏中片区安全专项整治工作座谈会。

9月10日,孙津副厅长赴无锡出席"创新融合、共赢未来"无锡—日本产业链对接合作大会。

9月10日,省商务厅联合阿里巴巴集团在南京举办"汇聚江苏、江湖好蟹"专题活动启动仪式,郁冰滢二级巡视员出席并致辞。

9月11日,王存二级巡视员率队赴广东省商务厅,调研"双随机、一公开"监管工作。

9月13日至18日,为贯彻落实商务部、国务院扶贫办关于电商扶贫的相关工作要求,进一步深化东西部消费扶贫合作,推动东西部农产品产销对接,郁冰滢二级巡视员带队赴陕西、甘肃开展对接交流系列活动。

9月14日至17日,商务部外资司宗长青司长带队来江苏调研,实地走访苏州、常州、南京等地外资企业,并主持召开稳外资暨国家级经开区专题座谈会。赵建军厅长、孙津副厅长,苏州、常州和南京市政府负责同志分别陪同调研。

9月14日,省商务厅成立推进现代商贸流通体系建设工作专班并召开第一次全体成员会议。王存二级巡视员出席会议并牵头负责专班工作。

9月16日,"2020中国·南京金秋经贸洽谈会"正式开幕,赵建军厅长出席开幕式。

9月16日,赵建军厅长在南京会见韩国驻上海总领事馆总领事崔泳杉先生一行。

9月17日,姜昕副厅长出席"2020全球服务贸易大会"开幕式。

9月17日,商务部国际贸易经济合作研究院张威副院长带领调研组,在省商务厅召开服务业扩大开放和利用外资调研座谈会,孙津副厅长主持会议。

9月17日,省纪委驻省商务厅纪检监察组组长郝建祥一行,赴海安调研茧丝绸产业、蚕桑规模化集约化基地建设工作。

9月18日,商务部钱克明副部长考察江苏自贸试验区南京片区和国家数字服务出口基地(南京软件谷),赵建军厅长、姜昕副厅长陪同考察。

9月18日,姜昕副厅长出席"2020第十届中国·江苏国际餐饮博览会"开幕式。

9月19日,姜昕副厅长出席"第十一届中国(泰州)国际医药博览会"开幕式。

9月20日,郁冰滢二级巡视员出席"2020全球智慧出行大会暨中国(南京)国际新能源和智能网联汽车展览会"开幕式和"2020新能源汽车下乡江苏站活动"启动仪式。

9月21日,省商务厅与建行江苏省分行签署战略合作协议。

9月21日,省政府黄澜副秘书长主持召开"十四五"时期推进中国(江苏)自由贸易试验区高质量发展调研报告专题会议,姜昕副厅长参加会议并发言。

9月21日,孙津副厅长赴上海出席"江苏促进外资政策解读及进博会期间江苏配套经贸活动"推介会并致辞。

9月22日,省商务厅会同省公安厅、省外办、省市场监管局召开专题会议,共同研究进一步规范企业海外经营行为及出国外派人员的管理措施。陈晓梅副厅长主持会议。

9月23日,惠建林副省长在常熟调研稳外贸稳外资和市场采购贸易试点工作,检查安全生产工作。

9月23日,国务院督导组副组长、国务院江苏安全生产专项整治常驻督导组组长、国务院安委会副主任王浩水带队来省商务厅开展调研督导,并主持召开座谈会,围绕商务领域安全生产相关情况进行深入交流。赵建军厅长、郁冰滢二级巡视员、王存二级巡视员参加座谈会。

9月23日,省委组织部批复同意高成祥同志兼任江苏省电子商务协会会长、法定代表人。

9月24日,省商务厅组织召开全省重大外资项目协调推进会,赵建军厅长出席会议并讲话。

9月24日至25日,商务部市建司朱小良司长率队来江苏调研,郁冰滢二级巡视员陪同调研。

9月25日,省商务厅组织召开"双随机、一公开"监管工作会议,王存二级巡视员出席会议并讲话。

9月26日至30日,赵建军厅长带队访问韩国。

9月26日,姜昕副厅长在扬州出席"2020中国扬州淮扬菜美食节"开幕式。

9月27日,黄澜副秘书长组织召开江苏省"海关特殊监管区域发展专题工作会议",朱益民副厅长参加会议并汇报相关情况。

9月28日,姜昕副厅长在连云港出席全省"餐饮场所推广安装燃气报警装置工作"推进会。

9月28日,王存二级巡视员带队在扬州检查国庆、中秋节日期间市场保供、安全生产和常态化疫情防控工作。

9月29日,姜昕副厅长出席第四届中国(徐州)国际服务外包合作大会开幕式。

9月29日,"2020年电子商务进农村综合示范工作"推进会在东海县召开。郁冰滢二级巡视员出席会议并讲话。

10月10日,拉萨市政府刘广民副市长一行来省商务厅进行援藏工作交流座谈。

10月13日,商务部国际司举办全国商务系统双边和区域自贸协定实施工作线上培训班,朱益民副厅长参加培训并就江苏自贸协定实施工作情况及经验做法做专题发言。

10月14日,中欧建交四十五周年庆祝活动暨江苏中欧企业家交流会在南京举办,孙津副厅长出席活动并致辞。

10月15日至16日,全国自贸试验区高质量发展现场会在江苏自贸试验区苏州片区召开,商务部王受文副部长出席会议并讲话,商务部自贸区港司唐文弘司长主持会议。赵建军厅长就江苏省自贸试验区建设情况做专题发言,朱益民副厅长参加会议相关活动,并作为分组讨论召集人进行交流发言。

10月15日,第三届中国(淮安)国际食品博览会开幕,姜昕副厅长出席开幕式。

10月15日,省政府召开新闻发布会,专题介绍江苏—韩国企业家合作交流会暨第二届中韩贸易投资博览会相关情况。孙津副厅长出席发布会并回答记者提问。

10月15日至24日,第128届广交会在网上举办。

10月16日,由江苏省政府与香港贸易发展局共同举办的"苏港合作联席会议第八次会议"采用线上线下结合方式在南京、香港两地举行。孙津副厅长参加会议,并与香港贸发局华东、华中首席代表吕剑签署《苏港合作联席会议第八次会议纪要》。

10月16日,省商务厅、省统计局在常州联合召开网络零售统计工作座谈会,部署近期网络零售统计工作具体任务。

10月16日,"数字新经济·赋能双循环"2020中国(常州)电子商务应用发展大会在常州举办。郁冰滢二级巡视员出席大会。

10月19日,中江集团副总经理、海投公司郑一敏董事长一行来访,汇报今年以来中阿(联酋)产能合作示范园各项建设及防疫复产情况。陈晓梅副厅长听取汇报。

10月19日,全省加油站(点)安全形势分析暨典型经验交流会在徐州新沂市召开。王存二级巡视员出席会议。

10月20日,中国社科院亚太与全球战略研究院党委书记、院长张国春一行9人来省商务厅开展国情调研,姜昕副厅长出席调研座谈会并致辞。

10月20日至21日,新加坡企业发展局中国司胡丽燕副司长和孙津副厅长共同带队,组织新加坡—江苏合作理事会双方秘书处赴连云港开展调研。

10月21日,长三角开发区合作共建与联动创新高峰论坛在无锡举办。

10月22日至25日,第25届澳门国际贸易投资展览会(MIF展)在澳门威尼斯人金光会展中心举行。省商务厅牵头组织实施的MIF江苏形象展示馆,荣获展会"最佳组织环保嘉许奖"和"最佳设计环保嘉许奖"两项大奖。赵建军厅长赴澳门参加相关活动,并与澳门中联办经济部、澳门贸易投资促进局进行工作交流。

10月22日,朱益民副厅长带领省有关部门安全生产联合督查组赴常州开展经济开发区安全专项整治督查,并召开苏南片区安全专项整治工作座谈会。

10月22日,全省推进省级高品位步行街建设现场会在无锡市召开,王存二级巡视员出席会议并讲话。

10月23日,商务部国际经济合作事务局曾花城副局长来江苏考察调研。

10月23日,由省商务厅与美国加州旧金山湾区委员会、奥克兰港务局共同举办的"江苏—加州贸易合作交流会"采用线上方式召开,孙津副厅长出席交流会并致辞。

10 月 23 日，"2020 全国农商互联暨精准扶贫产销对接大会"在溧水开幕，郁冰滢二级巡视员出席开幕式并参加相关活动。

10 月 23 日，第三届进博会江苏交易团联络员会议在省商务厅召开，王存二级巡视员出席会议并讲话。

10 月 26 日，赵建军厅长主持召开党组理论学习中心组学习（扩大）会，围绕学习贯彻《习近平谈治国理政》第三卷开始第四次专题交流。

10 月 27 日，赵建军厅长会见来访的新加坡企业发展局副局长尤善钡、中国司副司长胡丽燕一行，双方围绕进一步健全沟通交流机制、务实推进各领域合作以及共同办好新苏理事会第十四次会议等事项进行交流，孙津副厅长参加会见。

10 月 27 日，2020 年省级公共海外仓名单发布，江苏德菲猫信息技术有限公司等 7 家企业运营的海外仓上榜。

10 月 30 日，江苏—韩国企业家合作交流会暨第二届中韩贸易投资博览会在盐城成功举办。赵建军厅长在会上推介江苏与韩国产业合作重点领域及支持举措，孙津副厅长参加会议。

10 月 30 日，"2020 新一代信息技术博览会"在南通开幕，姜昕副厅长出席开幕式并参加相关活动。

10 月 30 日，朱益民副厅长主持召开支持苏州工业园进一步深化开放创新综合试验会商会议。

11 月 2 日，由省商务厅与中国出口信用保险公司江苏分公司联合组织的"2020 年度全省政策性出口信用保险信贸协作会"召开，周晓阳副厅长出席会议并讲话。

11 月 2 日，全省稳外贸工作专题会议在省商务厅召开，会议传达学习商务部稳外贸专题会议精神，并全面部署全省稳外贸工作。赵建军厅长出席会议并讲话，周晓阳副厅长就相关重点工作进行部署。

11 月 3 日至 5 日，朱益民副厅长带队赴贵州调研铜仁·苏州产业园，与贵州省商务厅进行座谈交流，并出席铜仁市举办的共建园区对接交流系列活动。

11 月 3 日至 6 日，全省商务系统"电子商务助力乡村振兴高级研修班"在杭州举办，郁冰滢二级巡视员出席开班式并讲话。

11月4日至10日,第三届中国国际进口博览会在上海举行。本届进博会,江苏交易团由24个成员单位组成,共组织16个交易分团参会,注册企业1.9万家、人员7.3万人,共签订55个投资合作项目,总投资规模近50亿美元。

11月4日,省服务贸易工作专班办公室组织召开服务贸易工作专班联络员会议。姜昕副厅长出席会议并讲话。

11月4日,姜昕副厅长带队赴宜兴,围绕优化口岸营商环境等内容开展实地调研,并召开口岸工作座谈会。

11月6日,"2020江苏开放创新发展国际咨询会议"于第三届进博会期间在上海举办。赵建军厅长、孙津副厅长一同出席会议。

11月6日,中国进出口银行在第三届进博会现场举办支持进口融资签约仪式,共享进博平台、共促贸易发展。周晓阳副厅长出席签约仪式。

11月6日至7日,省人大法制委王腊生主任委员率队赴苏州片区开展《中国(江苏)自由贸易试验区条例(草案)》立法调研,倪海清副厅长陪同调研。

11月9日至11日,商务部外资司组织的"2020年度全国外商投资管理业务培训班"在常州市举办,省商务厅同步组织全省各级商务部门约50人参加培训,孙津副厅长参加开班动员。

11月10日至12日,姜昕副厅长带队赴苏州开展口岸工作调研。

11月10日,第三届中新合作服务贸易创新论坛在苏州开幕,姜昕副厅长出席开幕式并参加相关活动。

11月10日,吴江经济技术开发区晋升国家级10周年大会暨2020中国吴江投资贸易洽谈会在苏州吴江举行,朱益民副厅长出席相关活动。

11月11日至15日,第22届中国国际高新技术成果交易会在深圳会展中心举办,省商务厅组织参加本届高交会"创新与科研"展区活动,展示江苏省基地创新创优、产业贸易融合发展的特点和成果,体现外贸促稳提质的示范效应。

11月12日,由省商务厅与芬兰国家商务促进局共同举办的"江苏—芬兰经贸合作交流会"在南京江北新区举行,孙津副厅长出席交流会并致辞。

11月13日,赵建军厅长带队在南京开展专题调研,走访考察部分商贸流通企业,主持召开重点商贸流通企业和行业协会座谈会,认真听取关于建设现代商贸流通体系的意见建议。

11 月 15 日至 18 日,商务部产业安全与进出口管制局支陆逊局长一行在江苏开展出口管制工作调研,举行"防范化解重大风险,加快完善出口管制体系"专题讲座,并召开政府部门和企业座谈会,推动企业加快合规制度建设。赵建军厅长主持专题讲座,周晓阳副厅长参加调研。

11 月 16 日,赵建军厅长率相关处室负责同志,以及 13 个设区市商务局负责同志在当地连线,共同走进《政风热线·我来帮你问厅长》全媒体直播节目,现场回应社会关切,与观众听众和网友进行互动交流。

11 月 16 日,星巴克中国咖啡创新产业园在昆山破土动工。

11 月 16 日,省商务厅组织召开"双随机、一公开"监管工作培训会,邀请省市场监管局相关专家进行专题授课辅导,王存二级巡视员主持会议。

11 月 17 日,全省稳外贸外资协调机制会议在南京召开,惠建林副省长出席会议并讲话,黄澜副秘书长主持会议。赵建军厅长通报了商务部专题会议有关部署、全省外贸外资运行形势、"保主体促两稳"行动等进展情况。周晓阳副厅长参加会议。

11 月 17 日,共建海外法律服务中心签约仪式暨涉外法律服务业发展推进会在南京举行,省司法厅柳玉祥厅长、省商务厅陈晓梅副厅长出席签约仪式并致辞。

11 月 17 日至 18 日,姜昕副厅长率队赴南通就民营经济统战工作开展指导调研。

11 月 17 日,省商务厅、省外商投资企业协会、省贸促会(江苏省国际商会)联合国务院国资委研究中心和韩国 SK 集团共同召开企业社会价值交流会,孙津副厅长参加会议并讲话。

11 月 17 日,省商务厅与省外商投资企业协会专门组织全省外资企业面对面、屏对屏政策宣讲会,孙津副厅长出席会议并讲话。

11 月 17 日,江苏省老字号企业协会第二届会员大会在南京召开。

11 月 18 日,"新加坡—江苏合作理事会"第十四次会议以视频方式在南京、新加坡两地召开。赵建军厅长介绍了江苏自贸试验区设立一年多来建设发展取得的阶段性成果,以及聚合制度优势探索推动生物医药全产业链开放创新的思路举措。孙津副厅长参加会议,并出席签约项目发布仪式,双方成功签署 11 个合作项目。

11 月 18 日,2020"一带一路"交汇点华商大会在南京举行。

11 月 18 日至 20 日,朱益民副厅长率队赴连云港开展开发区专题调研。

11 月 19 日,省商务厅召开进一步规范商务专项资金管理工作会议,倪海清副厅长出席会议并讲话。

11 月 19 日,现代商贸流通体系建设调研座谈会在无锡召开,王存二级巡视员主持会议。

11 月 20 日,王存二级巡视员赴无锡参加梅里古镇步行街开街仪式。

11 月 23 日,厅机关召开工作务虚会,赵建军厅长主持会议并讲话。

11 月 24 日至 25 日,省境外企业防控组在省商务厅召开工作座谈会,陈晓梅副厅长出席会议并讲话。

11 月 25 日,中央改革办督察局于德宝局长主持召开自贸试验区建设进展专题汇报会,惠建林副省长汇报江苏省自贸试验区建设发展情况,赵建军厅长做补充汇报。

11 月 26 日,"2020 世界智能制造大会"在南京开幕,陈晓梅副厅长出席开幕式。

11 月 26 日至 27 日,倪海清副厅长赴杭州参加全国商务运行工作会议。

11 月 26 日,全国电子商务工作会议在贵阳召开,任洪斌部长助理出席会议并讲话,王存二级巡视员参加会议并交流发言。

11 月 26 日至 27 日,商务部在北京组织召开消费升级行动计划推进现场会。王存二级巡视员参加会议并做经验介绍。

11 月 27 日,赵建军厅长带队赴常熟市,实地调研云裳小镇、阿里巴巴本地化电商服务中心、常熟服装城"市采通"跨境服务平台。

11 月 27 日,周晓阳副厅长赴徐州开展外贸新业态调研。

11 月 27 日至 30 日,第 17 届中国—东盟博览会、中国—东盟商务与投资峰会在广西南宁成功举办。姜昕副厅长出席开幕大会。此次东博会,省商务厅共组织 50 家企业线下参展,展位面积 678 平方米。

11 月 28 日,苏州高新区狮山商务创新区正式挂牌。省委常委、苏州市委许昆林书记,省商务厅赵建军厅长出席挂牌仪式,并为狮山商务创新区揭牌。

12 月 1 日,倪海清副厅长参加地区生产总值统一核算工作联席会议。

12月2日至4日,姜昕副厅长带队赴无锡、苏州开展口岸工作调研。

12月2日至5日,孙津副厅长率队赴重庆和四川,学习调研利用外资工作经验。

12月2日,在《商务发展与研究》杂志创刊九周年之际,全省通讯员会议在南京召开。倪海清副厅长出席会议并讲话。

12月3日,省商务厅会同南京海关、省税务局、省外汇管理局等4部门组成的联合调研组,赴浙江开展跨境电商专题调研,学习浙江省大力发展跨境电商、推进外贸新业态新模式快速发展的经验做法。调研组由赵建军厅长带队,周晓阳副厅长参加调研和座谈。

12月3日至4日,2020中国江苏电子商务大会暨中国产业互联网年会在南京召开。

12月4日,2020年江苏省重点商贸流通企业座谈会在南京召开。商务部驻南京特派员办事处王选庆特派员、省商务厅赵建军厅长、省财政厅徐洪林副厅长、省统计局费丽明副局长出席会议,并为全省"品质生活·苏新消费"2020年销售竞赛第一季优胜企业代表授牌颁奖。王存二级巡视员主持会议,部分优胜企业代表、各地商务局分管负责同志等60余人参会。

12月4日,由省商务厅、省贸促会、美国俄亥俄州经济发展署共同举办的"江苏—俄亥俄双向投资合作交流会"通过线上线下结合方式召开,孙津副厅长出席会议并致辞。

12月4日,省人大法制委王腊生主任委员率队赴南京片区开展《中国(江苏)自由贸易试验区条例(草案)》立法调研,倪海清副厅长陪同调研。

12月7日,全省商贸服务行业危化品使用安全专项治理工作动员部署视频会议召开,姜昕副厅长主持会议并讲话。

12月8日,商务部在昆山召开国家进口贸易促进创新示范区培育工作推进会。赵建军厅长出席会议并陪同调研,周晓阳副厅长参加相关活动。

12月8日,中阿(联酋)产能合作示范园推进工作协调会在省政府召开,省政府张叶飞副秘书长主持会议,陈晓梅副厅长出席会议。

12月9日,省纪委监委驻省商务厅纪检监察组在南京组织召开全省派驻(联系)商务系统纪检工作座谈会。赵建军厅长出席会议并讲话,驻厅纪检监察组郝建祥组长主持会议并部署派驻监督工作。

12月9日至10日,第十二届中国(江苏)企业跨国投资研讨会在南京成功举办。陈晓梅副厅长出席研讨会并致辞。

12月9日,首届上海美国商会江苏省政府答谢活动在南京举办,孙津副厅长参加活动。

12月10日,商务部国家级经济技术开发区人才培训班在苏州举办,朱益民副厅长就江苏省开展开发区区域评估有关情况为培训班做经验交流。

12月10日,"中国欧盟商会20周年答谢"活动在上海举办。

12月10日,第五届江苏智库峰会在南京举行。

12月11日,孙津副厅长赴上海拜会日中经济协会上海事务所伊藤智所长,双方就推动江苏与日本的经贸合作进行交流。

12月11日,中国(无锡)跨境电子商务新生态应用发展大会在无锡举办,周晓阳副厅长出席大会并发表致辞。

12月11日,"第十五届台商论坛"在淮安开幕,倪海清副厅长出席开幕式。

12月12日,省级服务贸易基地和重点企业评审工作会议召开,姜昕副厅长出席会议并做动员部署。

12月13日,2020年度厅重点研究课题结项评审会议召开,倪海清副厅长主持会议并讲话。

12月14日,松下电器中国东北亚公司总裁本间哲朗一行来访,惠建林副省长主持会见,孙津副厅长陪同会见。

12月14日,商务部外贸司召开江苏外贸企业视频座谈会,专题调研欧洲新冠肺炎疫情特别是第二波疫情对中欧贸易的影响,深入了解企业对欧贸易面临的困难问题,听取企业相关政策建议。周晓阳副厅长参加会议。

12月15日至16日,赵建军厅长带队赴扬州和宿迁开展调研,深入考察老字号特色街区、省级步行街、电子商务产业园、电商直播产业基地及部分相关企业,召开商贸流通企业和外贸外资企业座谈会。

12月16日,孙津副厅长会见三井住友银行苏州分行前原政树行长,双方就推动江苏与日本的经贸合作进行交流。

12月16日,厅机关组织召开2021年部门预算管理工作会议。倪海清副厅长出席会议并讲话。

12 月 17 日,省政府召开省涉外联防联控指挥部视频会议。陈晓梅副厅长参加会议。

12 月 17 日,朱益民副厅长主持召开全省经济开发区安全专项整治省级部门工作专班会议。

12 月 17 日,孙津副厅长在昆山参加《昆山深化两岸产业合作试验区条例》贯彻实施座谈会。

12 月 17 日至 18 日,孙津副厅长、省外商投资企业协会赵进会长与新加坡企业发展局尤善钡副局长、企发局中国司胡丽燕副司长及"新加坡—江苏合作理事会"双方秘书处人员赴昆山调研。

12 月 17 日,商务部在广东东莞组织召开加工贸易梯度转移对接交流会,商务部任鸿斌部长助理出席会议并做主旨发言,周晓阳副厅长参加会议并交流发言。

12 月 17 日,倪海清副厅长参加《中国(江苏)自由贸易试验区条例(草案修改稿)》征求意见座谈会并发言。

12 月 17 日,省商务厅组织召开商务诚信公众服务平台二期上线运行视频培训会议,王存二级巡视员出席会议并讲话。

12 月 18 日,朱益民副厅长赴镇江出席 2020 年度国际合作园联席会议并发言。

12 月 21 日,赵建军厅长主持召开党组扩大会议,传达学习中央经济工作会议精神,贯彻省委领导干部会议及省政府常务会议要求,部署厅机关学习和贯彻落实工作。

12 月 22 日,全国长江禁捕退捕工作推进电视电话会议召开,姜昕副厅长在江苏分会场参加会议。

12 月 22 日,朱益民副厅长带队赴淮安开展经济开发区进行安全专项整治督查。

12 月 23 日,朱益民副厅长主持召开全省经济开发区安全专项整治商务条线工作专班会。

12 月 24 日至 25 日,孙津副厅长带队赴无锡、苏州,开展外资大项目用地情况专题调研。

12 月 25 日,昆台融合发展 30 周年座谈会在昆山举行,孙津副厅长出席座谈会。

12月28日,赵建军厅长主持召开党组理论学习中心组学习(扩大)会,传达学习省委十三届九次全会和全国商务工作电视电话会议精神,研究部署贯彻落实具体举措。

12月28日,省政府召开《关于以高质量供给适应引领创造新需求的实施意见》新闻发布会。王存二级巡视员出席发布会并回答记者提问。

12月28日,省委常委、常务副省长樊金龙带队在南京河西金鹰世界检查节日市场供应和安全风险管控情况,王存二级巡视员陪同检查。

12月29日,第十七届江苏餐饮产业发展大会在常州召开。姜昕副厅长出席会议并讲话。

12月29日,省政府召开涉外疫情防控有关工作会议,惠建林副省长、黄澜副秘书长出席会议并分别讲话。周晓阳副厅长出席会议并交流发言。

12月29日,倪海清副厅长参加长三角地区合作与发展联席会议。

12月29日,江苏省茧丝绸高质量发展座谈会在南京召开,王存二级巡视员出席会议并讲话。

12月30日,赵建军厅长带队深入南京市有关商业综合体、加油站、农贸市场、社区生活中心,实地检查商贸流通领域安全生产、疫情防控和低温雪后天气下的节日市场保供工作。同时,采取"四不两直"方式,沿途随机抽查有关餐饮场所、加油站等安全生产责任制落实情况。

12月30日,企业社会价值实验室成立暨课题研究座谈会以视频会议方式在北京、南京和首尔三个会场召开。赵建军厅长在南京分会场出席会议并讲话。孙津副厅长、省贸促会丛苏峰副会长、省外资协会赵进会长出席会议。

12月30日,惠建林副省长带队深入扬州市实地检查商贸流通领域安全生产、疫情防控和低温雪后天气下的节日市场保供工作,王存二级巡视员陪同检查。

12月31日,姜昕副厅长参加全省长江禁捕退捕工作推进电视电话会议。

12月31日,省委批准:崔健同志任省自由贸易试验区工作办公室副主任(副厅级),试用期一年。

12月31日,王存二级巡视员主持召开推进现代商贸流通体系工作专班会议。

# 2020 年江苏省相关经贸数据

## 2020 年全省国民经济主要指标

金额单位:亿元

| 指　　标 | 1—12 月 | |
|---|---|---|
| | 绝对值 | 同比/％ |
| 1. 规模以上工业增加值 | —— | 6.1％ |
| 2. 全社会用电量(亿千瓦时) | —— | —— |
| 　工业用电量 | 4 523.1 | 1.6％ |
| 3. 固定资产投资 | —— | 0.3％ |
| 　工业投资 | —— | —— |
| 　房地产开发投资 | 13 171.3 | 9.7％ |
| 4. 限额以上社会消费品零售总额 | 13 701.8 | 0.3％ |
| 5. 一般公共预算收入 | 9 059.0 | 2.9％ |
| 　税收收入 | 7 413.9 | 1.0％ |
| 6. 一般公共预算支出 | —— | —— |
| 7. 金融机构人民币存款余额(月末) | 172 580.3 | 12.9％ |
| 8. 金融机构人民币贷款余额(月末) | 154 523.3 | 15.9％ |
| 9. 居民消费价格指数(上年同期＝100) | 102.5 | 上涨 2.5 个百分点 |
| 10. 工业生产者出厂价格指数 | 97.8 | 下降 2.2 个百分点 |

# 2020 年沿海兄弟省市商务主要指标完成情况

| 指　标 | | 广东 | 上海 | 浙江 | 山东 | 江苏 | 全国 |
|---|---|---|---|---|---|---|---|
| 社会消费品零售总额（亿元） | 1—12 月 | 40 207.9 | 15 932.5 | 26 629.8 | 29 248.0 | 37 086.1 | 391 981.0 |
| | 同比 | −6.4% | 0.5% | −2.6% | 0.0% | −1.6% | −3.9% |
| | 占全国比重 | 10.3% | 4.1% | 6.8% | 7.5% | 9.5% | 100.0% |
| 进出口（亿元） | 1—12 月 | 70 844.8 | 34 828.5 | 33 808.0 | 22 009.4 | 44 500.5 | 321 556.9 |
| | 同比 | −0.9% | 2.3% | 9.6% | 7.5% | 2.6% | 1.9% |
| | 占全国比重 | 22.0% | 10.8% | 10.5% | 6.8% | 13.8% | 100.0% |
| 出口（亿元） | 1—12 月 | 43 498.0 | 13 725.4 | 25 180.1 | 13 054.8 | 27 444.3 | 179 326.4 |
| | 同比 | 0.2% | 0.0% | 9.1% | 17.3% | 0.9% | 4.0% |
| | 占全国比重 | 24.3% | 7.7% | 14.0% | 7.3% | 15.3% | 100.0% |
| 进口（亿元） | 1—12 月 | 27 346.8 | 21 103.1 | 8 627.9 | 8 954.6 | 17 056.2 | 142 230.6 |
| | 同比 | −2.6% | 3.8% | 11.2% | −4.1% | 5.5% | −0.7% |
| | 占全国比重 | 19.2% | 14.8% | 6.1% | 6.4% | 12.0% | 100.0% |
| 直接合同外资（亿美元） | 1—12 月 | —— | —— | 351.0 | —— | —— | —— |
| | 同比 | —— | —— | −19.6% | —— | —— | —— |
| 实际使用外资（亿美元） | 1—12 月 | —— | 202.3 | 157.8 | 176.5 | 283.8 | 1 443.7 |
| | 同比 | —— | 6.2% | 16.4% | 20.1% | 8.6% | 4.5% |
| 实际使用外资（亿元） | 1—12 月 | 1 620.3 | —— | 1 096.0 | —— | —— | 9 999.8 |
| | 同比 | 6.5% | —— | 18.3% | —— | —— | 6.2% |
| 境外中方投资（亿美元） | 1—12 月 | 158.2 | 151.2 | 110.3 | —— | 57.4 | 1 329.4 |
| | 同比 | 53.9% | 8.0% | −7.4% | —— | −33.7% | 3.3% |

注：山东境外中方投资为实际对外投资额，上海、浙江、江苏为协议投资额。

# 2020 年全省社会消费品零售总额

金额单位:亿元

| 指　标 | 1—12 月 | | |
|---|---|---|---|
| | 绝对值 | 同比/% | 比重/% |
| 社会消费品零售总额 | 37 086.1 | −1.6% | 100.0% |
| 限额以上社会消费品零售总额 | 13 701.8 | 0.3% | 100.0% |
| ♯限额以上批发和零售业 | 12 860.4 | 0.8% | 93.9% |
| ♯♯粮油、食品、饮料、烟酒类 | 2 016.0 | 11.0% | 14.7% |
| ♯♯服装、鞋帽、针纺织品类 | 1 267.9 | −2.5% | 9.3% |
| ♯♯化妆品类 | 241.7 | 12.7% | 1.8% |
| ♯♯金银珠宝类 | 281.3 | −9.9% | 2.1% |
| ♯♯日用品类 | 640.0 | 10.0% | 4.7% |
| ♯♯五金、电料类 | 125.7 | −6.8% | 0.9% |
| ♯♯体育、娱乐用品类 | 55.7 | −3.7% | 0.4% |
| ♯♯书报杂志类 | 213.6 | 1.6% | 1.6% |
| ♯♯电子出版物及音像制品类 | 3.6 | −43.1% | 0.0% |
| ♯♯家用电器和音像器材类 | 867.4 | −6.0% | 6.3% |
| ♯♯中西药品类 | 458.4 | 5.9% | 3.3% |
| ♯♯文化办公用品类 | 286.9 | 7.8% | 2.1% |
| ♯♯家具类 | 120.0 | −17.1% | 0.9% |
| ♯♯通讯器材类 | 390.6 | 6.2% | 2.9% |
| ♯♯煤炭及制品类 | 7.7 | −74.3% | 0.1% |
| ♯♯木材及制品类 | —— | —— | —— |
| ♯♯石油及制品类 | 1 486.1 | −6.8% | 10.8% |
| ♯♯化工材料及制品类 | —— | —— | —— |

| 指　标 | 1—12 月 | | |
|---|---|---|---|
| | 绝对值 | 同比/％ | 比重/％ |
| ＃＃金属材料类 | —— | —— | —— |
| ＃＃建筑及装潢材料类 | 311.2 | −3.9％ | 2.3％ |
| ＃＃机电产品及设备类 | 44.7 | −18.0％ | 0.3％ |
| ＃＃汽车类 | 3 882.7 | 1.2％ | 28.3％ |
| ＃＃种子饲料类 | —— | —— | —— |
| ＃＃棉麻类 | 4.9 | 21.8％ | 0.0％ |
| ＃限额以上住宿和餐饮业 | 841.4 | −5.8％ | 6.1％ |

# 2020 年全省各设区市及直管县(市)进出口情况

金额单位:亿元

| 指　标 | 进出口 | | | 出　口 | | | 进　口 | | |
|---|---|---|---|---|---|---|---|---|---|
| | 累计金额 | 同比 | 比重 | 累计金额 | 同比 | 比重 | 累计金额 | 同比 | 比重 |
| 全省 | 44 500.5 | 2.6% | 100.0% | 27 444.3 | 0.9% | 100.0% | 17 056.2 | 5.5% | 100.0% |
| 南京市 | 5 340.2 | 10.6% | 12.0% | 3 398.9 | 13.0% | 12.4% | 1 941.3 | 6.6% | 11.4% |
| 无锡市 | 6 075.6 | −4.6% | 13.7% | 3 547.1 | −7.2% | 12.9% | 2 528.5 | −0.7% | 14.8% |
| 徐州市 | 1 067.2 | 14.2% | 2.4% | 865.3 | 10.9% | 3.2% | 201.9 | 31.1% | 1.2% |
| 常州市 | 2 417.3 | 3.7% | 5.4% | 1 796.9 | 3.3% | 6.5% | 620.3 | 4.8% | 3.6% |
| 苏州市 | 22 321.4 | 1.5% | 50.2% | 12 941.5 | −2.2% | 47.2% | 9 379.9 | 7.1% | 55.0% |
| 南通市 | 2 627.1 | 4.3% | 5.9% | 1 792.6 | 4.5% | 6.5% | 834.5 | 3.7% | 4.9% |
| 连云港市 | 643.5 | −0.4% | 1.4% | 262.6 | −2.1% | 1.0% | 380.9 | 0.7% | 2.2% |
| 淮安市 | 344.4 | 6.2% | 0.8% | 237.7 | 2.0% | 0.9% | 106.7 | 16.9% | 0.6% |
| 盐城市 | 824.6 | 24.5% | 1.9% | 554.5 | 25.5% | 2.0% | 270.1 | 22.4% | 1.6% |
| 扬州市 | 770.2 | −1.1% | 1.7% | 580.0 | 0.7% | 2.1% | 190.2 | −6.1% | 1.1% |
| 镇江市 | 722.4 | −6.4% | 1.6% | 512.2 | −5.4% | 1.9% | 210.2 | −8.6% | 1.2% |
| 泰州市 | 1 014.0 | 1.7% | 2.3% | 665.4 | 1.4% | 2.4% | 348.6 | 2.5% | 2.0% |
| 宿迁市 | 332.6 | 40.8% | 0.7% | 289.6 | 45.5% | 1.1% | 43.0 | 15.8% | 0.3% |
| 苏南地区 | 36 876.9 | 1.6% | 82.9% | 22 196.6 | −0.6% | 80.9% | 14 680.3 | 5.3% | 86.1% |
| 苏中地区 | 4 411.3 | 2.7% | 9.9% | 3 038.0 | 3.1% | 11.1% | 1 373.3 | 1.9% | 8.1% |
| 苏北地区 | 3 212.2 | 14.7% | 7.2% | 2 209.7 | 15.1% | 8.1% | 1 002.6 | 13.9% | 5.9% |

# 2020 年全省各设区市及直管县(市)外商直接投资情况

www.jiangsudoc.gov.cn

金额单位:万美元

| 省辖市<br>(直管县) | 实际使用外资 | | | 本期新批及净增资<br>3 000 万美元以上企业 | | | 本期外商投资企业 | | |
|---|---|---|---|---|---|---|---|---|---|
| | 1—12 月<br>金额 | 同比 | 占比 | 企业数 | 同比 | 占比 | 企业数 | 同比 | 占比 |
| 全省 | 2 838 387 | 8.6% | 100.0% | 1 116 | 18.6% | 100.0% | 3 573 | 4.8% | 100.0% |
| 南京 | 451 504 | 10.1% | 15.9% | 120 | 17.6% | 10.8% | 592 | 6.1% | 16.6% |
| 无锡 | 362 107 | 0.0% | 12.8% | 84 | 20.0% | 7.5% | 273 | −3.2% | 7.6% |
| 徐州 | 220 059 | 5.3% | 7.8% | 110 | 5.8% | 9.9% | 187 | −11.8% | 5.2% |
| 常州 | 271 727 | 8.6% | 9.6% | 81 | 1.3% | 7.3% | 228 | −14.0% | 6.4% |
| 苏州 | 554 039 | 20.0% | 19.5% | 253 | 52.4% | 22.7% | 1 256 | 26.4% | 35.2% |
| 南通 | 271 248 | 1.8% | 9.6% | 105 | −12.5% | 9.4% | 208 | −22.1% | 5.8% |
| 连云港 | 67 645 | 10.2% | 2.4% | 18 | −52.6% | 1.6% | 80 | −2.4% | 2.2% |
| 淮安 | 107 999 | 0.3% | 3.8% | 67 | 19.6% | 6.0% | 146 | 4.3% | 4.1% |
| 盐城 | 101 218 | 10.0% | 3.6% | 49 | 4.3% | 4.4% | 157 | 12.1% | 4.4% |
| 扬州 | 147 049 | 6.0% | 5.2% | 74 | 48.0% | 6.6% | 145 | −6.5% | 4.1% |
| 镇江 | 78 765 | 19.4% | 2.8% | 28 | 3.7% | 2.5% | 80 | −32.8% | 2.2% |
| 泰州 | 153 049 | 3.0% | 5.3% | 87 | 55.4% | 7.8% | 145 | 15.1% | 4.1% |
| 宿迁 | 55 578 | 24.7% | 2.0% | 40 | 60.0% | 3.6% | 76 | 8.6% | 2.1% |
| 昆山 | 104 799 | 40.3% | 3.7% | 36 | 2.9% | 3.2% | 315 | 18.4% | 8.8% |
| 泰兴 | 37 588 | 0.2% | 1.3% | 22 | 37.5% | 2.0% | 33 | 17.9% | 0.9% |
| 沭阳 | 11 013 | 1.8% | 0.4% | 6 | −14.3% | 0.5% | 10 | −33.3% | 0.3% |
| 苏南地区 | 1 718 142 | 10.9% | 60.5% | 566 | 27.2% | 50.7% | 2 429 | 9.5% | 68.0% |
| 苏中地区 | 567 746 | 3.6% | 20.0% | 266 | 17.7% | 23.8% | 498 | −9.1% | 13.9% |
| 苏北地区 | 552 499 | 7.3% | 19.5% | 284 | 5.2% | 25.4% | 646 | 0.3% | 18.1% |
| 沿海地区 | 440 111 | 4.8% | 15.5% | 172 | −16.1% | 15.4% | 445 | −9.0% | 12.5% |

注:1. 泰州市数据中含靖江园区数。

2. 沿海地区包括:南通市、连云港市、盐城市。

# 2020 年全省各设区市及直管县（市）境外投资累计情况

金额单位：万美元

| 指标 | 新批项目数 | | | 中方协议投资 | | |
|---|---|---|---|---|---|---|
| | 1—12月 | 同比 | 比重 | 1—12月 | 同比 | 比重 |
| 全省 | 696 | −13.0% | 100.0% | 573 636.4 | −33.7% | 100.0% |
| 南京市 | 88 | −29.6% | 12.6% | 42 833.8 | −70.6% | 7.5% |
| 无锡市 | 89 | −21.9% | 12.8% | 123 719.9 | −14.1% | 21.6% |
| 徐州市 | 32 | 14.3% | 4.6% | 46 393.8 | 127.2% | 8.1% |
| 常州市 | 69 | −14.8% | 9.9% | 35 793.7 | −58.0% | 6.2% |
| 苏州市 | 233 | −6.8% | 33.5% | 160 361.0 | −47.2% | 28.0% |
| 南通市 | 77 | 45.3% | 11.1% | 46 402.8 | −27.5% | 8.1% |
| 连云港市 | 17 | 6.3% | 2.4% | 9 573.4 | −25.4% | 1.7% |
| 淮安市 | 8 | −27.3% | 1.2% | 1 070.0 | −88.7% | 0.2% |
| 盐城市 | 9 | −10.0% | 1.3% | 32 173.4 | −3.7% | 5.6% |
| 扬州市 | 16 | −56.8% | 2.3% | 9 568.5 | −28.9% | 1.7% |
| 镇江市 | 23 | −17.9% | 3.3% | 31 888.4 | 104.0% | 5.6% |
| 泰州市 | 24 | −33.3% | 3.5% | 30 430.4 | 107.2% | 5.3% |
| 宿迁市 | 11 | 0.0% | 1.6% | 3 427.3 | 8.2% | 0.6% |
| 昆山 | 20 | −20.0% | 2.9% | 13 441.0 | 9.3% | 2.3% |
| 泰兴 | 6 | −14.3% | 0.9% | 23 496.5 | 2176.5% | 4.1% |
| 沭阳 | 5 | 100.0% | 0.7% | 30.3 | 100.0% | —— |
| 苏南地区 | 502 | −16.1% | 72.1% | 394 596.8 | −43.1% | 68.8% |
| 苏中地区 | 117 | −7.1% | 16.8% | 86 401.7 | −6.2% | 15.1% |
| 苏北地区 | 77 | 1.3% | 11.1% | 92 637.9 | 16.8% | 16.2% |

# 2020 年全省各设区市及直管县(市)对外承包工程累计情况

金额单位:万美元

| 指　标 | 新签合同额 | | | 完成营业额 | | |
|---|---|---|---|---|---|---|
| | 1—12 月 | 同比 | 比重 | 1—12 月 | 同比 | 比重 |
| 全省 | 545 570 | −19.8% | 100.0% | 624 428 | −19.8% | 100.0% |
| 南京 | 216 431 | −31.6% | 39.7% | 226 922 | −34.2% | 36.3% |
| 无锡 | | | | 25 | | |
| 徐州 | 4 422 | −76.5% | 0.8% | 9 739 | −51.1% | 1.6% |
| 常州 | 12 773 | −60.8% | 2.3% | 25 509 | −30.8% | 4.1% |
| 苏州 | 25 270 | −55.7% | 4.6% | 46 476 | −5.9% | 7.4% |
| 南通 | 130 417 | −13.8% | 23.9% | 176 330 | 19.3% | 28.2% |
| 连云港 | —— | —— | —— | 747 | −50.6% | 0.1% |
| 淮安 | 6 694 | −46.6% | 1.2% | 11 691 | −32.0% | 1.9% |
| 盐城 | 19 432 | 2 656.3% | 3.6% | 1 025 | 70.3% | 0.2% |
| 扬州 | 56 368 | 130.6% | 10.3% | 35 454 | −3.1% | 5.7% |
| 镇江 | 9 435 | −24.2% | 1.7% | 24 475 | −34.6% | 3.9% |
| 泰州 | 64 328 | 100.9% | 11.8% | 66 035 | −1.7% | 10.6% |
| 宿迁 | | | | | | |
| 昆山 | 18 125 | 33.0% | 3.3% | 18 540 | −27.7% | 3.0% |
| 泰兴 | | | | 20 701 | −26.9% | 3.3% |
| 沭阳 | —— | | | —— | | |
| 苏南地区 | 263 909 | −39.7% | 48.4% | 323 407 | −33.7% | 51.8% |
| 苏中地区 | 251 113 | 20.8% | 46.0% | 277 819 | 10.5% | 44.5% |
| 苏北地区 | 30 548 | −12.8% | 5.6% | 23 202 | −40.8% | 3.7% |

# 2020 年全省各设区市及直管县(市)对外劳务合作累计情况

金额单位:万美元

| 指　标 | 新签劳务人员合同工资总额 | | | 劳务人员实际收入总额 | | |
|---|---|---|---|---|---|---|
| | 1—12 月 | 同比 | 比重 | 1—12 月 | 同比 | 比重 |
| 全省 | 20 496 | −48.5% | 100.0% | 56 979 | −34.4% | 100.0% |
| 南京 | 3 554 | −45.5% | 17.3% | 17 434 | 28.9% | 30.6% |
| 无锡 | 373 | 22.3% | 1.8% | 48 | −65.0% | 0.1% |
| 徐州 | —— | —— | —— | 102 | 5.2% | 0.2% |
| 常州 | —— | —— | —— | 650 | −64.5% | 1.1% |
| 苏州 | 540 | −47.2% | 2.6% | 3 835 | −8.8% | 6.7% |
| 南通 | 5 287 | −72.6% | 25.8% | 19 909 | −30.6% | 34.9% |
| 连云港 | 8 485 | 64.7% | 41.4% | 4 264 | −27.0% | 7.5% |
| 淮安 | —— | —— | —— | 89 | −60.4% | 0.2% |
| 盐城 | 179 | −83.5% | 0.9% | 680 | −38.3% | 1.2% |
| 扬州 | 1 678 | 24.8% | 8.2% | 5 974 | −10.2% | 10.5% |
| 镇江 | 315 | −87.8% | 1.5% | 110 | −24.1% | 0.2% |
| 泰州 | 26 | −97.8% | 0.1% | 3 324 | −85.8% | 5.8% |
| 宿迁 | 59 | −89.6% | 0.3% | 560 | −45.2% | 1.0% |
| 昆山 | —— | —— | —— | —— | —— | —— |
| 泰兴 | 26 | −89.3% | 0.1% | 2 278 | −29.2% | 4.0% |
| 沭阳 | —— | —— | —— | —— | —— | —— |
| 苏南地区 | 4 782 | −56.7% | 23.3% | 22 077 | 11.2% | 38.7% |
| 苏中地区 | 6 991 | −68.0% | 34.1% | 29 207 | −50.3% | 51.3% |
| 苏北地区 | 8 723 | 26.2% | 42.6% | 5 593 | −31.7% | 9.8% |